人间正道是沧桑

寻找城市之魂

Yueyin Wanchuan

Xunzhao Chengshi zhi Hun

月

印

◎ 金元浦 ………… 著

万

广西师范大学出版社
GUANGXI NORMAL UNIVERSITY PRESS
· 桂林 ·

川

图书在版编目（CIP）数据

月印万川：寻找城市之魂 / 金元浦著. --桂林：
广西师范大学出版社，2021.7
ISBN 978-7-5598-3823-0

Ⅰ．①月… Ⅱ．①金… Ⅲ．①城市化－中国－
文集 Ⅳ．①F299.21-53

中国版本图书馆 CIP 数据核字（2021）第 093758 号

广西师范大学出版社出版发行

（广西桂林市五里店路 9 号　邮政编码：541004）
（网址：http://www.bbtpress.com）

出版人：黄轩庄

全国新华书店经销

广西广大印务有限责任公司印刷

（桂林市临桂区秧塘工业园西城大道北侧广西师范大学出版社
集团有限公司创意产业园内　邮政编码：541199）

开本：650 mm × 940 mm　1/16

印张：24　字数：310 千

2021 年 7 月第 1 版　2021 年 7 月第 1 次印刷

定价：56.00 元

如发现印装质量问题，影响阅读，请与出版社发行部门联系调换。

绪 言

我多次乘坐高铁从北京南下，一路上路过很多城市。城市大多高楼林立，特别是那些住宅楼，二三十栋连片建设，密密的水泥森林。我忽然想起一百年前有位年轻的诗人曾那么热烈地讴歌冒着黑烟的烟囱是"开着了朵黑色的牡丹"，是 20 世纪的名花！及至下一个城市，同样的建筑似曾相识，绵延不绝。再到下下一个城市，依然故我。我突然发现，花开就有花落，而这些高楼则只有花开没有花落。在未来的一百年，它们将会这样尴尬着：没有特点，没有风格，没有辨识度，只有楼号 1、2、3、4。我疑惑了，不是说建筑是凝固的音乐吗？那么音乐呢？！它们共有一张图纸，它们叫"万科"，叫"碧桂园"，或者叫"鲁能"什么的。我们的城市都是"亲兄弟"，或者"孪生姐妹"，长得真像。

然后我不停地问，在这个世界上，比如在欧洲，我们能否找到哪怕两栋完全相同的建筑？在古代中国，我们能否找到一样的恭王府，一样的网师园或者拙政园？找到一样的城市：都是古都的西安与洛阳，都是都城的北京和南京，都是人间天堂的杭州和苏州，都是古镇的乌镇与周庄？

一

从艺术史来讲，建筑是人类第一艺术。它的确是凝固的历史，凝固的音乐。

黑格尔曾这样谈到音乐与建筑的关系："音乐和建筑最相近，因为像建筑一样，音乐把它的创造放在比例和结构上。"建筑的结构形成于数学和力学的创造，而建筑上的整体美观又与绝对的、简单的、可以认识的数学比例有着密切的关系。所以，所有建筑师都把比例作为建筑形式美的首要原则之一。

建筑的形式中满满地充溢着历史和文化。我想起自己当年在美学课上讲解古希腊建筑的三种柱式：陶立克柱式、爱奥尼克柱式和科林斯柱式。柱式的细部规定都记不清了，但柱式所代表的文化和历史，那男性的刚毅和女性的温柔却记在心间。男性的陶立克柱式是高大的、粗壮的、宏伟的；爱奥尼克柱式是女性的，它是纤细的、轻巧的，还富于精致的雕刻，好似女人的配饰。科林斯柱式的柱头则镌刻了忍冬草的形象，让我一直难以忘怀。

建筑形式中更是充满了韵律感。它的形式的和谐同音乐的和谐有共同规律。毕达哥拉斯测定，音乐的和谐同发声体的体积之间的一定比例有关系。他推定，音的高低同弦的长短有一定比例关系。他们把这个发现推广到建筑和雕刻上，认为建筑物的和谐也决定了它的各部分的大小有某种可以用简单的数值或几何方法测定的比例关系。

艺术是独特的，所有的艺术都是唯一的。

它向我们昭示，今天，我们该筑造一个更艺术的中国，更艺术的城市。

也许，我的想象太过浪漫、天真。我们的楼房要讲性价比，我们的房地产商要超额的利润，我们的官员需要高政绩，我们需要尽快地改变城市的面貌。于是便有了"千城一面"。

如同一百年前工业化的浪潮中烟囱被视为"开着了朵黑色的牡丹"，今天，中国的城市化是 21 世纪全球最伟大的变革之一。新近的中国城市在大规模的扩展与建设之后，进入新的城市文化、城市品牌、城市美誉度、城市影响力，以及城市历史与文脉、城市美学与艺术的城市之魂的发掘与寻找之中。

城市是什么？城市是迄今为止人类文明最集中、最丰富、最先进成果的创造之地、展示之地和应用之地。特别是工业革命以来，世界以百倍于前的物质产品的丰富性和精神成果的深刻性展现了人类前所未有的伟大的本质力量。我读马克思《1844年经济学哲学手稿》（巴黎手稿），他说，"工业的历史和工业的已经生成的对象性的存在，是一本打开了的关于人的本质力量的书，是感性地摆在我们面前的人的心理学"[1]。作为人类工业化时代的宣言，它揭示了城市与人的关系。人类每一座城市的今天，以及它的历史，都是人的社会实践的产物。马克思曾说过，蜜蜂建造蜂房，使得所有建筑师都为之惊叹不已。但他又深刻指出：

> 最蹩脚的建筑师从一开始就比最灵巧的蜜蜂高明的地方，是他在用蜂蜡建筑蜂房以前，已经在自己的头脑中把它建成了。劳动过程结束时得到的结果，在这个过程开始时就已经在劳动者的表象中存在着，即已经观念地存在着。[2]

人与动物的本质区别，就在于人的活动是有目的的、有意识的，在于他能按照人的需要去认识和改造世界。在马克思那里，城市作为现代工业的成果，像一本已经打开的书，展示了人在适应并改造世界过程中的本质力量——人类的思想、精神、观念、智慧、才能和技术。正是因为"我"，因为我的工作、我的奋斗、我的实践和我的生命的付出，才有了我们面前

1　马克思：《1844年经济学哲学手稿》，中央编译局译，人民出版社，2000年版，第88页。
2　《马克思恩格斯全集》第23卷，人民出版社，1972年版，第202页。

的美丽的城市。它就是活生生地摆在我们面前的一本积淀着历史、文化、人的生活的大书。

二

本书的内容，是我二十余年来关于城市、文化和发展的一些思考片段集。它想通过对我国这一伟大的变革，做一个文化与美学角度的记录，做一个关于城市文明形态的探索，来展现这百年未有之历史性变革。

本书对北京文脉、上海魔都的魔性、杭州钱塘文化的三势共潮、青岛时尚之都的构建、成都天府文化与新经济的共融、西安传统与城市的温度等进行了文化的深度探讨。

从"千城一面"的败笔到"如数家珍"的困境，如何破解此魔咒？

如何在洋洋洒洒的大千之城中脱颖而出？什么是每一座城市最独特、最鲜明、最具影响力、最具发展前景的魂？

每一个城市的领导者都对自己城市的文化古迹、文化遗产如数家珍，跌入"资源魔咒"形成了"千长一词"，它是否已成为千城一面的固化思维？

每一个历史资源都无法舍弃，都是最好的，每一个今天的建设都是最成功的。但是，你是否做过各城市之间的比较？哪一个才最能彰显城市的灵魂？

这一切，都是每一个城市决策者面临的紧迫选择。

我想起了"月印万川"……

佛教华严宗用"月印万川"和"海印三昧""事事无碍"来表达其宗教主体理念，于是"月印万川"就成了华严哲学的经典命题。《华严经》气势宏大、富赡高远、逻辑缜密，被认为是最能代表盛唐气象的哲学，并给其后的宋明理学以深刻的影响。

朱熹借用了佛教"月印万川"的譬喻来讲"理一分殊"的道理。他说："释氏云：'一月普现一切水，一切水月一月摄。'这是那释氏也窥见得这些道理。"（《朱子语类》卷十八）把"一理"比作天上的月亮，而把存在于万物之中的"万理"比作一切水中千千万万个月影，以此形象地说明"理"与万物的关系：理是唯一的，这唯一的理又体现在万物之中，是万物的本质；而万物并不是分割"此一个理"，却是分别地体现完整的一个理。"月印万川"本是佛教中的命题，"一月普现一切水，一切水月一月摄"，具体说是唯一的月印现在一切水中，一切水中印现的月都包括在唯一真正的月中。那个月就是"一理"。

月印万川，心珠独朗。一个城市无论有多少历史的、现实的圣典史迹，无论有多少自然的、社会的资源，总是千流一源、万法归宗、理一分殊、一以贯之。我们需要去寻找城市的文脉，那个城市唯一的"魂"。

如何找？面对经典，朱熹主张要"格物致知"。怎么格物？那就是通过努力探究而致知——掌握"物自身"，然后经由主体意念的"纯化"，达到进入"一理"的境界。而后将本心所具之理推广至万象之事物，就可体会事物本所具之理。

三

我曾在一个关于城市的论坛上与旅居中国的英国学者贝淡宁（Daniel A. Bell）先生（他当时是清华大学的教授）谈论世界和中国的城市发展，聊到城市的精神。他会说中文，我们聊得很愉快。他说：

我研究的课题是"城市的精神"，我和同事选取了九个城市来做探索。如何确定和认识城市的精神呢？作为大学老师，我们阅读过有关这些城市的很多东西，包括小说、诗歌、旅游指南等。我们需要研究每个城市的文化、社会、经济、规划设计，试图对这些城市的演变过程做出连贯的历史叙述。从原则上说，我们最好使用"硬"科学来描述价值观和城市。或者使用民意调查问卷，还有这个城市在预算中是怎样分配资源的……但我更想告诉大家的是，在写这部书的四年中，我们一直在这些城市的大街上闲逛，与人们交谈，听他们谈论建筑、纪念碑、街道、邻居街坊，就好像专门说给我们听似的。我们感受到了这个方法的价值。这似乎是一个主观性更强，缺乏哲学思辨设计的方法。在这样的闲逛中，我们听到了城市的故事和居民们的情感。它激发了我们的灵感……

他告诉我，他和他的共同作者并不是第一批把逛街作为研究方法的社会学家和哲学家。他说他们的先导者是沃尔特·本雅明。我一下子便豁然开朗。作为一名美学与文化研究的学者，本雅明是我当年的必读课本。我立刻想到本雅明的"都市漫游者"这个概念。"都市漫游者"是法国诗人波德莱尔提供的一个意象，本雅明在《发达资本主义时代的抒情诗人》中对其做了进一步的描述与分析。都市漫游者在世界各个城市"漫游"，在城市的人群中闲逛，以独特的观察方式对资本主义的完整性进行意向性抵抗。贝淡宁接过了本雅明的理论遗产，倾向于将它作为一种触摸城市脉搏的方法论资源。

其实，在中国文化研究兴起的十几年里，都市漫游者一直是一个很热门的观念、视角或形式。这些年来，以都市漫游者为名的著作纷至沓来，有文学的、文化的、艺术的，有理论的，也有散文的。十多年前，美国哈佛大学中国文学教授、著名学者李欧梵就写过一本书《都市漫游者：文化观察》。他也表达了自己的困惑："我发现自己的中文文章有点精神分裂。我对于当代文化的关注，似乎已经超过学术研究的范围，而想亲身介入，用一种较主观的文体作文化批评，所以学术的深度不足。但另一方面我似乎又不愿意放弃学院中的文化理论，甚至在杂文中也引经据典，生怕学界同行以为我已沦落江湖，做不了学者。"[3] 另一个著名的雕塑家王中就被描述为本雅明所说的那种"都市漫游者"。他喜欢用自己的双脚丈量城市，对城市有天生的敏感，总是能很快把握它的脉搏和灵魂。

与贝淡宁聊得不错，分手的时候，他让我等等，回身拿出一本书送给我。书名《城市的精神——全球化时代城市何以安顿我们》。封面上写着：

从耶路撒冷到北京，从香港到纽约，深入城市被遮蔽的内核，探寻凝聚理智与情感、光荣与梦想的真正精神。

打开，扉页上印着小小的三行字：

知行

Ideas spark future

3　李欧梵：《都市漫游者：文化观察》，广西师范大学出版社，2003年版。

洞察世界　寻路中国

这是这本书的主旨。书的封底印着帕拉格·卡纳（Parag Khanna，他是《如何管理世界：描述下一次复兴的路径》的作者）对本书的评语：

在肤浅的排行榜和商业调查泛滥的领域，《城市的精神》代表了美学对商业的胜利，通过在九大城市散步和生活，贝淡宁和艾维纳解开了世界上最吸引人的城市的奥秘。这种令人羡慕的崭新方法比任何理论都更能说明问题。

另外一段评论是城市专家维托尔德·雷布津斯基（Witold Rybczynski，《临时性的大都市：城市观点》的作者）给出的：

虽然城市是通过建筑和物质外观区分开来的，但贝淡宁和艾维纳提出了令人瞩目的观点，即世界众多大城市及其居民能表达出自己独特的习性和价值观。《城市的精神》带领读者进行了一次范围广泛、魅力无穷的个人旅行。

总要问，什么是城市的精神、城市的灵魂？
回答该有成百上千种吧。
作家宋石男说，真正的城市精神，一定是自治、自由与自我的。它不是宏大叙事的行政精神，而是自下而上的市民精神。
说得很深刻，很自信，也很 Future。

目 录

上 编

下 编

上编

从"千城一面"到城市文脉

现代化。中国城市。高楼大厦，水泥丛林，车水马龙，光鲜亮丽。

我们知道这是"城市"，但很难分清楚这是哪一座城市。由此产生了一个独特的名词：千城一面。

"千城一面"是高速现代化的光荣与梦想，还是陷阱与败笔？

"千城一面"是中国城市的危机与困境，它正在抹掉城市的历史、文化的历史、城市人心中的历史。

城市化的高速推进，是高速工业化对城市发展的要求。工业化的本质是标准化，以标准化换取大规模生产的效率，工业化背景下的城市化自然也脱离不了工业化的影响。工业化的标准化延伸到了城市发展的标准化，由此产生了可能是中国城市化进程中的最大败笔——千城一面。经过了40年的标准化城市建设，"千城一面"的城市发展问题变得越来越突出。大广场、大高楼，不仅外形相似，布局也如出一辙：城市中心有广场，广场中心有喷泉，中央商务区高楼林立，主干道宽阔整齐。雷同的规划、雷同的建筑、雷同的景观，甚至连写字楼、住宅区的名称也几近相似甚至雷同。多数城市新区，除了地名，几无相异之处。

科技进步使得城市建设已经能够完全克服自然条件的约束，城市的特色因而越来越淡化。但城市的形态不仅仅是人们对自然改造的成就，同时也是凝结了长期积淀的历史文化的物理形态。可以说，源于文化的城市独特性，早已不仅仅是自然地理的反映，更是地域独特文化的反映。某种意义上，"千城一面"就是对城市的历史、城市的文化最大的背叛。"千城一面"几乎中断了区域历史和文化有形的延续，是对有形文化传承的巨大破坏，失去了文化教化的场景，更是导致无形的人心教化的缺失。

如果说"千城一面"是一种影响文化魅力和地方特色的"城市病"，那么"如数家珍"就是病急乱投医的发展困境。特色不能直指城市最独特的历史文化主线，就不能直指人心，不能求得内外认同，不能形成广泛共识，真正在人们的内心深处确立城市的独特性。"如数家珍"更为可怕的是对文化创意产业发展的影响。如果没有对传统文化的深入洞察，仅仅停留在事件、现象的表面，就会陷入困境，陷入"资源魔咒"。

大多数城市的领导者都对城市曾经或者现在拥有过的历史文化资源"如数家珍"。中国300多个地级行政区、近3000个县级行政区的官方网站，有一部分区县其历史文化板块中都逃不开罗列的少则十个八个、多则几十个的"某某之乡""某某之都"的特色文化。河北沧州推出的"六大特色文化脉系"，囊括了诗经文化、运河文化、渤海文化、医药文化、武术文化和杂技文化等诸多内容；邯郸则提出十大历史文化：以胡服骑射为代表的赵文化、中国新石器时代的磁山考古文化、女娲文化、曹魏建安文化、北齐石窟文化、以"一枕黄粱"名梦和黄粱梦吕仙祠古建筑群为代表的梦文化、磁州窑文化、广府太极文化、成语典故文化和边区革命文化。四川自贡自诩"千年盐都""恐龙之乡""南国灯城""美食之府"。云南玉溪从生命起源说起，到聂耳故乡、云烟之乡、花灯之乡、高原水乡等等。林林总总，洋洋大观。

领导，你已坠入了资源魔咒之中。

中国几千年的文化积淀，几乎每个城市都不缺故事、不缺历史、不缺文化。即使如过去被称为文化沙漠的深圳，其实也有十分悠久丰厚的历史文化。夏、商年代，深圳就是百越部族远征海洋的一个驻脚点。秦始皇统一中国后，于公元前214年在岭南设置了南海、桂林、象郡三郡，谪徙50万人开发。时属南海郡的深圳，便融入了中原文化。深圳市的前身为广州宝安县，作为县建制始于公元331年，即东晋咸和六年。我们只要随意指点，便有赤湾天后庙、赤湾古炮台、文天祥与伶仃洋、宋少帝陵，等等。更不要说深圳现在拥有世界之窗等上百个文化打卡地。

再如北方一个县，要办一个文化节，叫卫夫人文化节。卫夫人是东晋时代的女书法家，知道的人不多，当然一提师承钟繇，高徒有王羲之，大家也会有联想，但如果依此作为城市品牌或城市形象，就十分勉强了。实际上，城市文化资源是有知晓等级的。你是一级资源，还是五级资源，是早就有影响力的，还是需要从头去传播的，这些对于一个城市的品牌营销意义重大。大家熟知的桂林，除了历史上的传播外，全中国每个上过小学的人都背诵过贺敬之的《桂林山水歌》："桂林的山来漓江的水……"这在中国就是非常重要的基础资源。

几多历史遗迹，漫长文化卷帙，这恰是有着五千年文化传承的中国国情和中国现实。

伴随着城市化而兴起的，还有各地大力推进的历史文化名城建设，民俗节庆、地方戏申请"非物质文化遗产"的热潮，铺天盖地的"市歌""市徽""市树""市花""城市精神"等等，中央电视台连篇累牍播出的城市宣传片，总而言之，跟城市文化相关的名人、名事、名物，只要曾经拥有，就绝不会被落下。

为城市建设和发展注入文化的力量，而每个城市又不缺乏历史文化的"珍珠"，因为"有珠可数"，所以"如数家珍"式的发展城市文化，自然而然成为最高效、最直接的选择。于是乎城市的个性塑造，又陷入了另一个"如数家珍"的困境。

然而，"如数家珍"让众多决策者形成了"千长一词""千城一面"的固化思维，跌入了资源魔咒之中。

从"千城一面"的败笔到"如数家珍"的困境，如何破解此魔咒？

每一个城市的领导者都对自己城市的文化古迹、文化遗产如数家珍，他们无法舍弃无论哪一个历史资源，因为他们认为每个资源都是最好的。但是你是否跳出魔咒做全国全球各城市之间的比较，你是否做过旅游者消费者的认真调研，有多少人认同你的"卫夫人"，认同你的城市形象代言者？哪一个是唯一的，哪一个是一等一级的，哪一个才最能彰显城市区别于他者的特质？如何在大千之城中突兀而出，找到自己那座城市最独特、最鲜明、最具影响力、最具发展前景的城市之魂呢？

这一切，是每一个城市决策者都面临的紧迫选择。

那让我们来解析一下"千城一面"的原因。

第一，在现代化模式下我们对城市的认识不足，只认为城市是居住的地方，于是仅仅按照功能化城市的要求建设城市，比如城市竞相建造现代化的高楼大厦、大广场，建立现代化所需要的各种设施。后现代对这种模式提出了批评和质疑。

第二，地方城市政府"高速政绩观"在作怪。出政绩的最快手段是按照现代化的方式很快地改变城市原来破旧的面貌，这是在短短的任期内、在眼前就能看到的成果。于是，城市的面貌改变了，原来破烂的地方变得整齐划一了，同时问题也出现了：到处争相建高楼、大广场、大马路，一个城市和另一个城市没有差别。事实上，争高求大不一定是好事，这是一种赶超型的现代化模式，对现代化没有进行深入思考。西方人认为一百年的东西已经很好了，一定要好好保护，而我们却不同，在大拆大建的过程中有时候文化被忽略了。

第三，土地财政是政府最大的推动力，而房地产商最乐意做的就是迅速地复制高楼，满足实用价值，但是忽略了一个城市当它以一定面貌出现时的审美价值。与欧洲将建筑放在所有艺术的首位、作为第一类最重要的艺术品的做法相比，我们的认识差距很大。

在观念上，我们要把每一个城市当作一件艺术品来看待。每一座城市都是一件富有魅力的艺术品，有文化和记忆的艺术品，有自身深刻的物质和非物质传承的资源，城市的历史、城市的传统都在城市的建筑中积淀。

正如鸟巢是一件巨型的人类雕塑，每一个城市都是一件人类的雕塑品，我们要怀着审美的、热爱的情感去雕塑它。

城市是现实与历史的合题。我们今天所看到的一些城市的改造，出现了很多弊病，贪大图洋，贪新图快。所以我呼吁：不要那么心急慌忙地"拆除"我们的城市，我们应好好地研究自己城市的资源：文化的、历史的、艺术的、美学的，人们习惯的生活方式的、城市民俗民情的等等，我们要有多种设计，用跨越现实的未来视角去关注城市。

"三年一变样、五年大变样"，是政绩的口号，不一定是对历史负责的口号，不一定值得我们高喊。城市建设需要遵循现实变革中基本的规律性，按照发展的步骤、阶段、格局、美的艺术，来建设适宜人类栖居的城市，从城市规划、城市设计、城市建筑、城市街区、城市楼宇、城市家庭、城市人等多方面入手，总体把握，综合融会，做好顶层设计。

从历史上看，一个城市的格局形成之后，往往要因循几百年。比如我国大多数的历史文化名城的基本格局，就是几百年来大致不变。中国这一轮的城市化建设是中国历史上，乃至世界历史上前所未有甚至后无来者的城市大变革，城市的基本格局也可能将延续到未来数百年。今天这一代或这几代的城市管理者、决策者们，的确要有对城市的历史负责的使命感，也要对城市的未来负责。当今天的人们回首古老北京的设计者、建筑者和保卫者的时候，我们不禁感慨万端，他们是创造并保护北京城市历史的伟人。

从美学的角度进行思考：在当前中国新型城镇化进程中，大量的旧城改造（尤其是县级城市改造），一定要增加"生态城市""公园城市""艺术城市""美的城市"的理念，要切记，建筑是人类的第一艺术。未来的市民期待着更加"诗意"的栖居。因此，公共艺术在未来城市建设中将有更为重要的地位。

创造"艺术城市"要结合生态旅游、文化旅游，挖掘当地未挖掘的历史和传统文化，形成具有强烈地域性特色或创新特色的城市；要站在全球旅游、特色旅游角度进行城市规划；要从"影响力、标志性、艺术性、公共性"等多个方面评价城市的公共艺术建设；要将构建"艺术城市""美的城市"与区域经济、文化产业发展相结合。

我们看几个案例。

案例1：巴塞罗那是因奥运会而规划建设的城市，在规划中把历史的文化、奥运的文化串联在一起，城市显得很和谐。巴塞罗那不是欧洲繁华的城市，与欧洲繁华城市有相似的地方，也有自身的特点，有代表城市的标志和特色，让人神往。巴塞罗那有8栋建筑物被列为世界遗产：

安东尼·高迪（Antoni Gaudí i Cornet）设计的6座建筑物于1984年被列为世界遗产：

1. 文森之家 CASA VICENS（1883—1888）

2. 桂尔宫 PALAU GÜELL（1886—1889）

3. 桂尔公园 PARK GÜELL（1900—1914）

4. 巴特由之家 CASA BATLLO（1904—1906）

5. 米拉之家 CASA MILA, LA PEDRERA（1906—1912）

6. 圣家族大教堂 TEMPLE EXPIATORI DE LA SAGRADA FAMILIA（1883—1926）

多明尼克（Lluís Domènech i Montaner）设计的2座建筑物于1997年被列为世界遗产：

7. 加泰隆尼亚音乐厅 PALAU DE LA MUSICA CATALANA（1905—1908）

8. 圣保罗医院 HOSPITAL DE LA SANTA CREU I SANT PAU（1902—1930）

由于有开创性的艺术家——如高迪——的创意创造了城市的生命力，它是一个走向艺术的城市，这与欧洲人将建筑作为艺术的第一要义的理念密切相关。

所有成功的案例，有一点是相同的，那就是它找到了自己城市的魂。

　　　　　　　　　　　　　　　从"千城一面"到城市文脉

每一个城市都有自己的文脉：千流一源、万法归宗、理一分殊、一以贯之。

"理一分殊"的道理，朱熹借用了佛教"月印万川"的譬喻。他说："释氏云：'一月普现一切水，一切水月一月摄。'这是那释氏也窥见得这些道理。"（《朱子语类》卷十八）把"一理"比作天上的月亮，而把存在于万物之中的"万理"比作一切水中千千万万个月影，以此形象地说明"理"与万物的关系：理是唯一的，这唯一的理又体现在万物之中，是万物的本质；而万物并不是分割"此一个理"，却是分别地体现完整的一个理。"月印万川"本是佛教中的命题，"一月普现一切水，一切水月一月摄"具体说是唯一的月映现在一切水中，一切水中映现的月都包括在唯一真正的月中。

但是还不够，除了因文化地的历史主线，我们还要看到与时俱进的当代创为。

一座城市的文化独特性如果不与今天形成联系，最终会失去发展的内驱力。可即使经过了 20 多年的发展，中国的一些区域的文化产业仍旧没有找到属于自己的道路。文化产业的发展逻辑，必然脱胎于文化本体，在中国这样一个不缺乏历史文化的国家，复兴中华传统文化亟待一套新的方法论指导。前文定义了文脉是"因文化地的历史主线，与时俱进的当代创为"。基于这一定义，结合新的时代条件、新的社会主要矛盾和新的经济、文化、科技等产业发展条件，我们提出了一套新的发展理论。鉴于其他领域已经或多或少有了围绕文脉进行理论的尝试和阐述，为区别起见，将其命名为"新文脉理论"。

新文脉，新文创，新文明。

城市是一个巨系统，是建筑之形、文化之魂、规划之格、功能之用的系统综合，任何一个一维的文脉解释，都不能准确认识文脉在城市建设和发展中的功能和作用。因此，文脉需要按照城市建设和产业发展的需求，重新被发现、被解释。

为此，笔者从城市和地域文化建设与产业发展的角度，将新文脉定义为"在新的当代城市变革与竞争中一个城市由历史承续而来的新的文化主线"。一个兼具主体性和统摄性、历史性和当代性、无形性和有形性、静态性和动态性的概念。

什么是新文脉之新？是发掘、激活、变革、创新。

新文脉的新首先是发掘城市的独特的文明基因，激活城市逝去的集体记忆，承续以通古今，将过去断续的、单子化、片段化的文脉——连缀成线、交织成体、赋之以魂；

新文脉的新是在最为深广的中华人文精神的积淀之上进行创新、创意、变革、改造，以变促通，以通制变，以新变成就新统，以新变实现文脉的贯通；

新文脉以当代哲学阐释学为基础，新文脉的新是城市历史要素的重新选择、重新集中、重新阐释；

新文脉的新是在当下新时代、新思想、新制度构架之下建构的新创造；

新文脉的新是在现代科技基础上构建的城市文化新构架。（见图1）

谈到城市个性的现实与历史意义，我认为，这是人类历史上最大规模的一次造城运动，是关乎子孙后代的一件大事。我们今天所做的一切恐怕将确定着未来二三百年中国城市格局。为此，所有的造城者、所有的官员、企业家、研究人员，都要对子孙后代负责，对历史负责。

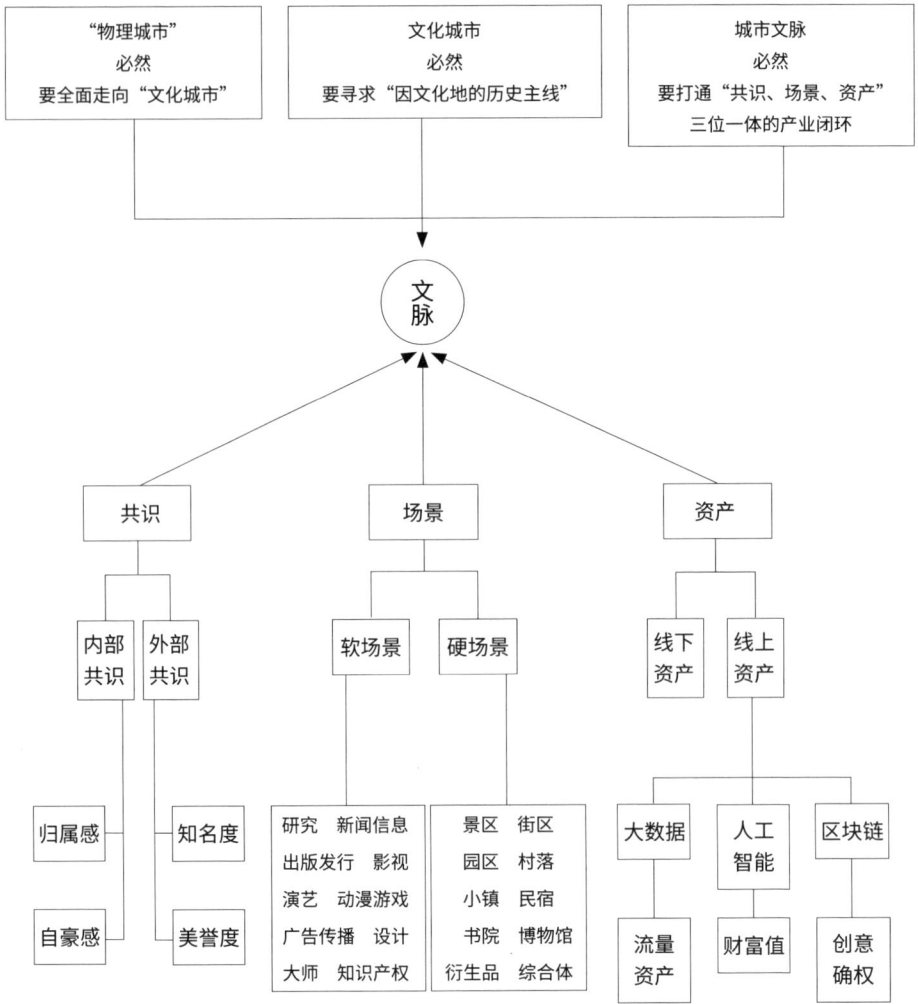

图 1　城市文脉图

中国的城市发展与城市品牌

　　世界银行通常用城镇人口占总人口的比例来衡量城市化的发展水平，并规定比例低于 30% 为低水平城市化，达到 30%—70% 为中等水平城市化，高于 70% 为高水平城市化。近年来研究进一步发现，当一个国家的城市化水平超过 30% 时，将进入加速城市化阶段。我国已有 60% 的人口生活在城市里，由此可见，我国已经进入城市化中期发展阶段，许多大中小城市快速崛起，如何在众多的城市中脱颖而出，成为城市管理者、经营者面临的新任务和新挑战。

　　著名经济学家、2001 年诺贝尔经济学奖获奖者斯蒂格利茨认为，中国的城市化和以美国为首的新技术革命是影响 21 世纪人类进程的两大关键性因素。加之经济全球化和信息化的影响与推动，城市经济发展逐步融入全球性市场之中，城市之间的竞争也由所属国的范围，扩展至全球，与新的发展机遇相伴而生的是日益激烈的角逐和竞争。在这个大竞争时代，人们对城市的认识已经不再局限于历史、土地、人口、资源、经济总量等这些传统指标，而是基于城市竞争力基础上的多层面、多角度的认知与评价。城市的竞争力不再仅仅指向城市的硬实力，还包括城市形象、城市品牌在内的城市软实力，"像经营品牌一样经营一座城市"已经成为人们的共识。从目前西方城市的发展、转型、复兴情况来看，市政当局都十分重视城市形象的打造和推广。他们深深懂得，当今城市形象体现出一个城市的文化、性格、魅力，具有特殊的城市形象并在大众心目中产生好感的城市，往往成为世界聚焦之地，引领着世界经济、文化潮流。[1] 因此，如何充分借鉴西方城市品牌推广的经验，将其与城市自身的各种已有资本相融合，营造和推广自己专属的城市品牌，使之转换为城市发展的强大"助推器"，是新的时代语境下，城市发展需要着力应对的新课题。

城市品牌的定义

世界著名营销大师菲利普·科特勒（Philip Kotler）在以"多元文化与城市未来"为主题的"曲江论坛"上演讲时指出，品牌是城市营销之魂。随着城市化进程和城市间竞争的日益激烈，彰显城市个性、突出竞争优势变得日益重要。由于城市品牌具有明显的区别性功能，它已成为近几年来城市营销研究的重要内容。广告、促销等手段已无法应对当今全球城市竞争，要实现城市营销的多元目标，包括树立积极、正面的形象以吸引企业、投资、游客、高素质的居民、公共机构、重要活动以及开拓出口市场等等，就必须采用战略营销规划工具，必须进行自觉的品牌建设和管理。[2]

品牌是市场营销学的重要概念，是品牌主体无形资产的浓缩，并以特定的形象及所拥有的个性化"符号"或"信息"来识别。根据

---

1 国外著名城市形象推广的做法与启示，http://www.zaobao.com/forum/pages1/forum_lx090828a.shtml.
2 Kotler P., Haider D.. Theoretical Papers. Country as Brand, Product, and Beyond: A Place Marketing and Brand Management Perspective. Special Issue Brand Management, Vol.9, No.4-5, April 2002, P.253. 转引自刘彦平：《城市营销战略》，中国人民大学出版社，2005年版，第66页。

美国市场营销学会的定义："品牌是一种名称、术语、标记、符号或设计，或是它们的组合运用，其目的是借以辨认某个销售商或某群销售者的产品及服务，并使之与竞争对手的产品和服务区别开来。"品牌的首要功能在于它的区别性，同一类商品借助品牌相互区分，从而突出各自的优势，细化市场，分流具有不同倾向的消费群体。其次，品牌的功能在于其认同性，良好的品牌质量和较高的社会认可度，能在受众心中塑造独特、令人瞩目的形象，商品借此实现价值转化和价值增值。在当代意义上，品牌不再仅仅适用于企业的产品和服务，还可以用于城市、国家、地区等。英国学者莱斯利·彻纳东尼（Leslie De Chernatony）曾经说过："在经济发展到相当程度时，城市已经从工业时代的大生产聚集地转变为人居的栖息地，成为人文、历史、景观的综合体。因此，城市和乡村也正在被开发成品牌。每一座城市和乡村都吸引着核心价值观与其相同的人们，确保他们有自己的生活方式的主张。"[3]

城市品牌化的提法出自凯乐（Keller, 1998）。凯乐在其《战略品牌管理》一书中指出："像产品和人一样，地理位置或空间区域也可以成为品牌，城市品牌化的力量就是让人们了解和知晓某一城市并将某种形象和联想与这座城市的存在自然联系在一起，让其精神融入城市的每一座建筑之中，让竞争和生命与这座城市共存。"[4]

城市品牌化是区域／地区品牌化（place branding）的一个

3　莱斯利·彻纳东尼：《品牌制胜——从品牌展望到品牌评估》，蔡晓煦、段瑶、徐蓉蓉译，中信出版社，2002年版，第13页。

4　菲利普·科特勒：《营销管理——分析、计划和控制》，梅汝和等译，上海人民出版社，1996年版，第607—608页。

分支，西方理论文献中出现了 place branding，country/nation branding，city branding，regional branding，destination branding，geo-branding，location branding，cluster branding，urban branding，community branding 等多种表示"区域品牌化"的术语。目前，国外学者还未能给出区域品牌的确切定义，关于区域品牌应该包含哪些内容，亦存在多种观点。从国外区域品牌化相关研究文献来看，"区域品牌"一词应是对以地理区域命名的公共品牌的统称，是涵盖了国家品牌、城市品牌、地区品牌、目的地品牌、地理品牌、集群品牌等多种类型区域品牌的属概念。[5]

在有关区域品牌化的定义中，较有代表性的是瑞尼斯特（Rainisto）给出的定义，他认为："区域品牌是一个地区的附加吸引力，塑造区域品牌的核心问题是构建区域品牌识别。"区域品牌由许多要素组成，如名称、标志、术语、设计、包装、口号、声望等，这些要素当中首先要考虑的是名称。而区域产品是一个区域向其消费者提供的全部产品的组合（Rainisto，2001）。卡瓦兹（Kavaratzis，2005）则根据美国专家大卫·阿克（David A. Aaker）的品牌定义来界定区域品牌的含义，认为："（区域）品牌是功能、情感、关系和战略要素共同作用于公众的大脑而形成的一系列独特联想的多维组合。"由于区域品牌化与城市品牌化的概念，在西方学者的著作中有时并无明确区分，这些用词上的差别只是因为研究者视角的不同，所以区域品牌的定义可以延用到城市品牌之中。把瑞尼斯特观点中的

---

5 孙丽辉、毕楠、李阳、孙领：《国外区域品牌化理论研究进展探析》，《外国经济与管理》，2009年第2期。

区域品牌替换为城市品牌，我们可以把城市品牌看作一个城市的附加吸引力，其核心问题在于构建城市品牌识别。这里首要的问题是，如何定位城市品牌，突出城市品牌的差异和个性。

对城市经营问题，国外学者主要集中在对传统城市形象和基于职能论的城市营销的研究范围内，对城市品牌问题的关注和研究很少涉及，零星研究主要表现在：对城市品牌思想的提出、企业如何开展城市品牌营销、城市管理中的城市利益相关者参与机制、城市品牌对定居者的吸引价值与塑造过程等方面。[6]

那么什么是城市品牌？国内学者虽然从各自的角度出发，对城市品牌的概念表述不一，但是与西方学者立足于品牌理论，强调品牌的效用与受众心理不同，都抓住城市这一主体。从城市已有的历史文化蕴涵、产业优势、城市定位等方面综合考虑，将城市品牌看作城市竞争力的集中体现，在城市品牌的区别效应的基础上，将突出竞争优势、增强城市居民的自豪感和凝聚力、提升城市的吸引力和感染力、吸引外部投资看作城市品牌的显著效能。（见表1）

6　张锐、张焱：《城市品牌：理论、方法与实践》，中国经济出版社，2007年版，第7页。

表1　中国学者对城市品牌的定义

作者	城市品牌的定义
倪鹏飞等	城市的功能性、情感性、自我表现性等战略识别要素在公众头脑中共同生成的一系列独特认知和联想
杜青龙等	指城市管理者利用所属城市具有的独特的要素禀赋、历史文化积淀、产业优势等差别化品牌要素，向目标受众提供持续的、值得信赖的、有关联的特别承诺，以提高受众对城市的反应效用，增强城市的聚积效益、规模效益和辐射效应
陈跃兵	城市标识、城市形象和城市关系的总称，是城市可转化的无形资产
吉福林	体现一个城市丰富的经济文化内涵和精神底蕴，与其他城市相区别的独特标志
张鸿雁	城市品牌就是一个城市在推广自身城市形象的过程中，根据城市定位传递给社会的一种核心概念，并得到社会的认可，从而在消费者心目中占据一定的位置
张锐、张焱	"品牌"作为城市核心竞争力的集中体现，也可以看作是一种系统，即"城市品牌系统"，它是一个由城市品牌与全体受众（城市品牌与城市内部品牌；城市品牌与城市资源；以及城市品牌与城市环境等）构成的关系系统 [7]
范小军	城市品牌是城市的特有资产在城市发展进程中所生成的特殊的识别效应，是城市特有竞争优势的体现

　　我们认为：城市品牌是城市形象的集中体现，代表着城市的核心竞争力，它既整合了原有的各种资本优势，符合当地居民的心理期许，又规划了城市一段时间内的发展战略目标。它是城市生态环境、人文积淀、经济实力、精神品格、价值导向等综合功能的凝练和升华，集中了一个城市自然资源与人文创造两方面的精华，拥有深厚的历史积淀，所以城市品牌具有不可替代的经济文化内涵和不可交易的专有功

7　张锐、张焱：《城市品牌：理论、方法与实践》，中国经济出版社，2007年版，第38页。

能，既是区别于竞争对手的标识，也是城市个性化的表现。城市品牌是城市在功能定位的基础上所确定的自己的核心价值，由城市的各种资源优势、人文标识、地域特色以及城市的发展规划和战略目标等要素共同塑造而成的，可以感受得到的"神形合一"的城市标识、名称或口号。城市品牌是城市的性质、名称、历史、声誉以及承诺的无形总和，同时也使目标顾客对城市产生清晰、明确的印象和美好的联想。

城市品牌的作用有多方面，总体上可以分为内部和外部两个层次。城市的内部是一个相对完善的系统，但在运行中需要内部各方面的紧密配合。这种配合需要一种团队合作精神，这种凝聚力不仅能使团队成员产生自豪感，使他们愿意留在该区域而且能够提升区域的竞争力[8]，同时还能吸引其他区域的人才走进来，使城市利益的相关者选择在城市投资、旅游、居住、工作或学习，其地位一旦在人们心中确立，就能够保持相对的稳定性，人们对品牌城市的关注、信任与忠诚就是城市的"品牌效应"。

城市品牌的塑造是一个庞大而复杂的社会过程，一般要经历城市品牌定位→确定城市品牌的核心价值→建立城市形象识别系统→城市品牌推广→推广信息反馈和城市品牌维护，这一全方位的循环互动过程。"罗马不是一天建成的"，需要一座城市的整体努力才能打造出一个真正的城市品牌，不能仅仅停留在零散的媒体宣传、城市形象工程建设、基础设施改善等层面，它需要全体城市居民、所有城市利益相关者共同行动，先从城市内部品牌塑造做起，将城市品牌的核心价值贯彻到城市建设与发展的各个方面。可以说，城市品牌影响力和

---

8 齐文娥：《区域经济一体化与区域营销》，广东经济出版社，2006年版，第176页。

　　　　　　　　　　　　　　　　中国的城市发展与城市品牌

感召力的提升过程，实际上就是一座城市全面发展的过程，即城市的全面发展推动城市品牌度的提升，反过来，城市品牌度的提升又会促进和带动城市各项事业的全面发展，二者相辅相成。[9]

世界著名城市品牌的建设经验

1. 你好，首尔！（Hi Seoul）

首尔是韩国的首都，韩国的政治、经济、文化中心。首尔位于朝鲜半岛中部，汉江下游，距朝鲜半岛西海岸约 30 公里。汉江流经市区，将首尔分为江南和江北两个部分。因位于汉江之北，古称"汉阳"。14 世纪末，朝鲜王朝定都汉阳后，改名为"汉城"。1945年朝鲜半岛光复后，汉城的英文名字按国语固有词发音用 Seoul 标记，意为"首都"。2005 年，在汉城市政府的推动下，汉城的中文译名由使用了 600 多年的"汉城"改为 Seoul 的谐音"首尔"。

作为韩国的首都，首尔是韩国的教育和文化中心，拥有首尔大学、高丽大学等 34 所大专院校，占全国大专院校总数的 50%。首尔有 11 家报社，发行 3000 多种报刊，占全国报刊发行种类的 92%。首尔的金融和商业非常发达，全国 24 家银行中除 10 个地方银行外均在首尔。首尔的工业主要有纺织、化工、机械、电器和食品等，共有制造业企业 1.5 万个，占全国企业总数的 30%以上。

韩国经济起飞，始于 20 世纪 60 年代，当时韩国实行外向型经济发展战略，大力发展出口加工工业。在不到 40 年的时间中，韩国取

---

9 张锐、张焱：《城市品牌：理论、方法与实践》，中国经济出版社，2007年版，第79页。

得了被誉为"汉江奇迹"的经济成就。1962—2004年韩国的国民总收入由23亿美元增加到6674亿美元，人均国民收入由87美元增加到16900美元。韩国的GDP在2003年达到6052亿美元，居世界第11位。这些数字清楚地表明了韩国经济发展所取得的巨大成就。虽然以首尔为核心的"首都圈"面积仅占韩国总面积的12%，但韩国近5000万人口中的一半生活在"首都圈"内，韩国七成的国民生产总值也来自"首都圈"。在韩国经济振兴和现代化进程中，首尔一直发挥着火车头般的推动作用。

20世纪80年代，首尔主办了两次国际性的体育赛事，1986年的第10届亚运会和1988年的汉城（首尔）奥运会，使城市形象得到空前的提升。这两次大型国际赛事的成功举办，是首尔城市营销的坚实起点，从此，首尔加快了城市建设的步伐并抓住了建设国际化都市的机会。[10]以筹备1988年汉城（首尔）奥运会为契机，韩国对江南地区进行了大规模开发，兴建了完善的基础设施，使江南地区从农田一跃成为韩国最繁华的商业区和最昂贵的住宅区。而奥运会带来的"奥林匹克效应"，更促使韩国经济在"汉江奇迹"的基础上开始新的飞跃，拉开了韩国经济由劳动密集型向技术密集型、由加工业向服务业升级转化的序幕，使韩国经济出现了连续10年的高速增长。1985—1990年，韩国人均国内生产总值从2300美元增加到6300美元，经济实力迅速增长，一举跃入亚洲"四小龙"行列，创造了世界经济史上的奇迹。

20世纪90年代，首尔的城市营销继续推进，确立了面向21世

10　刘彦平：《城市营销战略》，中国人民大学出版社，2005年版，第303页。

纪的新规划，开始致力于把汉城（首尔）建设成东北亚的枢纽城市。2000年，城市营销的概念首次正式出现在市长讲话和政府文件中，成为汉城城市营销迈向正规化的一个标志。2002年韩日世界杯足球赛和世界大都市协会首尔总会（2002 Metropolis Seoul）在首尔同期召开，参加大会的世界著名人士也可以出席世界杯开幕式，因此借世界杯举行的契机宣传的首尔城市文化形象扩大了影响力，对首尔的城市品牌建设产生了深远的影响。2002年韩日世界杯期间，时任韩国总统金大中亲自给首尔做城市品牌形象代言人，向世界发出了"欢迎你到汉城来，欢迎你到韩国来！"的邀约。

2002年，首尔城市品牌塑造的另一里程碑是：宣传标语征集活动。8月13日，李明博市长代表市政府向首尔市民和外国友人发出倡议，发起首尔城市宣传标语征集活动。经过20多天的角逐，在7283个（其中有外国人110人）应征作品中确定"Hi Seoul"为首尔市城市宣传口号（见图1）。至此，首尔城市营销确立了统御性（umbrella）的品牌形象。[11]

图1 首尔城市标志

---

11 刘彦平：《品牌发力，战略制胜——首尔城市营销案例分析》，http://ccdv.people.com.cn/GB/107127/6549375.html.

"Hi Seoul"是一个非常亲切的宣传口号，"Hi"这个问候语，无形之中拉近了一座城市与人之间的距离，赋予了首尔这座城市一种人格化的形象。他像是一位你久已熟悉的朋友，你与他可以互道问候。与此同时，"Hi"也显示出很强的包容性，在首尔城市规划局所属的首尔在线（www.seoul.go.kr）Hi Seoul, Soul of Asia网站上，有关未来首尔的建设构想中，第一条即为"国际都市首尔，身居首尔的人均为首尔市民"，它意味着首尔始终向世界敞开大门。访问国际都市首尔的人们，无论其目的是居住、旅游还是商务，首尔市均会视其为本市市民。"Hi"与"High"同音，也意味着首尔面对世界大都市之间的激烈竞争所表现出的激情和自信。宣传标语因用生动的笔法来设计，激发出"Hi"所包含的亲切、活泼之感；同时，用韩国三太极的青、赤、黄三种颜色，也会引起受众的瞩目。[12]

为了宣传和推广"Hi Seoul"这一城市品牌，首尔利用举办世界大型会议的机会，将"Hi Seoul"的巨大城市品牌Logo设为会议的主题背景，所有的政府车辆都标有此口号，出租车顶的标识等也统一印上了Hi Seoul。首尔还开创了以"Hi Seoul Festival"命名的文化节、"Hi Seoul 首尔马拉松赛"、"Hi Seoul 网友节"等多种节事活动，另外在首尔的旅游景点还有众多的"Hi Seoul"纪念品专卖点，通过游览者将首尔的城市品牌形象传播到世界各地。为了扩大"Hi Seoul"的品牌附加值，首尔市政府还将"Hi Seoul"设定为一些优秀企业的共同品牌，以提高人们对这些中小企业的依赖度，帮助它们开拓海外市场。据韩国现代经济研究院2009年3月12日发表

---

12 刘彦平：《城市营销战略》，中国人民大学出版社，2005年版，第318页。

的《城市品牌就是国家竞争力》报告，首尔城市品牌价值约为127万亿韩元（约合人民币6350亿元）。

2. 不断探索的伦敦 [13]

伦敦是英国的首都，也是欧洲最大的都会区之一，三大世界城市之一，与美国纽约、日本东京并列。自18世纪工业革命到20世纪初，作为世界性帝国——大英帝国的首都，伦敦一直是世界上最重要的政治、经济、文化、艺术和娱乐中心之一。2004年，其地区总产值为2650亿美元，占英国国民生产总值的17%。著名的伦敦城（City of London）是伦敦最大的金融中心，分布有500多家银行，是世界最大的国际外汇市场。大约有一半以上的英国百强公司和100多个欧洲500强企业在伦敦设有总部，全球大约31%的货币业务在伦敦交易。

进入21世纪，随着经济全球化和区域经济一体化的逐步扩展和深入，法兰克福、巴黎、慕尼黑等一些欧洲城市快速崛起，伦敦作为欧洲经济中心的地位受到挑战。伦敦这座因"雾都"而闻名的老工业城市，曾经是保守、拘谨的代言人，在新的时代它是怎样转变形象，在新的世界经济体系下重获生机，成为世界创意中心的呢？

在城市形象的定位和推广方面，伦敦市政府一直扮演着十分重要的角色，是城市品牌传播组织结构中的核心力量。伦敦城市品牌机构（London Unlimited）由市长办公室统一领导，这些机构包括伦敦发展署（London Develop Agency）、伦敦第一（London First）、

13　本节参考周丹：《伦敦城市品牌是怎样打造的》，《中国报道》，2007年第3期。

伦敦旅游局（Visit London）、英国贸易与投资总署（UK Trade & Investment）、伦敦投资局（Think London）、伦敦教育局（London Higher）、电影伦敦（Film London）、伦敦奥组委（London 2012），以及伦敦东区、南区、西区、北区、中区发展分署等等。虽然这些分散的机构有各自的职能和工作，但都在市长办公室的统一领导下，保证了伦敦的每一次公关活动都有统一的形象和声音，能够建立连续一致的品牌形象。实际上，伦敦品牌机构并不是一个实体，是一个松散的组织结构，它没有专门雇佣的工作人员，其所有人员都是伦敦市政府这些下属机构的公共管理人员。这样的体系建制收放自如，需要的时候可以快速组织人力资源，不需要的时候又可以迅速解散，回到各自的工作岗位，这样既节约了管理成本，又由于公务员的职责所在，保证了市政府所确定的品牌策略得到快速有效的执行。

城市品牌化的核心是建立城市识别系统。现代西方品牌管理理论认为，品牌识别是一项产品或服务形成品牌的精髓，或者说是建立品牌管理体系的核心，因为它决定着品牌最初的定位、个性、视觉符号，以及一直到最后的传播和监管。依据阿克（Aaker）的观点，品牌识别是品牌战略制定者试图创造或保持的一系列关联物，它代表了组织机构希望品牌所象征的内容。所以，伦敦品牌建立的第一步就是建立品牌识别系统。伦敦城市品牌识别系统的建立，分为城市品牌定位、树立品牌核心价值、创建城市识别符号三个阶段。

城市品牌定位建立在对城市特色和核心竞争力识别的基础上，为此伦敦政府组建了品牌建设专家组，采用定量分析的方法，比较伦敦与其他竞争城市的不同，找出伦敦的亮点进行品牌定位。然后，在巴黎、纽约、汉堡、东京四个国际都市对商界及政府官员进行了广泛的意见调查，以测试品牌定位是否符合伦敦形象。最后，经过多次反复论证和意见综合，伦敦品牌识别系统的价值金字塔模型建立起来。处于金字塔的底座的伦敦著名品牌，即支柱性品牌所涉及的行业，包括旅游、商业、体育、文化以及教育业。品牌专家从这些行业中，提炼出伦敦与众不同的迷人之处，作为品牌的格调。在"开放、迷人、自信和动力无限"的品牌格调的基础上，伦敦的"文化多元化、无限创造性、充满机会以及无穷积极的推动力"的品牌价值也突显了出来。这个金字塔所表现的伦敦品牌价值由表及内，层层推出，最后，汇总于金字塔的顶尖伦敦品牌的核心价值——"不断探索"。

品牌的核心价值部分确定后，需要用一个视觉形象来表现伦敦。经过严格的筛选与测试，最后，伦敦品牌以一个活力无限、变化无穷的万花筒的形象展示在世人面前。万花筒变幻莫测的特性紧扣伦敦"不断探索"的主题特征，将伦敦经济、文化、生活等五彩斑斓的一面用平面设计的手段生动地表达了出来。

伦敦城市品牌的宣传是多元化的，渗透到伦敦生活的各个方面。首先是媒体传播。英国广播公司（BBC）这个 24 小时不间断的全球传播工具为英国文化传播以及伦敦的形象传播起到了极其重要的作用。其次是活动传播。伦敦层出不穷的活动以及节日使传播成为有源之水。节日庆典活动是伦敦城市营销沟通的重要手段之一，几乎每个月都会有一次大型的庆典活动。其中一些惯例化的、成功的节日活动，如摄政街（Regent Street）的点灯仪式、每年 8 月的狂欢节、皇家庆典等已成为其特殊的"产品"。第三是政府传播。伦敦政府的每一个外事活动都是伦敦市政府不遗余力宣传伦敦的机会。伦敦市长每年都要安排出访计划，以宣传推广伦敦。在北京奥运会期间，伦敦充分借助 2012 年奥运会主办城市的身份，向全球大力开展城市形象推广。为此，伦敦发展署及其合作机构投入 360 万英镑（700 万美元）作为活动经费，不仅在北京传统的四合院内设立了"伦敦之家"，为希望进军伦敦市场的中国企业精心组织了一系列论坛，还推出了各种展览、晚宴以及其他沟通交流的机会吸引目标受众。英国时任首相戈登·布朗（Gordon Brown）、伦敦市长鲍里斯·约翰逊（Boris Johnson）、伦敦奥组委主席塞巴斯蒂安·科（Sebastian Coe）等纷纷现身"伦敦之家"。伦敦发展署还与中国著名门户网站新浪展开合作，建立网络"伦敦之家"，全程跟踪报道"伦敦之家"的系列宣传活动，扩大了"伦敦之家"的影响力。

3. 亚洲国际都会：香港

2001 年香港"飞龙"的推出，被誉为一个百年城市品牌的诞生，是中国目前唯一一个完整意义上的城市品牌。

香港政府自 1996 年已经开始构思，给香港设立一个品牌。当时，香港因回归祖国而成为各方关注的焦点，部分人士甚至担心香港回归后可能会从国际舞台上销声匿迹。香港政府为了避免这样的事情发生，寻找各种途径，力求推广香港作为中国一个特别行政区，而同时又是国际的金融、贸易、投资、旅游、运输和通信服务中心这一特殊地位。加之 1997 年东南亚金融危机的影响，香港的经济活力受到严重影响，社会普遍存在着悲观意识和消极的情绪，香港政府迫切需要一种方法，使本地居民重拾信心，向全球展现积极进取的形象。所以如何应对新的社会经济环境，在国际社会建立起一个新的香港形象，以彰显香港在国际出口、金融服务和商业方面的竞争优势变得十分重要。

在考虑过多个发展方案之后，香港政府在 2000 年作出发展香港品牌的决定，由香港政府新闻处负责统筹策划与建立香港的新品牌形象。这时，香港已踏进新的千年，挺过了亚洲金融风暴的最恶劣时刻，并在中国的主权下展开新的一页——这正是为香港打造新形象的最佳时机。

香港新闻处向多家国际公关公司征集建议书，最后组成了一支跨国顶尖的专业的品牌顾问团。成员包括：美国朗涛设计顾问公司——国际品牌形象设计公司；总部设在美国纽约的博雅公关公司——全球顶尖的公共关系和管理专业顾问公司；Wirthlin Worldwide 公司——品牌策划市场调查公司。这项计划就交由上述几家享有国际盛誉的顶尖跨国性专业公司的香港办事处一起策划。为了测量香港品牌形象在全球的实力，品牌顾问团还利用一个品牌资产评估（Brand Asset Valuator，BAV）的专有品牌形象数据库系统，在香港和全球的商界及政府官员中进行了广泛而质量兼备的意见调查。为了更好更准确地对香港的城市品牌进行定位，香港政府有关机构与品牌顾问团一起，研究了全球国际城市中成功的城市品牌形象宣传案例，从中学习到了最佳的"城市定位"模式与技巧。针对未来香港品牌形象管理的问题，品牌顾问团研究和借鉴了其他国家和地区的先进经验，为城市品牌的推广落实奠定了基础。

经过反复研究，明确了香港城市品牌的定位，并设计了形象标志。首先，香港的定位是：香港是一处融合机遇、创意和进取精神的地方，动力澎湃，朝气蓬勃。香港所提供的基础设施达到世界一流水平，既是交通枢纽，也是文化汇集之都。然后，在定位的基础上设立形象标志。在这个过程中特区政府考虑过上百个方案，经过筛选，选出五款设计，经在香港、北美洲、澳洲和欧洲认真地测试受众的反应，最后，一条由"香港"两个中文字和代表香港英文缩写的"HK"两个字母组成的火红的飞龙图案成为香港的形象标志（见图2）。香港的形象标志是一条设计新颖、活灵活现的飞龙，凸显香港的历史背景和文化传统。设计巧妙地把"香港"二字和香港的英文缩写 H 和 K 融入飞龙图案内，它流动的线条有中国书法韵味。龙是古老的动物，但标志的设计却富现代感，正好点出香港中西文化荟萃独特之处。飞龙的流线型姿态予人前进感和速度感，象征香港不断蜕变演进。飞龙富有动感，充满时代气息，代表香港人勇于冒险创新、积极进取的精神，以及不达目标决不放弃的坚毅意志。

亞洲國際都會　香港

图2　香港城市形象标志

国际专题小组又审慎地研究了由本地和海外专家小组提出的不同定位的主题字眼，最后选定为"亚洲国际都会"，以显示香港在亚洲和全球的独特地位。虽然有人认为这个定位只标志着香港的愿景，但大部分人同意，香港就是亚洲的国际都会。它是一扇天然和多元文化的大门，通往中国内地和亚洲各地的种种机遇。与图案并列的标题"亚洲国际都会"，正好点出香港所担当的重要角色：地区商业枢纽、通往中国内地和亚洲其他经济体系的门户，以及国际艺术文化中心。正如董建华在香港品牌揭幕仪式上所说："我们的目标，是让香港在国际间扮演举足轻重的角色，媲美欧洲的伦敦和美洲的纽约。"为了反映香港作为"亚洲国际都会"所具有的独特精神，品牌顾问团将香港城市品牌的核心价值表述为"文明进步、自由开放、安定平稳、机遇处处、追求卓越"，这里强调了香港优良的社会文化环境，无限潜力和无限机遇，更强调了香港鼓励创新思维和不断追求卓越的意识。香港城市品牌的个性则被描述为"大胆创新、都会名城、积极进取、卓越领导、完善网络"。对此，时任香港财政司长的梁锦松解释道："香港的品牌，其中有几项很重要的品牌品质：机会、创意和城市精神。"追溯香港从一个小小的渔村发展到今天国际大都会的历程，香港的自由开放和积极进取的精神就是形成这个城市品牌的基因。[14]

香港飞龙形象标志的设计，历时整整一年，耗资 900 多万港元。重新定位的香港品牌标志——火红色"飞龙"的诞生既是一个调查研究的过程，同时也是一个重新认识香港的过程。它站在全球和未来的角度审视香港的历史、精神、文化和经济实力之后，重新确立了香港在亚洲乃至国际社会的定位。[15]

香港的城市品牌和城市形象标志既已确定，如何推广和传播城市品牌就成为一个重要任务，为此香港政府成立了专门的组织机构，采用了包括专门网站在内的一切媒体和公关活动。系列性的、大规模

14　刘湘平编著：《品牌城市》，东南大学出版社，2004年版，第6页。

15　香港"亚洲国际都会"城市品牌案例分析：http://www.chinacity.org.cn/cspp/csal/50097.html.

的推广活动在各主要商业活动场所开展；香港的机场、地铁、大巴、主要街道、公共场所都张贴了"飞龙"城市标志。同时，利用公关手段进行对外宣传是香港城市品牌推广的一大特点。在推出契机方面，利用香港举办《财富》全球论坛之际，2001 年 5 月 10 日，时任特首董建华在《财富》论坛开幕仪式上向来自全球的客人隆重推出香港品牌新形象，2001 年下半年，至少有九位官员乘外访之机在 12 个国家和超过 30 个城市向当地人民推广新的"香港品牌"。香港工商界知名人士赴西部考察，所乘坐的港龙飞机都印上了新的香港品牌形象"飞龙"标志，通过此次活动的报道，向内地传递香港品牌的形象。另外邀请香港著名艺人作为城市品牌形象代言人，如刘德华、成龙。

香港的"飞龙"如今不论在香港还是世界各地，已被公认为香港的标志。

中心城市品牌的建构

随着信息时代的来临，当代世界进入了一个眼球经济与注意力经济的时代。当今社会信息泛滥以至于过剩，人们的注意力成为一种稀缺资源，注意力本身就是财富。正如戈德海伯说："获得注意力就是获得一种持久的财富。在新经济下，这种形式的财富使你在获取任何东西时都能处于优先的位置。财富能够延续，有时还能累加，这就是我们所谓的财产。因此，在新经济下，注意力本身就是财富。""注意力经济"的理论认为公众的注意力是城市竞争的最大资源，谁能吸引更多的关注谁就能拥有更大的价值，吸引更多的投资。从城市品牌的塑造和传播影响方式来看，城市竞争是一种争夺注意力的竞争，是一种争夺眼球的经济方式。由此，我们思考当代都市的形象经营。在当代各种经济要素顺畅流动的今天，哪个城市最受关注，那个城市就拥有吸引最大资源的可能。[16]

借鉴世界著名城市营销和推广的成功经验，我们认为尽快制定和实施城市品牌化战略应是首要选择。针对城市发展规划和建设世界中心城市的愿景，应从以下几个方面着手塑造城市品牌。

第一，建立统一的城市营销领导机构，鼓励市民积极参与城市品牌构建。

从伦敦、首尔、新加坡的城市品牌打造的经验来看，经营城市品牌在各市政府工作中都处于一个十分重要的位置，由市政府统一组织和管理，从战略制定到活动方案实施都有明确目标和周密安排，以保证城市品牌的统一性和连续性。在此基础上，他们还利用各种渠道，比如广播、电视、网络、报纸向全体市民大力宣传，不仅使他们清楚地了解推广城市形象的重要性和本市品牌的核心价值，更重要的是使他们从自身做起，人人成为城市形象的创造者和传播者。如志愿者的微笑是北京最好的名片，北京应当继续发扬志愿者精神，把推广城市形象作为日常工作和生活中的文化自觉。

第二，准确定位城市品牌，建立城市品牌识别系统。

一个优秀的城市品牌，不仅能提高市民的自豪感和归属感，增强城市的凝聚力，而且能够吸引世界有限的注意力资源，将形象力转化为城市的竞争力和生产力。如在"人文奥运、绿色奥运、科技奥运"的基础上，北京已经塑造了相对集中和有效的"人文、绿色、

---

16 金元浦：《大竞争时代的城市形象》，《北京规划建设》，2005年第6期。

科技"这一城市形象。但是整体来看这些只能算作北京城市的名片，不具有突出的吸引力和感召力。近年来，北京大力发展文化创意产业，将创意作为城市转型和经济发展的新动力，与文化相关的休闲娱乐业、传媒业、动漫游戏业、会展业、旅游业快速提升，已经成为北京新的经济增长点和重要引擎。文化是21世纪的产业，也是21世纪的经济核心。北京拥有悠久的历史和灿烂的文化，作为东方文化艺术中心，能够为文化创意产业发展提供丰富的给养和创作灵感，北京更有包容世界多元文化的气魄与胸怀，致力于打造一座宜居、宜游、宜业的国际性的大都市，所以北京的城市品牌定位应当突出人文特色，深刻挖掘北京城的文化底蕴，丰富北京的人文内涵，将体现东方神蕴的文化精粹和人文特色融入城市品牌开发和推广的方方面面。

　　城市品牌定位是一项系统性的工程，需要大量的资料汇总和调查研究。首先要在分析城市支柱性产业、优势资源、人文特色的基础上，确定城市品牌基调，然后根据这些品牌要素，提炼和整理出城市的核心价值与城市精神，最后经过高度浓缩和聚集，将其融铸为一个响亮的口号和标语，以之代表城市的发展愿景提升城市竞争力。其中每一个环节都要市民和城市利益相关者的共同参与，经过反复修改和完善。（见图 3）

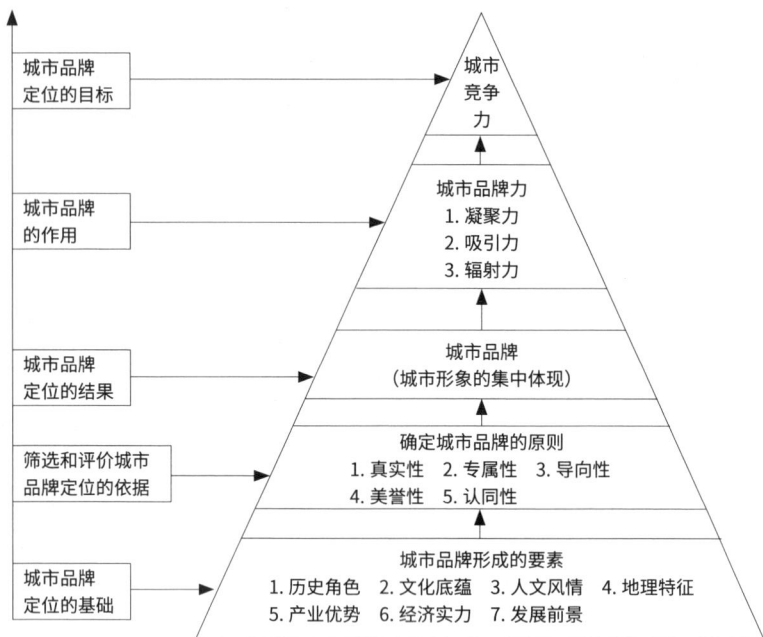

图 3　城市品牌定位模型

　　城市品牌化的核心是建立城市品牌识别系统。当代社会已经进入"读图时代"，单纯的文字和标语已经不能吸引人们的注意力，所以在确定城市品牌定位之后，要设计相应的城市品牌标识。以生动活泼的图像来传达城市的神韵，既有利于加深人们的印象，吸引目光，易于辨识，图像自身的装饰效果又使它能够广泛应用于户外广告、车辆、旅游纪念品等各种介质，扩大它的使用范围，利于城市品牌的传播。城市品牌形象定案以后，要制定详细的推广方案，力求让社会在第一时间对城市的标识产生共鸣，以强化市民的荣誉感和认同感。

　　第三，多方面、多渠道推广城市品牌。

　　城市品牌推广是一项庞大的工程，它既需要政府、企业、市民的共同努力，也需要整合各种媒介资源优势。首先要充分利用媒体优势，以电视台、（国际）广播电台、市政府门户网站为核心，借助各种平面媒体，宣传城市品牌，扩大城市品牌的知名度和影响力。其次，将市政府车辆、公交车辆、社区公共设施，统一标识城市品牌，形成整体宣传效应。再次，利用公关手段对外宣讲，将宣传城市品牌作为政府公关工作的一个重要内容，借政府官员对外交流、访问之机向外界推介北京城市品牌。最后，要利用好重大事件的影响，做好城市品牌推广。重大事件是指可以回应大众流行诉求和有着国际重大意义的大规模的文化、商业和体育事件。重大事件一般被称为"大型活动"，它是提升城市形象的绝好机会，如园艺博览会、世博会、奥运会、亚运会、休闲博览会等。重大事件不但可以塑造形象，而且还可以扭转原来的负面形象。因此，在城市品牌推广中要积极主动创造条件，尽力争办各种国际性和区域性的体育赛事、国际会议、文化艺术展览等活动。[17]

第四，培育和推介优秀的企业品牌，发挥城市品牌与企业品牌的联动效应。

以韩国首尔推出的"Hi Seoul"企业品牌为例，为了帮助那些具有优秀的技术能力及产品，但由于宣传及营销能力的不足而无法成为名牌的首尔优秀中小型企业，首尔使用城市营销口号"Hi Seoul"对这些企业进行综合营销及宣传支持，强化这些企业的产品竞争力，不仅有助于其在海外市场的拓展，而且增加了首尔城市品牌的附加值。反过来，这些产品依靠高质量和海外市场的拓展，使"Hi Seoul"这

17　王启凤、王志章：《国外著名城市形象推广的做法与启示》，联合早报网。

一品牌为广大普通消费者知晓，依据原产地效应，人们会对首尔产生良好的心理认同。所以一个著名的城市品牌可以对企业品牌起到背书的作用，帮助当地的企业品牌提高竞争力，这些企业品牌也能够提升城市品牌的内涵，形成品牌的联动。比如以前大家对内蒙古的印象相当模糊，只知道那里的草原、毡房和游牧的生活方式，随着伊利、蒙牛这些乳制品企业品牌知名度的提升，内蒙古的整体品牌形象又增添了绿色、健康的元素。

品牌城市：城市的双塔模式

品牌城市的品牌魅力在于城市广泛的影响力、普遍的美誉度、巨大的辐射力、强烈的吸引力，还有城市居民和外来人群高度的认同感，这一切构成一个主体，这个主体就是城市竞争力。

今天，对全球创意城市的经营成为文化创意产业创意经济发展的一个重要组成部分，而且越来越强烈地成为我国各个城市都在关注的重要问题。我国目前就有将近 200 个城市提出文化强市、文化立市的主张，要建创意之都、文化之都，甚至要做世界城市、国际城市，或者国际化都市。

成功的城市将是文化的城市

21 世纪，成功的城市将是文化的城市。所谓文化，不仅仅是指文化产品。不管是高雅的还是通俗的，地方的还是全球的，文化意味着一种生活、行为、表达、思考和学习的方式。从历史上看，城市从来都离不开文化。但只有在当今全球化消费时代的背景下，文化才以城市发展轴心战略的姿态出现。经济的、社会的、技术的和教育的战略，越来越紧密地与文化轴心联系在一起。信息、知识和内容创造已经成为城市经济可持续发展的关键，当代都市只有成功应对文化的挑战，才能在竞争中插上腾飞的双翅。

"软实力"的重要核心是城市的"文化度"，它直接影响一个城市的吸引力。20 世纪 80 年代日本泡沫经济时期，鉴于东京的土地昂贵、物价高，不少外国企业迁到新加坡和中国香港。正在此时，新加坡等作为传送信息的国际经济城市，极力向世界倡导"软件活力论"，这对中国香港构成了压力。新加坡的策略获得了巨大的成功。

日本学者青木保文认为，作为大竞争时代城市的条件，可以考虑以下几点。第一，政治上稳定，行动上自由，秩序井然、安全。第二，开放的社会，外国人出入容易。第三，经济发展富有活力，有各种机会可寻，现代城市的基础设施完备。第四，"软件活力度"高。

21世纪，成功的城市将是具有文化品牌的城市，是具有独特的文化魅力和形象特征，具有较高声誉，被世人广泛称道，已形成自身品牌价值的城市。品牌城市的品牌魅力在于城市广泛的影响力、普遍的美誉度、巨大的辐射力、强烈的吸引力、高度的认同感和强大的竞争力。品牌是一个城市的象征，是一个城市的名片。它体现着一个城市的实力。城市的品牌是城市风格的展示，是城市个性的表达，是城市文化的集中体现，是城市整体功能的抽象呈现。

我们必须思考当代城市品牌形象的经营。在当代各种经济要素顺畅流动的今天，哪个城市最受关注，哪个城市就拥有吸引最大资源的可能。形象力将转化为生产力。当代都市形象是全球社会公众、市民和游客对某一城市的整体印象和评价。富于魅力的城市形象无疑将提升一个城市参与国际竞争的竞争力。而当代城市经营，就是要通过自我形象魅力的展示，使公众对其产生良好的心理认同，并产生巨大的马太效应。由于这种传播的扩展效应，公众或团体在面临与该城市有关的活动时，就会产生有利于该城市的情感性选择倾向，无形之中提高了该城市的综合竞争力。

城市形象与"双塔"模式

城市形象战略是城市理念、城市环境、城市行为和城市视觉标志的综合构成体。策划、实施与树立城市形象是一项促进城市发展的注意力产业。这一产业将产生巨大的效益，产生难以估量的经济推动力，创造出城市的增值价值。城市形象设计的国际经验还表明，成功的城市形象不仅在于设计的过程，更为重要的是维持和不断推广，从而保证一个城市的品牌工程从开始建立一直到全社会的贯彻落实始终在一个健康的体系中运转。

实际上，文化创意产业这种品牌经营的策略从上海世博会已经开始广泛地传播，它也启发了我国众多城市领导者、经营者、管理者来管理或者推出更好的城市品牌形象。

21世纪全球经济发展已经呈现一个最新趋势，全球城市作为创意城市的争夺竞争也越来越激烈。新世纪中国的城市化，可以说是以前所未有的速度和规模迅速发展，并且日益影响着世界。那么，城市形象和城市品牌的经营、城市形象战略，是城市市民行为和城市视觉形象的综合构成体，如何策划实施树立城市形象，是促进城市发展的创意产业的任务，比如北京。北京通过奥运会塑造了人文北京这种城市形象，在全球获得了极大的影响力，在一个注意力经济与眼球经济蓬勃发展的时代，谁具有了最强大的品牌优势，谁就会在世界上获得最大的影响力，而这个影响力就是市场，就是经济。总的来讲，影响力会带来强大的信息流、人才流、创意流、物资流，尤其是资本流。

过去在城市的管理中，我们常常听到的是"短板效应"。它是说城市的整体水平是由木桶最短的那块木板来决定的，也就是德鲁克的所谓"木桶原理"。这就是说，城市的、企业的水平和容量取决于木桶最短的那一块木板。所以，补齐短板是首要的最根本的方法。这是一种微观的、局部的、满足生产线式的操作性管理模式，是以单纯的专业化界域为限的运营方式。但很明显，这是传统的工业／制造业时代的管理和治理城市的方法。而当今时代城市品牌的建立、城市形象的建立，已经遵循新的模式，即我称之为"双塔"模式的新方式。

双塔模式是说，一个城市的影响和品牌、一个企业的管理和运营水平是由这个城市目前达到的最高水平来决定的。它包括两个部分，一个是建筑物顶部水塔的高度，决定了水的循环所达到的高度。众所周知，顶层水箱如果注满了水，它就会源源不断地流到这栋大楼的每一个房间，包括卫生间、厨房和储藏室。我们不需要给某个没水的家庭单独接一根进水管。这是管理城市的顶层设计，是从总体上为城市未来进行的融会性全程设计。另一个"塔"是灯塔。在茫茫大海上，船只是依靠远方可见的灯塔来确定航向，灯塔的光芒映照着周边几十公里的大海。航船就有了方向。而一个城市要想树立城市品牌、城市形象，以及扩大城市的影响力和传播力并提高美誉度的话，就要像海上的灯塔一样，发出耀眼的光芒。比如北京要举办最高水平的冬季奥运会，上海主办了世界最高水平的进博会和世界人工智能大会，这些盛会使北京、上海成为茫茫大海中的灯塔。因此，人们对一个城市的评价，对一个企业水平的评价，大都是依照它所达到的最高水平和影响力来进行的。在互联网领域人们常说，这里只有第一，没有第二。高端的创意、高端的技术、高端的人才和高端的策划成为城市的标志。

城市管理，目标决定成败

对于今天的城市来说，设计城市，或者说对城市做顶层设计，是转型期城市最高管理者最重要的历史使命。设计策划也是生产力，是当下时代极为重要的生产力。而创意是这一文化生产力的核心，它决定设计策划的标高。对于今天转型期的中国城市来说，资源不成问题，每个城市都有无数等待激活的资源；资本不是问题，投资人、游动的资本有的是，到处在寻找最好的投资项目；土地有红线，但你总可以想办法解决；现在最稀缺的是对于现今城市的未来的最佳或最合宜的设计创意。有最好的创意设计和策划，就有资本的跟进，就有最好的或最合宜的企业和团队执行。你要做的是搭建平台，制定政策，构建良好的投资环境和运营氛围。最近几年，很多大型企业到腾冲等城市去投资，到西双版纳去投资，为什么？我们周围有如此多的区域等待开发，为什么却没有投资者？因为投资者最懂市场，最能评估你的项目的"钱景"和"钱途"。城市管理者要做的是平衡，平衡城市的现在和未来，平衡城市收益和投资商收益，平衡管理者个人的政绩收益与市民的口碑收益，当然还有其他。

对于今天的城市的管理者们来说，不是细节决定成败，而首先是目标决定成败。你要建立的城市是一个什么样的城市？眼界、观念、思维决定你的战略决策，有什么样的观念、什么样的视野，就会有什么样的目标，有什么样的目标，就有什么样的顶层设计。我们的很多城市管理者，手握大权，往往觉得自己无所不能，亲自设计、亲自管理每一个细节。其实今天的城市已经不能像过去经营一个产品一样去经营，不是你自己去做设计师，而是在众多设计与策划中做选择，做融合。因此，设计和策划的功夫甚至要比其后的建设更为重要。你要做的，是要创造一种建立城市的品牌的标高。因为当今全球化信息化时代的城市品牌，一个切实的标高将给城市带来巨大的财富。

这已经引起了人们的共识，这是一些著名的城市营销专家的共识：要通过会展、建筑、事件、网络、故事来吸引眼球，抢夺注意力，打造城市品牌的区域特色、唯一性品牌。

城市品牌的核心是城市形象，在这个城市形象中我们应思考如何让人们感受到一个神形合一的城市口号、城市品牌。所以，我们在城市区域品牌化的定义中要塑造区域品牌的核心，要解决品牌的识别问题。所以，我们讲品牌城市的品牌魅力在于城市广泛的影响力、普遍的美誉度、巨大的辐射力、强烈的吸引力，还有城市居民和外来人群高度的认同感，这一切构成一个主体，这个主体就是城市竞争力。

创意城市：原创力时代的核心竞争力

新世纪，世界进入大竞争时代，这种竞争的一个重要方面是文化的竞争和文化生产力的竞争，这已成为 21 世纪的重要现实。

21 世纪又是世界城市大竞争的时代。就城市而言，大竞争时代是指当今世界范围和亚洲范围内国际化大都市之间的竞争和较量。这种竞争是基于文化的一种博弈。在一定的硬件基础上，"软件活力"或"软实力"，成为竞争的主要"筹码"。21 世纪，成功的城市将是文化的城市，具有文化原创力的城市。

那么，在当代都市经营中，是什么构成了一个城市的核心竞争力呢？在我看来，都市之间的博弈在很大程度上是文化原创力的较量，是创意或创造力的较量。创意构成了一个城市的核心竞争力。

那么，什么是创意产业呢？创意产业（creative industry）、创意经济（creative economy）或译"创造性产业"，是一种在全球化的消费社会的背景中发展起来的，推崇创新、个人创造力、强调文化艺术对经济的支持与推动的新兴的理念、思潮和经济实践。

创意或创造力是创意产业的核心词素，对它的解释纷繁多样。英国学者查尔斯·兰德利（Charles Landry）给出这样一个解说："创造力是一个被过度使用的概念，这一概念难以定义和把握。并且经常与艺术联系在一起。简单地说，真正的创造力包括：再思考或从最基本的原理出发思考问题的方式，从似乎杂乱无章或截然不同的事物中发现共同线索的能力，实验的能力，敢为人先的能力，修改规则的能力，想象未来方案的能力，以及或许是最为重要的，一个人在边缘状态下而不是在完全状态下胜任工作的能力。"[1] 这个适用于创意产业的解说强调了个人能力的开创性、开拓力、想象力和行动力。从产业来看，早在 1986 年，著名经济学家罗默（P. Romer）就曾撰文指出，新创意会衍生出无穷的新产品、新市场和财富创造的新机会，所以新创意才是推动一国经济成长的原动力。无疑，创意也是推动城市发展的原动力。

"创意产业"这一新术语的出现当然有其自身的背景和语境。新术语、新行业的出现往往意味着对旧术语旧行业的反思与批评，反映了对旧行业的理论范式、现有机制、政策趋向和实际运作的调整或反拨。创意产业的兴起一方面是对现有产业的机制、政策和运作的总结，另一方面也是对其缺乏创造性的批评。

创意产业形成的竞争力就是通过"越界"促成不同行业、不同领域的重组与合作。通过"越界"，寻找新的增长点，推动文化发展与经济发展，并且通过在全社会推动创造性发展，来促进社会机制的改革创新。

近年来，美国、澳大利亚、欧洲和其他国家及地区发布的报告和研究成果大大丰富和推进了关于创意部门和创意产业的新观点。这些报告中创意产业部门的范围包括：广告、表演艺术、广播媒体、博物馆、软件开发乃至交响乐。一些经济学家对创意产业进行了详细的研究和调查，力图建立一门新的创意产业的文化经济学。文化经济理论家凯夫斯（Caves）对创意产业给出了以下定义：

1　查尔斯·兰德利：《伦敦：文化创意城市》，《世界文化产业发展前沿报告》，社会科学文献出版社，2004年版，第273页。

创意产业提供我们宽泛地与文化的、艺术的或仅仅是娱乐的价值相联系的产品和服务。它们包括书刊出版，视觉艺术（绘画与雕刻），表演艺术（戏剧、歌剧、音乐会、舞蹈），录音制品，电影电视，甚至时尚、玩具和游戏。

凯夫斯力图描述和总结当代文化创意产业的特征。在他看来，文化创意产业中的经济活动会全面影响当代文化商品的供求关系及产品价格。无疑，创意产业的提出建立了一条在新的全球经济、技术与文化背景下，适应新的发展格局，把握新的核心要素，建构新的产业构成的通道。

对于当代都市经营来说，一种更具实践意义的创意产业的考察方式将创意产业与雇佣人员数量的平均值和标准差联系起来。如美国密苏里州经济研究与信息中心发布的《创意与经济：密苏里州创意产业的经济影响的评估报告》就将创意产业这样定义：

创意产业是指雇佣大量艺术、传媒、体育从业人员的产业。产业对艺术的依赖度是通过计算下列工作产业内所占的比例确定，这些工作属于"艺术、设计、体育和传媒行业"类。分类是根据联邦政府所制定的"职业分类标准"进行的。任何产业只要其艺术相关的职业比行业艺术雇员平均值高至少一个标准差，即可被界定为创意产业。在本研究里，任何产业的创意工作的雇员超过10%（等于比平均值高一个标准差）即被定义为创意产业。附件（一）列明了一系列产业及其艺术、传媒、体育相关雇佣的平均值和标准差。

在这里，创意产业有三个基点，一是它与文化——艺术、设计、体育和传媒行业相关，二是它是新创业的有新的文化创意和运作方式的企业，三是从事创意工作的雇员超过先前同类行业10%。后一条甚至成了划分是否成为创意产业的实操标准。

创意产业对于美国和英国的许多城市的发展至关重要。

纽约艺术联盟的相关报告《文化资本：纽约经济与社会保健的投资》显示，2000年，纽约艺术与文化非营利组织所创造出来的经济效益是57亿美元。同一年，商业营利的艺术与文化组织（包括百老汇、画廊、拍卖会、影视产业等）的经济效益则高达88亿美元。营利与非营利的纽约艺文组织总共创造了145亿美元的经济效益。整个纽约市文化产业提供总计达13万个工作机会。该报告还将文化产业看作纽约经济的"核心财富（core asset）"，它对纽约发展所产生的影响不仅仅局限于经济、就业方面，而是形成某种整体效应（见图1）。[2] 从该图可以看出，文化产业作为一种"核心财富"，其对地区和城市发展影响并不仅仅局限于直接的文化产业领域，而是对相关产业、就业、社会生活等方面产生一种综合的整体性影响。文化经济在整个国家、地区和城市发展中引发的这种"综合效应"已经非常明显，它也是文化经济与传统产业经济形式的重要区别之一。

再看伦敦。

如果说当代世界国际化大都市比较，纽约已在文化经济上拔得头

2 Alliance for the Arts. Cultural Capital: Investing in New York's Economic and Social Health，P2.

经济影响	就业市场
· 非营利的文化产业为纽约创造了超过 57 亿美元的经济利润，并且直接推动了 88 亿美元的商业增长（百老汇、动画、艺术画廊等） · 文化创造了超过最初投入两倍的利润 · 非营利性文化产业每年至少吸引 100 万游客，这也促进了地区经济的发展	· 文化产业为纽约总共创造了 13 万个就业机会 · 大约 5 万个职位是由非营利的文化机构创造的 ·《财富》杂志将纽约评为最好的商业城市，称赞其运用"创意资本"吸引商业 · 艺术帮助城市留住雇员，同时为纽约吸引了大量的创造性人才

文化产业是纽约的核心财富

为纽约市民带来的好处	社区稳定性
· 纽约市民热情参与 49％的人去观看音乐表演，43％的市民参观过艺术展览或博物馆，36％的人去过剧院 80％的纽约市民希望参与比往年更多的艺术和文化活动 · 其他的流行文化活动 · 艺术促进了学生的教育实践，培养了创造性，使学生能够参与社会活动	· 文化具有促进整个社区和谐的作用，如 在纽约，除 tax returns 和新经济活动之外，新泽西表演艺术中心（NJPAC）每年创造超过 1230 万美元的开销 在纽瓦克、伦敦，环球剧院、泰特现代美术馆迅速推动了地方商业的发展，提供了大量的就业机会。 · 艺术帮助纽约迅速走出"9·11"的阴影

图 1　文化产业的作用

（资料来源：纽约艺术联盟的相关报告《文化资本：纽约经济与社会保健的投资》）

筹，那么紧随其后的伦敦就是"榜眼"，是竞争中的银牌获得者。伦敦是一座文化产业高度发展的国际化大都市。几个世纪以来，它延续了英国悠久的文化传统，一直是欧洲的创意中心。

在近几十年里，伦敦完成了由制造业城市向消费型国际大都市的转型。伦敦是一个国际时尚都市，因其流行文化和亚文化而蜚声全球。国际著名杂志《新闻周刊》曾称伦敦为"世界上最酷的首都"。作为"酷的因素"，它的流行音乐、戏剧、设计和时尚是其创意产业的重要构成部分。它的特有实力体现在表演艺术、音乐和现在日益强大的视觉艺术方面。在街头时尚和流行文化方面，伦敦被理所当然地视为"世界领袖"。现在的伦敦，有68万人从事创意产业的工作，创意产业占伦敦经济的15%，其劳动力就业占20%，总交易额在25万亿—29万亿英镑。从事创意产业的人只占整个英国人口的12%，但穿衣产业的艺术基础设施却占40%，音乐唱片工作室占70%，音乐商业活动占90%。同时它还拥有英国电影和电视生产的70%、广告的46%、时尚设计的85%和建筑实践的27%。在最近十几年时间里，伦敦增长最快的职业是"服装设计"，它在这一阶段里增长了88%，艺术家、商业艺术家、平面设计家增长了71%，演员、艺人、舞台监督、制片人和导演增长了47%，撰稿人、作家、记者增长了43%。伦敦的海外收入估计在38.52亿英镑，出口则是25.22亿英镑。除了大约25700人属于个体工作者外，伦敦还有大约11700家文化产业公司和集团。

伦敦城市创意产业的快速发展在于它有一个积极的、良好的、有效的政策环境和主导战略。1999年，伦敦重新划分行政区域，调整政府机构，发生了一系列变化。依据当时《大伦敦市政管理机构法令》设立了一个文化战略委员会，负责规划、协调和发展各类文化机构，制定、补充和执行大伦敦的文化发展战略，并建立和完善伦敦的文化合作组织和地区文化联盟。 文化战略委员会成立后制定了各类文化发展战略和文化政策，2003 年参与了《伦敦市长文化战略草案》的制定。 这一草案提出了一系列促进文化发展的政策，如政府将更多地投资于文化设施的建设和维护，吸引和创办更多的世界级文化盛会，建立英国和伦敦的特色文化品牌，推动创意产业的投资和发展，通过文化加强社会的联系，发展文化合作组织，充分发挥公共场所的文化潜力等。 总体的战略规划和一系列的实施举措，给伦敦的发展提供了一个良好的环境保证和政策支持。

伦敦在文化上具有世界性的重大影响，源于它有一个多样化的、复杂的并且在国际上面向文化创意产业的体制。 伦敦有将近 50 个超过万人的社区，使用语言超过 300 种。 这一多元体制能培育和支持大量当地的和国际的艺术活动，这些活动种类繁多，既包括商业的，也包括得到资助的，还有自发的艺术产业运作。 而这些活动和实践造成的巨大吸引力导致源源不断的信息流、人才流，使伦敦呈现令人惊异的繁华，保持源源不断的活力，并产生吸引不同族群的亚文化。

伦敦的创意产业布局也有启示意义。 其创意产业不仅集中在伦敦市中心，而且分布在哈克尼、伊斯林顿、卡姆登城、布里斯顿或哈默史密斯等近郊区，以及泰晤士河南岸到绍斯沃克和德普特福德，集中形成具有特色的创意园区。 当然这是由于城市中心到边缘的地价级差逐步形成的。 青年创意者慕名来到伦敦，创业初期只能到价格比较便宜的边缘郊区去发展。 这种不断的开发和中心外移形成现在大伦敦的创意产业的格局。

有人才有创意，有人的创意才有创意产业。伦敦的持续发展根本上源于它的源源不断的创意人才储备。伦敦的创意人才来自四面八方，主要通过国内外的移民得到持续补充，建构和推动了这架创意机器的成功运转。在伦敦，从犹太人到印度人，从新知识工人到寻求庇护者，都在伦敦找到了栖身和发展的空间。这是伦敦作为一个创新国际化都市的原动力。所以，许多人才如多媒体人才、音乐人才、电影人才既有伦敦自产的，也有不少是伦敦之外引进的。

对于中国、对于亚洲来说，创意经济确是在寻找最好的高地。对于中国的城市来说，创意经济确是在寻找最好的大脑。一个城市创意的成功，取决于这个城市拥有的创意者阶层。创意人才是城市博弈中关键的关键。

网络城市：我国 5G 发展正引领全球

在 IT 革命背景下，数字内容产业已成为 21 世纪经济舞台上的重要角色。近年来，现代传播媒介的高速发展，宽带技术、多媒体传播、数字化与互联网的兴起，对传统的经济与文化方式产生了巨大的冲击，这种飞速发展的数字信息技术给当代社会产业结构带来了革命性的影响。

在此次全球竞争中，中国举国启动，闻"G"起舞。中国 5G 建设在超前预判、顶层设计与实践操作上实现了换道超车。

习近平高度关注我国 5G 技术的发展，并高瞻远瞩，为 5G 时代我国高科技长远、全面的发展做出顶层设计。2019 年 5 月 16 日，习近平在致第三届世界智能大会的贺信中指出：在移动互联网、大数据、超级计算、传感网、脑科学等新理论新技术驱动下，人工智能呈现深度学习、跨界融合、人机协同、群智开放、自主操控等新特征，正在对经济发展、社会进步、全球治理等方面产生重大而深远的影响。中国高度重视创新发展，把新一代人工智能作为推动科技跨越发展、产业优化升级、生产力整体跃升的驱动力量，努力实现高质量发展。[1]

习近平还指出，中国高度重视发展数字经济，在创新、协调、绿色、开放、共享的新发展理念指引下，中国正积极推进数字产业化、

---

[1] 习近平：《推动新一代人工智能健康发展　更好造福世界各国人民》，《人民日报》，2019 年5月17日。

产业数字化，引导数字经济和实体经济深度融合，推动经济高质量发展。

习近平提出了更为细化的要求："要发展数字经济，加快推动数字产业化，依靠信息技术创新驱动，不断催生新产业新业态新模式，用新动能推动新发展。要推动产业数字化，利用互联网新技术新应用对传统产业进行全方位、全角度、全链条的改造，提高全要素生产率，释放数字对经济发展的放大、叠加、倍增作用。要推动互联网、大数据、人工智能和实体经济深度融合，加快制造业、农业、服务业数字化、网络化、智能化。"在这里，习近平提出"五新理念"：新产业、新业态、新模式、新动能、新发展，提出了创新发展的总体思路；"四全措施"：全方位、全角度、全链条、全要素生产率，提出了利用新技术的路径与举措；"三大作用"：放大、叠加、倍增，提出了未来发展的严格而又很高的目标要求。[2] 在习近平总书记的顶层设计及细致谋划下，我国 5G 技术取得了快速发展。

工信部发布的数据显示，2018 年中国工业互联网市场规模达到5318 亿元左右。2019 年中国工业互联网市场规模突破 6000 亿元，达到了 6110 亿元。未来五年（2020—2025）年均复合增长率约为13%。随着产业政策逐渐落点，在新基建的推动下，市场空间将有望加速，并预测在 2025 年中国工业互联网市场规模将突破 1.2 万亿元。根据预测，2030 年，我国 5G 间接拉动的 GDP 将增长到 3.6 万亿元。

2019 年 6 月 6 日，我国正式发布 5G 商用牌照，基于领先技术的

2　习近平：《敏锐抓住信息化发展历史机遇　自主创新推进网络强国建设》，《人民日报》，2018年4月22日。

支持，加上全球最大的用户规模、巨大的 4G 网络基础、丰富的移动互联网应用等明显优势，我国 5G 商用牌照的发放可谓水到渠成。业内认为，政府高度重视、企业积极抢滩，"中国 5G 发展引领全球"成为基本事实。

2019 年 3 月 20 日，工信部发布《关于推动工业互联网加快发展的通知》，明确提出了加快新型基础设施建设、加快拓展融合创新应用、加快健全安全保障体系、加快壮大创新发展动能、加快完善产业生态布局、加大政策支持力度等 6 个方面 20 项具体举措。

从 5G 技术发展看，工业领域是 5G 的主要应用场景。5G 商用发展的重点是促进实体经济数字化、网络化、智能化转型升级，为各垂直行业和领域赋能赋智。

当前，我国新型工业化发展步伐加快，工业领域已成为实体经济转型升级的关键领域。5G 在工业领域的成功应用将为 5G 发展开辟更为广阔的市场空间，有力拉动 5G 技术和产业进一步发展成熟，促进我国 5G 商用发展向更高水平迈进。

2019 年我国已在 50 个城市建设 5 万个 5G 基站，2020 年作为 5G 爆发之年，我国将进一步完成 30 万个 5G 基站建设目标，将提供所有地级以上城市的 5G 商用服务。另据赛迪预计，未来 5 年，我国将至少建设 1140 万个 5G 基站。同时，2020 年无论运营商、电信设备厂商，还是手机终端厂商，都已经全面展开了 5G 网络布局，尤其是各大手机厂商之间，5G 手机市场竞争已经全面开启。

根据 3GPP 此前公布的 5G 网络标准制定过程，还需制定第二阶段的 5G 标准，以满足 ITU（国际电信联盟）的要求。到 2020 年，将最终形成完整标准。我国目前已有几十家企业或机构成了

3GPP 的伙伴。以华为为例，由其主导力推的 Polar 码（极化码）已经成为 5G 控制信道编码标准，是中国在信道编码领域的首次突破。华为近日还在德国柏林消费电子展（IFA）上率先推出了全球首款旗舰 5G SoC——麒麟 990 5G。业内认为，在 5G 商用元年，我国不但拥有自己的通信标准、全面领先的 5G SoC 芯片（系统级芯片），而且还能在第一时间获得出色的 5G 终端体验和丰富的互联网应用。

越来越完善的 5G 网络，也将会尽快融入各行各业中去，为我们普通消费者提供服务，尤其是对于未来的 AI、物联网、AR、VR 等众多技术都有极大的推动作用，我们消费者也能够享受到更加丰富多彩的 5G 网络新体验。

5G 时代的话语权还体现在设备厂商拥有的专利数量上。数据显示，截至 2019 年底，中国 5G 专利申请数量位居全球第一。其中，华为在 5G 专利的排名全球第一，中兴通讯则位列全球第三。根据德国专利数据公司 IPlytics 分析统计，截至 2019 年 3 月，中国厂商已申请的全球主要 5G 标准专利数量占比为 34%，远远高于韩国的 25% 以及美国和芬兰的各 14%。[3]

总之，凭借超前的战略布局和人才储备，我国 5G 在全球范围内的专利积累、标准影响力、智能硬件设备的制造以及应用场景开发等方面都具备了明显的先发优势，也为我国的 5G 发展夯实了基础。同时，我国将坚持共商共建共享的中国原则，愿同世界各国分享包括

---

3 Tim Pohlmann，Knut Blind. Fact Finding Study on Patents Declared to the 5G Standard. IPlytics，January 2020，iplytics.com.

5G 技术在内的最新科研成果。

从某种意义上讲，未来城市的竞争是数字信息的竞争，而数字信息的竞争主要是数字内容的竞争。因此发展数字内容产业是提高城市竞争力的关键一环。

华彩城市：注意力经济时代的城市形象再塑

与创意产业与内容产业相对应，当代世界进入了一个眼球经济与注意力经济的时代。从城市形象和传播影响方式来看，城市竞争是一种争夺注意力的竞争，是一种争夺眼球的经济方式。

注意力经济源于迈克尔·戈德海伯（Michael H. Goldhaber）1997 年在美国发表的一篇题为《注意力购买者》的文章。这位经济学家在这篇文章中指出，目前有关信息经济的提法是不妥当的，因为按照经济学的理论，其研究的主要课题应该是如何利用稀缺资源。当今社会是一个信息极大丰富甚至泛滥的社会，而互联网的出现，加快了这一进程，信息非但不是稀缺资源，相反是过剩的。而相对于过剩的信息，只有一种资源是稀缺的，那就是人们的注意力。他进而指出，目前正在崛起的以网络为基础的"新经济"的本质是"注意力经济"，在这种经济形态中，最重要的资源既不是传统意义上的货币，也不是信息本身，而是注意力。人的注意力是有限的，相对于无限的信息来说是稀缺的，因此在互联网上人们的注意力是"虚拟经济的硬通货"。

注意力本身就是财富。戈德海伯说："获得注意力就是获得一种持久的财富。在新经济下，这种形式的财富使你在获取任何东西时都能处于优先的位置。财富能够延续，有时还能累加，这就是我们所谓的财产。因此，在新经济下，注意力本身就是财富。"注意力作为一种资源，有它自己的独特之处。与信息相比较，信息是可以准确计量的，而注意力的计算是模糊的；信息是由信息的产生者不断创造的，而注意力对于信息的浏览者却是有限的。简言之，信息产生后能创造多少价值是不确定的，相反注意力却能直接产生价值。

另外两位发轫者，《注意力经济》一书的作者达文波特和贝克也表达了同样的观点："对于今天的商界巨子来说，稀缺资源不再是土地、资本、劳动力，而且也不是信息，注意力才是供应不足的稀缺资源。"所以争夺稀缺资源的新的经济形式应为"注意力经济（attention economy）"。他们认为，在当前时代，理解和掌控注意力已经成为商业成功的至关重要的因素："假如你想在目前的经济大潮中有所作为，你必须擅长吸引别人的注意力。你若是想留住你的员工，就需要抓住并保持他们的注意力。你若是想出售产品或服务，有时候，顾客将不得不把注意力投向你。如果你开了一家上市公司，想要让你的股票升值，你必须吸引投资者和分析家的注意力。换句话说，公司想要稳定，只有竞争力是不够的，你必须激活你预期中的顾客的脑细胞和心灵。"[1]

"注意力经济"理论认为公众的注意力是城市竞争的最大资源，谁能吸引更多的关注谁就能拥有更大的价值，吸引更多的投资。3年前，英特尔公司前总裁葛鲁夫在一次引人入胜的演讲中提出过"争夺眼球"的观点，于是有人直白地称之为"眼球经济"：谁吸引到的目光最多，谁就可以成为市场中的翘楚。因此，注意力就成为当代城市竞争的稀缺资源。

诺贝尔经济学奖获得者赫伯特·西蒙（Herbert A. Simon）也

1　Thomas H. Davenport, John C. Beck. The Attention Economy: Understanding the New Currency of Business. Cambridge, MA: Harvard Business School Press, 2001.

　　　　　　　　　　　　　　华彩城市：注意力经济时代的城市形象再塑

曾说过：随着互联网的发展，有价值的不再是信息，而是你的注意力。在信息社会里，硬通货不再是美元，而是关注的程度。相对于浩如烟海的信息（据说全球每4分钟便有一个新的网站诞生），个人的注意力将是极为稀缺的资源，这种情形有点像一个听众面对一万个甚至更多的讲话者，每个讲话者都试图让听众听到自己的声音，于是，如何在巨大的"噪声"干扰中脱颖而出，赢得听众的青睐变得至关重要。因此，研究人的注意力的规律，吸引别人更多的注意力，将成为新一轮城市竞争的着重点。

25年前，一个城市只要有一个标志性建筑，人们就会过目不忘，像北京的十大建筑。一个事件只要有一家报纸报道，就会家喻户晓。现在是无数的楼盘如过眼烟云，无数的新创造叫人目不暇接。新形象、新创造要想引起国人注意绝非易事，更何况在全球范围内。开了许多新闻发布会，投放了许多广告，都可能收效甚微。在今天这个信息爆炸的时代，网络已创造无限量的流通信息，而注意力则是稀缺的和有限的。一个城市如何在无限的信息量中生存呢？必须争夺注意力。于是注意力与眼球成了卖方市场，它待价而沽。几十年前，英国媒体专家斯梅塞就曾告诉我们，每天看电视的观众实际上是在为媒体打工，媒体把观众的观看（收视率）打包卖给了广告商。今天，注意力作为稀缺商品更是奇货可居。

有人曾对张朝阳说："你们真是活雷锋，每天给我们这么多免费的大量信息，你们怎么赚钱呢？"张朝阳的回答是，我到底是"活雷锋"还是"红色资本家"？只要你看搜狐网站，你就给了我最宝贵的注意力，有了你的注意力，我就能赚大钱。

由此，我们思考当代都市的形象经营。在当代各种经济要素顺畅流动的今天，哪个城市最受关注，那个城市就拥有吸引最大资源的可能。形象力将转化为生产力。当代都市形象是全球社会公众、市民和游客对某一城市的整体印象和评价。富于魅力的城市形象无疑将提升一个城市参与国际竞争的竞争力。

当代城市经营，就是要通过自我形象魅力的展示，使公众对其产生良好的心理认同，并产生巨大的马太效应。受到这种传播的扩展效应的影响，公众或团体在面临与该城市有关的活动时，就会做出有利于该城市的倾向性选择，无形之中提高了城市的竞争能力。

城市形象战略是城市理念、城市环境、城市行为和城市视觉标志的综合构成体。策划、实施与树立城市形象是一项促进城市发展的注意力产业。这一产业将产生巨大的效益，产生难以估量的经济推动力，创造出城市的增值价值。

香港国际化大都市战略是从城市形象设计开始的。1997年，香港遭受了亚洲金融风暴的冲击，经济活力大受影响，社会存在比较严重的危机和悲观意识，迫切需要重新拾回信心，向全球展现积极进取的形象。从2000年起，香港政府新闻处就开始负责统筹策划香港的新品牌形象，组建了一支顶尖的跨国专业品牌顾问团。该顾问团成员包括：全球最大的品牌策略顾问与设计公司——美国朗涛设计顾问公司，世界多个著名品牌如可口可乐、耐克、IBM的形象设计等都出自该公司；全球顶尖的公共关系和管理专业顾问公司——博雅公关公司以及品牌策划市场调查公司——Wirthlin Worldwide公司。这几家专业公司组合在一起，在全球范围内进行了广泛的专业调查和研究，为香港城市品牌的定位和视觉形象的表现提供了充分的依据和富有创意的设计。2001年5月10日，香港特别行政区行政长官董建华隆重向大众推出了香港品牌——"飞龙标志"，一个百年城市新品牌形象从此诞生，新标志显示了香港积极进取的精神和创新思维。

总之，一个城市形象的总体战略和设计应该是由政府有关部门来主导和管理的，保证战略性和系统性；代表城市形象的宣传品应是多方面的专家组成设计的，在创意和制作上保证高度的专业性。

城市形象设计的国际经验表明，成功的城市形象不仅在于设计的过程，更为重要的是维持和不断推广，从而保证一个城市的品牌工程从开始建立一直到全社会的贯彻落实始终在一个健康的体系中运转。香港设计了新的城市形象后，邀请了香港著名影星如刘德华、成龙出任城市品牌形象代言人，大张旗鼓地在全世界推广香港的旅游城市形象，而且不断更新城市的品牌形象广告，在本港台、翡翠台等电视频道大规模推广，保证了城市形象的持续和更新。

舒适城市：体验经济时代的生存格调

在当代，体验已经逐渐成为继农业经济、工业经济和服务经济之后的一种经济形态。随着经济的发展，消费水平的提高，越来越多的消费者渴望得到体验。而在城市的竞争中，一个国际化大都市，不仅要有生动丰富的创意和创意者阶层，还要将自身建设为一个消费和体验创意的城市。

1999 年 4 月，由约瑟夫·派恩（B. Joseph Pine Ⅱ）和詹姆斯·吉尔摩（James H. Gilmore）合著的《体验经济》问世时，受到了广泛关注，该书提出了"工作是剧场、生意是舞台"的理念，体验经济从此走红。

如今，一些发达国家已把体验业作为一个重要产业来开发，美国的休闲业已成为第一产业；日本 2001 年仅电子游戏产业就占了全国经济的 20%，超过汽车工业成为第一产业；韩国的游戏产业也成为最有利润的行业，产值达 200 亿美元，年增长率高达 30%—40%。

近年来，体验经济渐渐为中国经济学界、新闻界所熟知。体验经济作为一种新的经济形态，它以全新的文化理念对服务经济进行深化和发展而形成的精神体验作为其内涵。什么是体验？体验就是以服务为舞台、以商品为道具，围绕消费者创造出值得消费者回忆的活动。按照体验经济的观点，商品是有形的，服务是无形的，而创造出的体验是令人难忘的。进一步看，如果你为物品和有形的东西收费，你所从事的是制造业；如果你为自己开展的活动收费，你所从事的是服务业；只有当你为消费者和你在一起的时间而收费时，你才算进入体验经济。

在体验经济下，消费者不再限于购买产品后所获得的美好体验，而是更加侧重于在消费过程中甚至企业生产过程中所获取的"美好体验"。在消费过程结束后，消费者记忆将长久保存对过程的"体验"。消费者乐意为这类体验付费的原因在于体验是如此美好、不可替代，对某一个消费者来讲它是唯一的，有时是不可再生的。所以体验经济给城市经营者的启示就是：非物质产品比物质产品的价值更高，升值空间更大。一个国际化的都市，必须更多地关注文化、娱乐和格调。

当今的世界是如此丰富多彩，不同的城市拥有不同特色的人文景观和文化遗产，这就给我们享受文化差异体验一个很好的契机。不同的城市，构造了不同的文化空间，代表着另一类文明和异质景观，自然在消费者中产生巨大的吸引力和新鲜感。文化是体现体验因素的最主要的载体，或说是体验得以实现的主要途径。

在当代都市的国际化竞争中，温馨的都市氛围、独特的城市格调、很高的舒适指数、享受规范服务的心理体验，都是最重要的因素。美国学者弗罗里达（Florida）就曾提出创意阶层对生活环境的特定要求。一个社区的生活质量越好，在吸引和挽留高学历、创造性人才方面成功的可能性就越大。"体验营销"方式是使城市拥有独特魅力的一个法宝。

在美国，拉斯维加斯的论坛购物中心就是成功展示体验经济的例子。它以古罗马集市为主题，从各个细节展现主题。购物中心铺着大理石地板，有白色罗马列柱、仿露天咖啡座、绿树、喷泉。天花板是个大银幕，其中蓝天白云的画面栩栩如生，偶尔还有打雷闪电，模拟暴风雨的情形。在集市大门和各入口处，每小时甚至有恺撒大帝与其他古罗马士兵行军通过，仿佛使人重新回到古罗马的街市上。古罗马主题甚至还扩展到各个商店，例如，珠宝店用卷曲的花纹、罗马数字装潢，挂上金色窗帘，营造出奢华的气氛。论坛购物中心 1997 年每平方英尺的营业额超过 1000 美元，远高于一般购物中心 300 美元的水平，这表明了体验经济的巨大价值。

美国电影《白鲸》中有一位酷嗜咖啡的大副名叫星巴克(Starbucks)，他的大名如今已成为世界知名的跨国经营的咖啡连锁企业的品牌，其总部设在美国西雅图。星巴克咖啡店是亚洲白领人士心目中"健康、成功和地位"的象征，是"精英聚会的场所"，并不是因为这里"物美价廉"，最吸引人的是这里温馨舒适的气氛、动听的音乐、幽雅的会客环境、咖啡文化的浓郁氛围，星巴克把喝咖啡变成了一种情感体验，7 倍于同行业平均利润的骄人业绩充分证明了体验经济对人们的无穷诱惑。当"体验"不仅仅是一种个体的心灵感受，也不停留于传统服务业的附属品，而可以单独作为一种经济价值出售的时候，体验经济时代就来临了。

如今星巴克咖啡公司除了在北美、英国、欧洲大陆、中东等地设有 5800 多个销售网点以外，还通过其专门机构销售咖啡和茶叶产品，包括其网上销售商店 Starbucks.com。在星巴克，客人和咖啡师之间、客人和客人之间的互动是其特征之一。在都市闹中取静的幽雅环境中，有精选的轻音乐、有轻松闲适的聊天欲望。总之，星巴克培育出了以顾客的体验为核心的咖啡文化，所以获得了相当的认同，拥有了忠实的客户队伍。2003 年，星巴克总公司的营业收入已达 30 亿美元，其中品牌价值超过 18 亿美元。这一切预示了体验营销的无尽潜力。

在体验经济时代，经营城市必须学会创造丰富的、令人动心的城市体验。目前，人类社会（特别是西方国家）正在迅速跨越服务经济时代，进入体验经济时代，这对尚处于工业经济时代的中国来说无疑是个严峻的挑战。

宜居城市：文化昌明时代的休闲娱乐

新世纪，世界进入大竞争时代，这种竞争的一个重要方面是文化的竞争和文化生产力的竞争，这已成为 21 世纪的重要现实。

21 世纪又是世界城市大竞争的时代。就城市而言，大竞争时代是指当今世界范围和亚洲范围内国际化大都市之间的竞争和较量。这种竞争是基于文化的一种博弈。在一定的硬件基础上，"软件活力"或"软实力"，成为竞争的主要"筹码"。21 世纪，成功的城市将是文化的城市、体验的城市。

一

北京石景山区委、区政府确定的"以休闲娱乐为发展主旋律，以营造京西花园式的生态环境和时尚高雅的文化氛围为基础，打造集休闲、娱乐、会展、购物和商务办公等功能为一体的首都休闲娱乐中心区（CRD），建设现代绿色文明石景山"的战略决策，是北京发展文化创意产业的一个重要组成部分，也是一项具有前瞻意义的创意设计。

从目标市场来看，CRD 是服务北京、引领全国、面向世界，以"三外"人群（外区、外地、外国）为主要服务对象的休闲娱乐消费中心；从城市职能分工来看，CRD 是与 CBD、中关村等并驾齐驱的北京重要城市职能中心；从产业构成来看，CRD 是以休闲娱乐业为主导的现代服务业集聚中心；从城市景观来看，CRD 是以都市山水、生态花园城区为特色的景观中心；从价值链来看，CRD 是占据休闲娱乐链条高端的创新中心；从重要意义来看，CRD 是对以人为本科学发展观的全面落实，是对北京城市功能布局的优化与完善，是对北京消费结构升级趋势的有效把握，是对长安街内涵的丰富和发展，是对北京市给石景山区"一区三中心"定位的落实与体现。

北京提出发展文化创意产业，石景山提出建设首都休闲娱乐中心区（CRD），是发展模式的调整和增长方式的重要转变，是首都向内生性的经济增长方式的转变。改革开放以来，北京的发展经历了以粗放型、资源型、投资型为主的阶段。随着北京的高速发展，人民收入的不断增加，社会文化需求不断升级。新的精神文化休闲娱乐方面的需求要求并推动增长方式的变革和供给结构的调整。北京提出发展文化创意产业是增长方式的中心环节的转变，发展观念的转变是发展模式的创新，有利于全面提高北京的发展质量，把经济社会发展切实转入全面协调可持续发展的轨道。

同时，北京正处于一个产业升级、全面调整产业结构的非常重要的历史时刻。首钢搬迁给石景山区经济社会发展带来极好的机遇。在英国，创意产业是文化产业发展到新阶段的产物。我国香港、台湾发展创意产业或文化创意产业也是社会经济发展到一定阶段的选择。北京提出发展文化创意产业，石景山区提出建设首都休闲娱乐中心区（CRD），是基于新的发展现实的需要。北京发展文化创意产业，适应了首都经济文化现实发展的需要。在 2005 年北京人均 GDP 达到 5457 美元，服务业比重达到 67.8% 的现实条件下，产业结构的发展需要新的调整，产业自身需要上层次、上台阶，在服务业内部也需要更高的产业提升。

北京发展文化创意产业，石景山提出建设首都休闲娱乐中心区（CRD），也是适应北京城市新的定位的重要举措。作为新的定位的国内政治文化中心，如何构筑其强大的经济基础，选择其经济发展的新路径就成为北京面临的重要问题。在此情况下，北京发展文化创意产业，就是选择了一条经济文化化、文化经济化、科技文化化与文化科技化的高端发展路线。北京作为历史文化名城，有着深厚的历史底蕴，又有先进的高科技强大支撑，为发展休闲娱乐产业奠定了雄厚的基础。而北京作为宜居城市，也需要全面提升城市生活的舒适度，吸引全世界的目光，吸引全世界的创意人才。

21世纪，国际化大都市的竞争是各个国家和地区发展竞争的重要方式。北京发展文化创意产业，就是自觉选择了一条参与全球国际化大都市高端竞争的发展道路，是在全球城市的国际竞争中建立新的基点，进一步打造"文化北京"国际化大都市的高端品牌形象的必要战略，是将北京建设成中国和世界文化之都的重要战略设计，也是适应国家"中国文化走出去"战略，推进中国国际文化贸易发展的重要举措。石景山提出建设首都休闲娱乐中心区（CRD），将服务的对象推向国内外，将进一步增强其国际化大都市的竞争力。

二

在当代，体验已经逐渐成为继农业经济、工业经济和服务经济之后的一种经济形态。随着经济的发展、消费水平的提高，越来越多的消费者渴望得到体验。而在城市的竞争中，一个国际化大都市，不仅要有生动丰富的创意和创意者阶层，还要将自身创建为一个消费和体验创意的城市。

体验经济的主要组成部分是现代休闲娱乐业。20 世纪 90 年代末，美国娱乐经济专家米切尔·沃尔夫（Michael J. Wolf）就在《娱乐经济》一书中指出："娱乐业 —— 而不是汽车制造、钢铁、金融服务业 —— 正迅速成为新的全球经济增长的驱动轮。在美国这个娱乐和传媒业最发达的国家，娱乐支出额位列家庭支出中的衣着、保健等类别之前（衣着 5.2%，保健 5.2%，娱乐 5.4%），……我们在考察的毕竟是一个产值高达 4800 亿美元的庞大产业。……娱乐业已经成为世界上众多地区的经济中增长最快的部门，这在发展中国家是如此，在发达国家亦不例外。此外，影响更为深远的是，种种娱乐业内涵实际上正成为更广泛的消费经济各方面的重要区分特征。从旅游到超市购物、从商业银行到金融信息、从快餐到新式汽车，娱乐业成分在消费经济各个部分的渗透之广之深，足足可以与计算机化浪潮过去几十年在经济中的扩展相媲美。……娱乐业正对这些我们每个人每天要作的决策产生越来越大的影响。这种人们天天都在作出的决策成千上万地累积起来，便得到了一个娱乐业扮演着主导角色的社会概貌。倘若没有娱乐内涵，在明天的市场上消费性产品将越来越没机会立足。"沃尔夫明确强调了娱乐业在当今世界社会生活和经济发展中的重要地位。

经营快乐是服务业的极致，是体验经济最佳的切入点。每一个到过美国迪斯尼乐园的游客都会被快乐淹没，那种用心经营的快乐让人兴奋不已，难以忘怀。于是全世界记住了迪斯尼，它的品牌价值无限放大、延伸、辐射，最终使之成为世界娱乐产业的商业巨头。迪斯尼的成功，缘于抓住了服务业最本质的特征：制造快乐并去经营快乐。

由于体验式经济充分满足了消费者体验和消费的愿望并收效明显，这种设计模式很快在美国、日本、欧洲各地流传开来。在日本，著名的Garden Walk是一家专门销售高级女性流行服饰的购物中心，设计师以各种灿烂如庆典般花朵的主题图案，设计和连接了三个不同情调的露天广场，把不同的花瓣和叶子镶嵌在路面上，引导购物者进入三个购物商场，花刺成了购物者舒服的座椅，橘红色的大向日葵塑成的舞台供朋友聚集与才艺表演之用，用绚丽明亮的颜色和图案营造出复杂而多变的都市花园氛围。Garden Walk年营业额预估约有9000万美元。这是一个以花为元素的主题体验式商业设计方式。这种体验式商业，借规划、设计、装修、材料等来体现统一的商场主题，通过对主题事物的发掘，在建筑、装饰、商品组合等方面采用象征、隐喻等表现手法，创造出令人心旷神怡的商业环境和氛围。

在体验经济时代，经营城市必须学会创造丰富的、令人动心的城市体验。目前，人类社会（特别是西方国家）正在迅速跨越服务经济时代，进入体验经济时代，这对尚处于工业经济时代的中国来说无疑是个严峻的挑战。

夜间城市：城市的另一面——炫美之姿

夏季，白天酷暑的蒸烤，让全国不少城市夜经济迅速爆发：从北京三里屯到广州琶醍创意园区，从上海城隍庙到长沙解放西路，夜间旅游、夜间美食、夜间歌舞秀、夜间灯光秀、夜间广场狂欢、夜间体育赛事观赏、夜场啤酒节、夜场影视展、夜间服装秀、夜间花车巡游，以及夜间 3D 裸眼影像秀等。从目前来看，各种休闲的、娱乐的、文化的"招数"悉数登场，释放了人们火热的激情，装点了城市夜的美景。从大排档"撸串"到咖啡馆"撸猫"，从消夜加餐到健身减肥，24 小时不打烊的数字公共服务、深夜抖音网红视频的狂轰乱炸，当然还有快递小哥在城市的夜色中的奔忙……"夜经济"就这样"突然"兴盛起来了。

什么是夜经济？

夜经济是应时而出的休闲经济、旅游经济的一部分，是当下市民游戏娱乐、文化消费的一种选择。从经济角度看，它是与区域经济、城市经济相融会的"新"形式，是跨界运行的"新"业态。夜经济与青年酷文化天生一对，是一种青年时尚文化。当然，夜经济还与文化创意产业有着不解之缘。作为经济增长的新动力，它必须通过创新、创意、创造开拓旅游和文化产业的新市场，它也必然推动城市公共文化补短板，开新路。它是中国经济社会活力的新脉搏，增长的新动力。当然，它更是老百姓生活日益丰富多彩的新去处。

一座城市的夜经济的发展水平是考察其市场化、国际化程度、文化品格及市民生活品质的重要标尺。作为城市功能转换的新兴时空场域，发展夜间经济既能着力发挥扩大内需、优化产业结构和提升竞争力的经济效益，同时亦能放大其凸显城市文化丰富度、改善人居环境的社会效益。

　　夜经济的来临是新时代人们内在的更高的文化需求所推动的结果。多年来由于我国经济发展程度的制约，人们生活水平低下和传统生活习惯的保守，夜成为一道迈不过去的门槛。今天，我国人均GDP已突破1万美元，人们腰包鼓了，生活的需求升级了。人们对于精神的、文化的、旅游的、娱乐的、游戏的、休闲的、健身的，以及趣味的、美学的和艺术的需求正在不断增长。而夜间经济的兴起，为人们在白天的工作之余和节假日的夜晚时间提供了更多更丰富的选择，并逐步培养了国人夜生活的趣味与习惯。

　　最值得提出的是，我们看到，有那么多的年轻母亲带着孩子走进了博物馆、科技馆、美术馆，令人欣喜不已。对每一生命的个体来说，夜间休闲娱乐生活拉长了人们生命的长度提高了丰度。所谓长度，是个体生命似乎延长了一倍，而生活的丰富性使生命感受到了它的多彩的存在意义。夜娱乐也为文化产业、文化旅游的运营开辟了另一片天地，使我们的产业有了倍增的新机遇。毕竟，培育一双能够欣赏形式美的眼睛和一双能够欣赏音乐美的耳朵，将是未来中国一项伟大的世纪工程。

　　"夜经济"是新消费经济的产物。如果说过去投资、出口和消费三驾马车中出口居于绝对重要的地位，那么今天消费已经成为我国经济发展的主场域。从我国2019年上半年经济指标来看，我国上半年经济的最终消费支出对经济增长的贡献率达到 60.1%，在全部居民最终消费支出中，服务消费占比为 49.4%，比上年同期提高 0.6 个百分点。上半年社会消费品零售额同比增长 8.4%。可见消费为我国经济增长做出了巨大贡献，而夜经济已经开始成为其中重要的组成部分。

以消费功能激发城市经济活力，夜经济具有更为深刻的经济价值。事实上，夜经济的繁荣是市场经济发展的必然延伸，也是我国产业与消费结构转型升级的必然产物。它对于城市经济能量的释放效应不仅在于驱动第三产业与相关行业可持续发展、增加就业机会，还在于作为挖掘城市消费潜能、持续释放消费红利的关键着力点，成为助推经济高质量发展、带动区域功能升级的战略突破点。据美团、阿里巴巴等关于"夜经济"的大数据报告，从全年看，双休日、节假日以及 7 月、8 月和 12 月、1 月成为夜间消费高峰；全天看，19 点到 20 点是盒马鲜生到店消费高峰；21 点后二线城市外卖餐饮增长最快；21 点到 22 点出现网络购物成交最高峰；23 点到凌晨 3 点，数以万计的人在网上"熬最晚的夜，买最贵的眼霜"；22 点到 23 点，大理、重庆、杭州等大多数骑手仍在活跃跑单；23 点到 24 点，贵阳、武汉、广州等近半数骑手仍在城市穿行；0 点后，深圳、厦门、佛山等地超三分之一骑手仍在活跃送单。数据显示，入夏，许多三四线城市夜间骑手同比增长超 60%。在多种消费形态综合推动下，"夜经济"正成为城市发展的新推手。

有意思的是，近些年，学术研究领域将"灯光指数"作为测量一个城市和地区经济活力的重要指标。美国布朗大学教授戴维·威尔等 3 个经济学家依据卫星记录下的夜间灯光亮度与铁路货运、耗电量等指标，建立了一套经济模型：一个城市或地区的夜间活动必然会以灯光亮度的方式体现出来，从而被远在太空之上的遥感卫星所拍摄到。通过专业的处理和研究，形成全球可比较的"灯光指数"，可以用来估算经济活动、人口规模的社会经济指标。他们的结论是："一个地区夜晚的灯光亮度和它的GDP成正比。"这项研究从一个侧面印证了"夜经济"是否开放、繁荣，是一座城市经济是否活跃的重要标示。

夜经济创造了另一座夜城市

美丽的夜间城市景观是夜经济的创新配置。人们惊喜地发现，以声光电等科技手段装点的夜经济为我们创造了另一座不同于白日的流光溢彩的夜城市。白天的城市繁忙、紧张、刻板、枯燥，似乎更多地彰显着城市的秩序和规则。而夜晚的城市则更轻松、惬意、自由和随性。它更美，更有意境，更有魅力。人们在一天紧张的节奏中松弛下来，精神得到了放松，身体得到了舒缓。夜城市的开张，它的灯光、炫彩与夜的朦胧交织在一起，激发了人们对夜的想象和夜的梦幻，大大延展了城市生活的快乐时刻与美学空间。夜文化展现了如梦如幻的新美学与新趣味。

夜经济塑造了一个城市的新品牌、新名片和新格局。夜城市将最新的前沿科技与现代艺术创意有机融合起来，创造出了令人惊异的新景观。故宫上元夜的精彩，黄浦江变换的江景，让城市增添了一张张新的名片；酷时代的都市夜游以新颖的形式与多元的业态满足了新一代青年的情感体验，它以一种新的品牌价值吸引四面八方的来客，成为城市的新品牌。丰富的文娱休闲活动和体育赛事，为城市生活场景勾画了一张活的地图。政府管理水平的提高和公共服务品质的提升，与城市夜经济的发达水平成正比，它正勾画出城市的新格局。

从最初抓住人们胃的需求的美食一条街，到青年女士轻奢购物的商场，从作为旅游文创标配的咖啡厅、酒吧、KTV、迪厅／舞厅和游戏厅等业态到街头音乐表演、互动展览、轰趴馆、VR、AR体验、健身等多元体验式消费，均实行以夜晚为主、白天为辅的营业方式。有了"光"就有了夜间观光，有了夜的亮丽，自然就有了更具特色的夜游。于是各种综合性夜游产品的开发与涌现，正在逐步实现国内城市夜间经济的升级换代，并不断走向高质量发展的新阶段。

新的消费模式和新的消费主体在夜经济中凸显出来。当前"90后""00后"群体已经逐步成为我国文化娱乐消费的主力军，也日益成为我国夜经济消费的主群体。中国旅游研究院的数据显示，"80后""90后"在夜间旅游消费中的占比分别达到40.0%和19.8%，如果扩展到整个夜间消费，年轻群体的消费占比至少达到了60%。当代青年群体以"狂飙突进"式的消费推动了时尚、浪漫、休闲的新潮流。特别是当代青少年"酷中国"激情的迸发，和他们对时尚文化的强烈渴求，激发了我国时尚夜文化的发展。作为互联网的原住民，他们在数字文化、移动文化、视频文化、粉丝文化、网红文化中创造了各种新场景和新的"玩法"、新"算法"，给夜经济增添了市场动力和运行经验。他们中的一些人深谙青年时尚的趣味、诉求和游戏规则，已经成为酷文化产业的行业翘楚、夜经济的前卫推手。

特别值得我们关注的是夜间开放的文化秀。消夏,我们固然需要烤串、鲜啤,还有"花毛一体",但新需求已经在凶猛滋长,《哪吒》的开场30亿元人民币似乎预示中国成人动漫的帷幕已悄然拉开,为消夏提供了一个诱惑的理由。更令人惊奇的是,在有了传统的电影之夜、相声之夜、音乐会之夜后,又有了博物馆之夜。在北京,国家博物馆、北京自然博物馆、中华世纪坛、首都博物馆都在夏日夜间开放了。尤伦斯当代艺术中心的"毕加索真迹作品展"和主题为"喜马拉雅秘境"的沉浸式数字艺术展,更是吸引了不少观赏者。上海、广州也都有数十家博物馆夜间开放。

其实,最近热兴的夜经济并不是没有争议的。过去夜生活曾被污名化,成为黄赌毒的代名词。所以一些人从传统观念看,对夜经济与夜文化不以为然。其实夜经济、夜文化古已有之。古代诗词中多有形象描摹:如南宋辛弃疾在《青玉案·元夕》中写就,"东风夜放花千树。更吹落、星如雨。宝马雕车香满路。凤箫声动,玉壶光转,一夜鱼龙舞"。唐代李商隐描绘元宵夜观灯,"月色灯光满帝都,香车宝辇隘通衢"。早在千年前我国都市已有那种花市灯如昼的不夜城,显现了我国古代都市运行的精彩和繁荣。当然我们今天所说的夜经济与夜生活已不可与古代同日而语,它是现代经济文化社会的新结构、新形态。

另一些人认为白天忙碌一天,晚上就该休息。本来现代城市的快节奏就导致城市"工蚁"们辛苦缺觉,夜生活会更加重疲劳感,影响健康。但随着人们生活条件的优化,合理的、适时的夜间生活恰恰是白天刻板生活的积极休息。当快乐成为夜生活的关键词时,心理的休息和精神的满足似乎成为比补觉更重要的休息。

当然，"夜经济"也必然带来一些新问题，比如光污染、噪声污染等。发展"夜经济"，也必须有一套科学、协调的环保规范措施。使用什么样的灯、什么时候关灯、噪声分贝控制在什么范围内、示范街和住宅区的距离等这些直接关乎居民健康权和休息权的细节，都必须有明确的标准以及翔实可行的规章制度。夜经济中也还有"黑暗料理"，有黄赌毒等负面要素的"暗道机关"，我们也必须斩断黑手，将夜经济办成美丽的、文化的、安全的、清洁的支柱产业。

城市竞争的新场域

这两年，我国城市竞争日趋激烈。从城市扩容升级到"抢人大战"，从经济总量竞争到文化创意的比拼，从旅游人群数量的升降和网络口碑的城市美誉度的增减，升级版的夜经济成为一座城市腾飞或下落的晴雨表。

过去，上海曾是近代中国夜经济的先行者与初始地，而今天，它是中国当代夜经济升级换代的引领者。2019年上海政府在《关于上海推动夜间经济发展的指导意见》中提出，围绕"国际范""上海味""时尚潮"，打造一批夜生活集聚区，进一步推动上海夜间经济的繁荣发展，并以此作为全力打响"上海购物"品牌，落实上海市政府《关于进一步优化供给促进消费增长的实施方案》，加快国际消费城市建设的路径之一。

北京亦乘潮而上。北京市推出了打造"夜京城"的13项举措，比如升级地表区域，开放消费商圈，开发一些"打卡"地，还有延长地铁营运时间，等等。除此之外，设计者们更关注打造夜间消费的"文化IP"：鼓励有条件的博物馆、美术馆延长开放时间，盯住传统节日等重要时间节点，开放夜场参观，举办夜间文化、观赏活动。北京还开展"北京文创市集"活动，集合了高品质的文创消费产品。据了解，自5月31日首站"751潮市集"开集以来，在近两月的时间里，北京文创市集已经先后在751D·PARK北京时尚设计广场、合生麒麟新天地、首创郎园Vintage步行街以及北京汽车博物馆成功举办四站市集，打造"流动的夜间消费打卡地"，累计吸引了36.5万人次观展。

城市夜经济的爆发是我国城市构建新的社会功能，适应新时代的深改需求的产物。过去我国城市几乎没有夜经济的公共服务机构和文化产业的夜经济的市场化运营。改革开放以来，我国一些一、二线城市已经逐步设置或形成了夜经济的初步形态。魔都、帝都都形成了初具风格和特色的城市夜生活。近两年更多的三、四线城市开始增加相关设施，安排相关场所，创新相关项目，迎接并形成夜经济的新格局。

作为后来者，我们要借鉴那些著名的国际大都市夜经济发展的成功经验。当代夜经济是从英国开始的。"夜经济"一词就是20世纪70年代英国为改善城市中心区夜晚空巢现象提出的经济学名词。数据显示，夜间经济已经为伦敦创造了130万个工作岗位，可贡献660亿英镑的年度收入，并且仅伦敦一个城市的夜间经济就创造了英国全国总税收的6%。

众所周知，阿姆斯特丹以自由开放的夜生活而闻名于世。2003年，阿姆斯特丹开创性地任命了首位"夜间市长"来监督"晚九朝五"的夜间经济活动，致力于在市政府、（小）企业主和居民之间架起桥梁，建立沟通机制，提出创新的解决方案，平衡行政管理体系和实际操作中场地经营者和艺术家的需求，确保夜生活和城市生活的其他部分能够共存。 奇特的是，这个"夜间市长"是由公众和专家投票产生的，受雇于阿姆斯特丹夜间市长基金会。 该组织的运作资金一半来自政府，一半来自夜间营业商家。 阿姆斯特丹于 2016 年举办了第一届夜间市长峰会，与世界各国商讨夜间经济发展模式。2018年，游客量达到 2000 多万人次，是当地居民的近 30 倍。 这与它在保护和最大化提供夜间服务方面世界领先密切相关。

日本东京是"夜经济"发展的先驱。 通过在一些节假日的深度拓展，东京发展了不少"夜经济"的典型场景。 一些日本酒店推出的表演，就加入了日本文化，融合声、光、影与舞蹈等元素，吸引当地民众和游客在夜间继续娱乐消费。 在韩国，人们已适应多元化的夜间消费和娱乐休闲，咖啡店、健身房的营业时间一般都持续到深夜，便利店基本都是 24 小时营业。 可以说，"夜经济"已成为唤醒沉睡都市、激发经济活力的新力量。 当华灯初上、夜幕降临时，上班族拖着疲惫身躯准备回家，"不夜城"首尔才刚刚开始散发它的夜晚魅力。 大街小巷，挤满了络绎不绝的匆匆人群。 在夜生活丰富多彩的首尔，各色霓虹灯下的觥筹交错、谈笑风生，是一道亮丽的风景线。

夜经济的管理是一篇刚刚开篇的大文章。 发展"夜经济"，对于政府部门来说是不小的考验，夜间繁荣的背后是城市管理的总体设计。 要在城市管理、治安防控和经济发展三者之间找到平衡点，殊非易事。 在"夜经济"活跃的地区，从适应夜经济到管理夜经济，再到服务夜经济，是一个城市管理的艰苦的理念转型和服务升级的过程。上海设立"夜间区长""夜生活首席执行官",天津提出打造"夜津城"都是有益的尝试,大大提升了人民群众的满足感和幸福感。

我国夜经济以文化创意产业为主体导向,以商业服务业为供给保障,以高科技作为技术支持,以信息服务业为重要手段,彰显城市品格的引领力、开放的包容力和卓越的创造力,不断激发和满足市民游客的多样化、多层次、全时段的夜间消费需求。这是以城市文化赋能夜经济的重要共识和实践成果。

夜间城市:城市的另一面——炫美之姿

公园城市：我国城市发展的新战略新高度 [1]

习近平总书记提出建设公园城市，从国家顶层进行全面的宏观把握，设计中国。从时间长河上擘画未来中国的总体格局，从人民这个核心出发，实现大国治理的宏伟蓝图，这是当代中国必须全力关注的重要问题。这也是我国城市创新型发展的升级版，表明了我国城市治理的战略性转变。公园城市的理论和实践适应了我国人民群众对更高的美好生活的内在需求，推动了我国经济社会的新一轮的高质量发展。世界历史上的花园城市、田园城市、森林城市是人类城市发展史上留下来的珍贵遗产，需要我们认真学习借鉴，在新的条件下实现创造性转化。

公园城市展示了我国城市的战略性升级

2018 年 2 月，习近平总书记在成都视察时指出，天府新区是"一带一路"建设和长江经济带发展的重要节点，一定要规划好建设好，特别是要突出公园城市特点，把生态价值考虑进去，努力打造新的增长极，建设内陆开放经济高地。[2] 习近平关于公园城市的发展提议具有重大意义。

改革开放以来，我国城市经历了以 GDP 为杠杆的经济效益至

1　本文为国家社科重大项目"文化产业伦理"的成果。
2　《习近平春节前夕赴四川看望慰问各族干部群众》，《人民日报》，2018年2月14日。

上的阶段，生态环境受到了很大污染，人文环境也曾受到严重破坏。一切以 GDP 为标准，造成了严重的后果。公园城市是习近平在多次讲话中反复提到的主题。他指出，城市建设要以自然为美，要把好山好水好风光融入城市[3]，他在两山理论基础上，提出避免使城市变成一块密不透气的"水泥板"，要推动形成绿色低碳的生产生活方式和城市建设运营模式，统筹生产、生活、生态三大布局，提高城市发展的宜居性。他特别提到，我国古人说，"城，所以盛民也"，就是讲城市是容纳养育人民的地方。所以，城市发展要把生产空间、生活空间、生态空间通贯为一，相互联结，实现生产空间集约高效、生活空间宜居适度、生态空间山清水秀的新境界。

从"绿水青山就是金山银山"[4]到"望得见山、看得见水、记得住乡愁"[5]，从"人与自然是生命共同体"[6]到长江经济带不再大规模开发的战略决策，从多年来大力修建的城市公园到今天不再是被水泥板遮蔽的公园城市，我们不难看出顶层设计的高远谋划和对全体人民的深切关怀。

我国的城市化，是 21 世纪全球发展最大的两个推动力之一。除了美国以互联网为代表的新经济外，中国的城市化是两千年来这片

3 《中央城市工作会议在北京举行 习近平李克强作重要讲话》，《人民日报》，2015年12月23日。

4 习近平：《在中央城市工作会议上的讲话》（2015年12月20日），《习近平：避免使城市变成一块密不透气的"水泥板"》，习近平系列重要讲话数据库，2018年2月26日，http://jhsjk.people.cn/article/29834583。《习近平在省部级主要领导干部学习贯彻党的十八届五中全会精神专题研讨班上的讲话》（2016年1月18日），《人民日报》，2016年5月10日。

5 习近平：《在中央城镇化工作会议上的讲话》（2013年12月12日），《十八大以来重要文献选编》（上），中央文献出版社，2014年版，第603页。

6 《习近平在中国共产党第十九次全国代表大会上的报告》（2017年10月18日），《人民日报》，2017年10月28日。

公园城市：我国城市发展的新战略新高度

古老大地上的一次伟大的革命。它深刻影响中国国家国土面貌与城市构筑，并将确定今后两百年到三百年中国大地上城市的基本格局。应当说它是关乎我们子孙万代的大事。如此重大的历史责任谁来负责？我们的决策者、政府官员、建筑师、规划者，都要对历史负责。设计者不仅要设计高楼，还要设计城市和人的未来。说到未来城市，美国《外交政策》杂志曾于2012年发布研究报告，提出到2025年，全球将有600多个城市决定着世界的命运，在600多个城市中，又有90多个城市将会起着决定性的作用，而这90多个城市中，中国将会有72个城市进入世界城市的最前列。中国大批知名城市将进入这个系列，而四分之一发达国家城市将跌出榜单。全球发展中国家将会大举胜出。[7]

城市是什么？城市是迄今为止人类文明最集中最丰富最先进成果的创造之地、展示之地和应用之地。特别是工业革命以来，世界以百倍于前的物质产品的丰富性和精神成果的深刻性展现了人类前所未有的伟大的本质力量。马克思曾指出："工业的历史和工业的已经生成的对象性的存在，是一本打开了的关于人的本质力量的书，是感性地摆在我们面前的人的心理学。"[8]在马克思那里，城市作为现代工业的成果，像一本已经打开的书，展示了人在适应并改造世界过程中的本质力量——人类的思想、精神、观念、智慧、才能和技术。我们身处其中的城市，就是活生生地摆在我们面前的一本积淀着历史、文化、人的生活的心理学大书。当一个人、一群人，把他们的生命、

---

7 Cara Parks. The Most Dynamic Cities of 2025. Foreign Policy, August 7, 2012, https://foreignpolicy.com/2012/08/07/the-most-dynamic-cities-of-2025/ .
8 马克思：《1844年经济学哲学手稿》，中央编译局译，人民出版社，2000年版，第88页。

生活、理想、希望和梦想留在一个地方的时候，那座城市，那座乡村就反身投射在他的记忆中，成为永恒的怀念。

今天，我们面临着新一轮的数字—智能革命，面临着科技带给我们的全方位震撼改变，面临地球碳的过度排放带来的生态困境和地球危机，面临着人类生命延长和医疗困厄带来的生存状态的全新改观，面临着人的精神领域的日益增长的对理念、信仰、思维、文化、历史、美、艺术的新的需求。人类将从根本上发生不可逆的巨大变革。

在这样的变革之下，我国的城市将如何探寻一种更适合未来人类生活的存在之道？我们的城市应该如何规划和承载中国人的生产之链、生活之趣、生态之美？我们应该选择一种什么样的走向未来的城市治理方案？我们应该给城市一个什么样的美好的远景或者危机的警告？

1984 年，钱学森在致《新建筑》编辑部的信中提出"构建园林城市"设想。1990 年，他又明确指出"城市规划立意要尊重生态环境，追求山环水绕的境界"。1992 年 10 月他再次呼吁："把整个城市建成一座大型园林，我称之为'山水城市、人造山水'。"[9]钱学森在他生命后期多次介入美学与艺术的领域，发表了十分重要的意见，给我们留下了艺术美学的宝贵遗产。园林城市、山水城市正是他这份宝贵遗产的一部分。

1992 年，原建设部就参考、借鉴了钱学森的"山水城市"理论，

9　傅礼铭：《钱学森山水城市思想及其研究》，《西安交通大学学报（社会科学版）》，2005年第25卷第3期。

以及国外的"花园城市"概念，先后启动"园林城市"和"生态园林城市"评比。《国家园林城市标准》对不同地区和规模的城市人均公共绿地、绿地覆盖率等提出了具体要求。

2004年起，全国绿化委员会、原国家林业局启动"国家森林城市"评定程序。

2015年，贵阳市启动"千园之城"建设工程。2015年之前，该市只有365家公园，"千园之城"建设启动三年后，全市公园总数超过1000个。贵阳市成为首个"国家森林城市"。截至2018年10月，全国共有"国家森林城市"165个。[10]

在这一系列发展的背景下，习近平提出了建设公园城市的明确设想。

公园城市是以习近平同志为核心的党中央对我国城市发展的前瞻性顶层设计；是打通各个部门，实现宏观把握、融会为一的总体性战略；是沟通生产、生活、生态三大空间的策略选择；也是全面落实"以人民为中心"的核心理念的具体实践。全面提升了我国城市发展的境界，我国城市的发展进入了一个新的阶段。

公园城市不是过去意义上的城市公园，也不是单纯意义上的"公园＋城市"。它不是单纯增加公园数量，在城市建设中不惜成本地大搞公园工程。公园城市是在以往城市公园发展基础上，打破过去城市公园各自独立策划的"孤岛"模式，从整个城市的科技发展、经济运行、文化创新、旅游线路，以及城市建筑、城市生态、城市品

---

10 《全国"国家森林城市"已达165个》，中华人民共和国中央人民政府网，2018年10月15日，http://www.gov.cn/shuju/2018-10/15/content_5330923.htm.

牌、城市形象、城市文化、城市传播等的长远发展出发，根据城市市民的生活需求、精神需求、审美需求、艺术需求来进行全面系统的规划、设计和建设。它更突出各自特色基础上的系统性、实用性、文化性和未来性。

清华大学建筑学院城市规划系教授顾朝林认为，公园城市是具有前瞻性、前沿性的人居环境改善工程，但不可能一蹴而就，相关城市应该根据自身的财政能力水平量力而行。最重要的是不改变城市结构、不大搞公园和绿地建设，而是将现有资源整合盘活，把小的绿地空间开放给公众。公园城市就是大大小小的公园一体化形成的城市。[11]

清华同衡规划设计研究院副院长胡洁认为，公园城市最大的亮点和难点在于"连接"，即将原先土地属性不同、管理部门不同的公园绿地资源进行统筹管理和综合运用。其中涉及林地、公园用地、河道用地，林业、园林、水利、农管、水道等不同部门，是一个版图特别大的系统工程。[12]

公园城市也不只是西方式的花园城市、田园城市，它承载着中国数千年深厚的传统文化，过去时代的皇家园林、私家园林和非物质文化遗产今天已经成为全体人民享有的公共文化服务的场地，是市民休闲、娱乐、健身、养生、旅游，乃至创新、创意、创造的创客空间。中国城市的未来性在于它是 21 世纪人类在地球上最大的变革和最新的图画，它事关中国未来至少 200—300 年的城市面貌和城市格局，它一定是绿色的，可持续的。公园城市必须对未来负责。

---

11 程昕明：《公园城市，路在何方》，《中国新闻周刊》，2019年第22期。
12 程昕明：《公园城市，路在何方》，《中国新闻周刊》，2019年第22期。

公园城市在功能上应超越过去时代森林城市、绿色城市的单项选择，而具有全方位的融合特征。第一，它是城市最大的绿地系统，是"城市的肺""城市的氧吧"，具有重要的生态功能。第二，它应该是城市最具创意的综合建筑群，是凝固的史书，是美的创造及艺术的精华，同时具有潜移默化的提升审美意识的教育功能。第三，它具有每一位公民都可以享用的休闲、娱乐、健身、养生的实践性功能。

说到底，公园城市建设的宗旨，就是关注每个人，热爱每个人，服务每个人，提升每个人。它突出了一个核心：以人为本。

《中国人类发展报告特别版》在评价成都公园城市建设时认为：成都"致力于以人为本，打造公园与城市空间有机融合、生产生活生态空间相宜、自然经济社会人文相融的复合系统，挖掘和转化成都的生态机制，将其变为经济效益和生活品质。公园城市建设围绕'人、城、境、业'四大要素，引领新时代城市变革。这些变革深入到城市发展方式、领导工作方式、经济组织方式、市民生活方式和社会治理方式之中，是以人民为中心的可持续发展方式"[13]。

这是一个高度概括的中国文化、环境、生态的评审书，更是对公园城市本质特征的深刻总结。

中外历史上的花园城市、田园城市、森林城市

中国的皇家园林与私家园林有着漫长的建造史、艺术史和文化史，中国也曾在17—18世纪成为西方英、法等国贵族效法的天堂式

13　杨永恒等主编：《中国人类发展报告特别版》，中译出版社，2019年版，第95页。

的国家。

中国古代园林犹如画卷一样，堆山、叠石、理水、养莳，集大自然之精美于方寸之中。其观赏不受时间、空间的限制，任其高低、远近、角度和视点自由转换。在设计和构划园林总体架构和游览路线中，山水的构筑具有关键意义。园林设置必有高低错落的安排，远近景观的配置，观赏角度的轮转，以达到移步换景的最佳效果。宋代画家郭熙在画论《林泉高致》中论述："世之笃论，谓山水有可行者，有可望者，有可游者，有可居者，画凡至此，皆入妙品。但可行可望不如可居可游之为得。"古代园林将山水画理论中的"移天缩地""小中见大""咫尺之图，写千里之景"等形之于实，将中国画的超时空概念融入园林的景观空间，显示了中国园林艺术的"大乐与天地同和"的天人合一的生态景观。

中国园林的布局构景，是一个完整的审美系统。它有着丰富的内涵和独特的艺术构思，其造园风格出神入化，法天模地，虽由人作，宛自天开，曾让世人叹为观止。其实，中国传统园林城市的构筑早已为我们今天的城市生态建设提供了范本。中国大型风景胜境，如苏州的园林城市、无锡的太湖景观、杭州的西湖在城、桂林的漓江美景，无不是城在山水中，山水隐城中。有山皆是园，无水不成景，城因景而异，景构城之形。正是借由山水之助，这些城市遂成为历代中国人向往的宜居宜游胜地。

17世纪至18世纪，欧洲出现了一股"中国潮"，许多思想家对中国文化表现出浓厚的兴趣。德意志的莱布尼茨盛赞儒家道德及其影响下的社会秩序和国家统一。法国的伏尔泰也对中国文化推崇有加。然而，最醉心于中国园林艺术的可算英国威廉·钱伯斯爵士。

钱伯斯对中国文化十分倾慕，他本人是英国著名的园林设计师，曾亲自为宫廷贵族设计过不少私人花园，并获得了英国皇家的肯定与赞誉。公元18世纪左右，中国陶瓷成为当时欧洲上流社会家庭必备的精品。钱伯斯发现，中国陶瓷上所描绘的园林设计，与欧洲园林设计风格有着本质的不同。受肯特公爵委托，钱伯斯为其构建一处中国风格的园林，起名"丘园"，以中国儒家祖师孔子之名名之。他仿南京大报恩寺琉璃塔的形制，在丘园的东南角处设计建造了一座具有浓郁中国风格的琉璃宝塔。虽然钱伯斯本人并未到过南京亲见大报恩寺塔，但在17世纪荷兰人约翰·尼尔霍夫所撰《荷兰东印度公司使节出访大清帝国记闻》中有记载，文内附有尼尔霍夫的自绘塔图。钱伯斯的仿建有可能是受到了尼尔霍夫的影响。宝塔建造虽为中式，但却把塔建成了十层。中式佛塔必是单数，不知钱伯斯是遵从了英国人的习惯故意建成十层，还是尼尔霍夫的草图画成了十层。后来丘园成了欧洲新式园林的代表，而区别于以凡尔赛宫为象征的几何规整式园林。现在，丘园作为英国著名的皇家植物园，成了今天兼具科学研究和游览观赏价值的城市"公园"。

从西方园林建筑史来看，文艺复兴时期意大利人阿尔伯蒂首次提出了建造城市公共空间应该创造花园用于娱乐和休闲，此后花园对提高城市和居住质量的重要性开始被人们所认识。城市公园作为大工业时代的产物，从发生来讲有两个源头：一个是贵族私家花园的公众化，即所谓的公共花园，这就使公园仍带有花园的特质。17世纪中叶，英国爆发了资产阶级革命，推翻了封建王朝，建立起土地贵族与大资产阶级联盟的君主立宪政权，宣告资本主义社会制度的诞生。不久，法国也爆发了资产阶级革命，继而革命的浪潮席卷全欧。在

"自由、平等、博爱"的口号下，新兴的资产阶级没收了封建领主及皇室的财产，把大大小小的宫苑和私园都向公众开放，并统称为公园（Public Park）。1843 年，英国利物浦市动用税收建造了公众可免费使用的伯肯海德公园（Birkinhead Park），标志着第一个城市公园正式诞生。

城市公园的另一个源头是社区或村镇的公共场地，特别是教堂前的开放草地。早在 1643 年，英国殖民者在波士顿购买了 18.225 平方公里的土地为公共使用地。自从 1858 年纽约开始建立中央公园以后，全美各大城市都建立了各自的中央公园，形成了公园运动。

1817 年，匈牙利布达佩斯就在其英雄广场后面建设了森林公园，面积约 1 平方公里，有温泉、动物园、游乐场、植物园，属于适合各个年龄层的复合式公园。园内有一座农业博物馆，属罗马式、哥特式、文艺复兴式及巴洛克式的混合式样。公园里的塞切尼（Szechenyi）温泉有 100 多年的历史，由 3 个大型露天公共温泉池和数十个特色室内小池构成，人们可以一边"泡汤"，一边下棋娱乐。公园里的建筑物将匈牙利的直线派风格和东方浪漫派风格糅合在一起。其中最美的一个建筑物是"大象房"。

现代意义上的城市公园起源于美国。美国景观设计学的奠基人弗雷德里克·劳·奥姆斯特德（Frederick Law Olmsted，1822—1903）提出在城市兴建公园的伟大构想，早在 100 多年前，他就与沃克（Calvert Vaux，1824—1895）共同设计了纽约中央公园（1858—1876）。这一事件不仅开现代景观设计学之先河，更为重要的是，它标志着城市公众生活景观时代的到来。纽约中央公园是这座超级城市的点睛之笔：它不仅仅是巨型绿肺，还是市民休憩、度假、交往、寄放灵魂之处；它因地就势的设计令人叹服，可进入、可参与性更是值得全球城市公园学习。

公园姓"公"，当皇家的、私家的园林从少数人所赏玩的奢侈品，变成所有公民都可以享有的休闲空间的时候，这样一个攸关城市未来的创举就发生了。

至今为止，学术界对城市公园尚无统一的概念界定，但通过分析《中国大百科全书》《城市绿地分类标准》及国内外学者对其进行的概念界定，从当下实践出发，可以看出城市公园包含以下几个方面的性质或内涵。首先，城市公园是城市公共绿地的一种类型；其次，城市公园的主要服务对象是城市居民，但随着城市旅游的开展及城市旅游目的地的形成，城市公园将不再单一地服务于市民，也将服务于旅游者；再次，城市公园的主要功能是休闲、游憩、娱乐，而且随着城市自身的发展及市民、旅游者外在需求的拉动，城市公园将会增加更多的休闲、游憩、娱乐等主题的产品。

那么，今天国际上的"公园城市"又有什么发展经验呢？

让我们来看看新加坡，看看它的深度绿化和低能耗。以"花园城市"著称的新加坡，绿化覆盖率高达80%，人均绿地面积超25平方米，是成都的两倍以上。这一数据不仅保持得很好，而且在逐年上升。

为什么？这个小小的岛国拥有近400个公园，每条道路两旁都种植了树木，绿化布局精致细腻；植被丰富，具有生物多样性；引入了数字化管理，全国数十万株树木都有登记，注重精细化管理。新加坡率先运用了垂直绿化—立体绿化模式，建筑立面、坡顶、边边角角均为绿色覆盖；所有公园、绿地都不是孤立存在，以绿道、水道相连接，蓝绿交融。城市即为一座巨型的花园。

与深度绿化同样出色的，是它的低能耗。据统计，新加坡生活垃圾都会进行回收利用，实在无法回收的，大约41%会进行焚化，其余烬和不能焚化的垃圾一起运往"垃圾岛"。新加坡把垃圾岛建成了生态转换、富有科教意义的旅游景点。

中央公园是纽约这座超级城市的点睛之笔：它不仅仅是巨型绿肺，还是市民休憩、度假、交往和寄放灵魂之处。它的设计因势就形，自然通透，阔大而不失特色。公园在20世纪一度衰败，沦为垃圾堆放、犯罪频发的失乐园。1980年"中央公园管理委员会"成立。让人惊讶的是，以社会捐赠为主数千万美元（如今已达数亿）的"中央公园振兴基金"成立，众多企业、个人主动承包了公园设施。人们更加珍惜这块失而复得的"宝玉"，自觉维护它的生态和人文环境。有人说："如果没有中央公园，纽约将毫无趣味"，是为至言。

联合国《2019年人类发展报告》指出：中国人类发展指数从1990年的0.501跃升至2018年的0.758，是近30年来唯一从低人类发展水平跃升到"高人类发展水平"的国家。但令人痛心的是这个数据在全球只能排到80多位，若计算内部不平等因素，调整后仅有0.636，与发达国家存在相当差距。学习世界各国生态与人文的成功经验，对于我国未来公园城市的发展与治理，具有十分重要的意义。[14]

《中国人类发展报告特别版》给出了"中国建议"：确保提供充足、均衡和高质量的公共服务；提高政府治理社会民生的能力；创造

---

14 UNDP. Human Development Report 2019, http: //hdr.undp.org/sites/default/files/hdr2019.pdf.

公园城市：我国城市发展的新战略新高度

更加绿色和可持续的环境。这是批评，也是期待，更是鞭策。

成都，中国美丽宜居的公园城市的典范

按照习近平总书记的指示，2018年成都正式提出了"加快建设美丽宜居公园城市"的发展目标。这是成都城市经济、政治、文化、生态和社会发展的新起点，彰显了党和政府一切以人民为中心的宗旨和目标，也进一步满足了城市让生活更美好的新时代人民的新诉求。

近年来成都GDP跃至全国第八，领事馆数量、奢侈品店数量、航空吞吐量等居全国前列，商业魅力领跑新一线，GaWC世界城市排名更上升到第71位……多年经营沉淀了坚实底气，不断突破自身边界，也让城市发展有了模式转型的需求。作为中国"国家中心城市"、中西部重镇和内陆经济开放高地，亦作为"一带一路"枢纽，成都的全国战略地位不断攀升。作为一个世界级示范样本的提出，"公园城市"战略的实施，恰是水到渠成，应然而必然。

那么，成都的公园城市究竟如何发展？

成都的公园城市的发展，首先，通贯全局，做好顶层设计，整体把握。公园城市的建设与成都公共文化云服务、新经济发展战略、传统文化的传承创新、世界文化名城建设、文化旅游产业的升级、市民健康与文化素质提升等链接起来，将自然生态与产业生态、人文生态、政治生态乃至社会生态融会为一，成为一个完善运转的大系统。中国工程院院士、成都市公园城市规划建设首席顾问专家吴志强将公园城市拆解为"公共底板下的生态、生活和生产"，筑景造园只是基础，实现"人、城、境、业高度和谐统一"才是最

终目的。[15]

在生态环境发展方面，成都对土地的利用将更加充分合理，绿色要素的设计更加精细化，利用屋顶、墙面、阳台、消防坡道等布局绿化景观，在形态上彰显绿色城市的生态外观，其内涵是提高城市的生活品质和美学品位。成都的公园、绿地遵循"可进入、可参与，景观化、景区化"原则来建设。"天府绿道"已落成近 3000 公里，新建了沙河源公园、天府芙蓉园、月牙湖公园等，锦江公园、龙泉山森林公园建设持续推进，还打造了一系列小游园、微绿地和"花园式特色街区"。1900 年，美国景观设计之父奥姆斯特德曾设计了全球第一条绿道"翡翠项链：波士顿公园绿道系统"，被认为是全球第一条真正意义的绿道。那是对当时社会因工业革命以来对人的挤压而产生的反拨。120 年过去了，一条全球规划里程最长、纵横全域 16930 公里的三级天府绿道体系，承载了成都人民的期冀，重现蜀中锦官城的千年美景。

从公共服务的健全与完善上来看，公园城市的创新提供了更多的公共服务产品，满足市民美好生活需要。成都将公园、绿道建设和"15 分钟基本公共服务圈"相结合。新出台的《成都市美丽宜居公园城市规划建设导则（试行版）》提到"山地公园配置游客集散中心、自行车租赁点、餐饮设施"，还分别根据 300 米、500 米和 1000 米服务半径对城市公园绿地配套提出了要求。今天的绿道已经成为人们品读成都的重要方式——锦城湖公园、桂溪生态公园、江家艺苑、

---

15 《五年之间　看公园城市首提地天府新区"未来"蝶变》，四川省人民政府网，2019年10月9日，http://www.sc.gov.cn/10462/12771/2019/10/9/ea597feffa934f60bb5830642ac66048.shtml.

青龙湖湿地，是成都人最爱的出游地；绕城高速两侧 500 米范围内，正在打造中的锦城公园等地让市民出门 15 分钟便可到达。便利、高效、舒适、安逸，天府之地正在创制新的名片。

在公园城市的建设方式上，成都市秉持"政府主导、市场主体、商业化逻辑"原则，即统筹政府、社会、市民三大主体，预先筹谋投资和价值转化模式，通过平台构建、社区治理、民主参与等形式推动，进而提高工作效率和城市管理水平。政府高瞻远瞩，全面布局，社会和企业积极投入，市民热情支持，三大主体有共同的目标，有共同的投资前景，有相互分工的责任体系，共商，共赢，这就成就了成都公园城市建设的稳定的三角形。

在建设创新型大国的征程上，成都建成了一座"公园 +""绿道 +""生态 +"的 IP 云集的创客大空间，开启了一条宜居城市公园化的新型创客空间之路。作为国内首创的"公园化"新型创客空间，天府创客公园切入"创业苗圃、创业孵化区、企业加速区"三点做综合型创业聚集区，重点布局五大产业：电子信息、"互联网 +"、生物科技、智能制造、电子商务，发展培育五大产业：文化创意、工业设计、动漫游戏、高端商务、创意商业。成都的科普绿道从成华区出发，途经新都区至彭州市，绵延 40 公里，成为跨区连片的"绿道 + 科普场景"，建构起绿道连接起来的创客展示圈。而位于天府新区兴隆湖湖畔、未来新经济高地的独角兽岛便是在总书记视察成都，留下"突出公园城市特点，把生态价值考虑进去"的殷切嘱托下，秉持公园城市、智慧城市融会理念而诞生的新型生态型创客大园区。

在构建公园城市过程中，成都处处体现对人的尊重、热爱、关心和提升。尊重人们对美好生活的向往，热爱小康时代每一个走向幸福的家园，关心人们切实的利益和需求，提升人们的公民意识、生态意识和美学意识。《成都市美丽宜居公园城市规划建设导则（试行版）》还规定："儿童活动集中区宜种植中高型灌木或乔木，便于成人看护；游人通行区，树木枝下净空应大于 2.2 米。"对下一代的关爱已成为律则。成都很人文。

连续发布多年的联合国《人类发展报告》，2019 年发布了《中国人类发展报告特别版》（以下简称《报告》）。这是联合国开发计划署、清华大学中国发展规划研究院、国家发展改革委国家信息中心等邀请 50 多位国际专家参与联合研究评审的报告，是针对中国的"特别版"。这一报告将成都"公园城市"建设案例纳入 2019 年九大中国城市发展成功典范。从《报告》对成都的高度评价中，能看到成都公园城市对于中国未来城市治理的典范意义。

成都"公园城市"的建设实践和理论探索不仅具有中国样板的意义，也具有全球意义。范锐平在首届"公园城市论坛"上这样说："公园城市理念创新了营城模式，代表了未来的发展方向，必将把人类城市文明推向新的阶段、新的高度！"

2019 年 6 月，全球最大规模沉浸式戏剧《成都偷心》在东湖公园上演，成都偷了中国的心，也偷了世界好多城市的心。

寻找乡愁——人类文明的精神家园

公园城市的至高境界是那种归家的感觉。在结束了不顾生态破坏的盲目发展阶段后，绿色的回归带给我们浓浓的乡愁。

乡愁是什么？乡愁是我们在浩渺宇宙中寻找绿色的地球，是在茫茫人海中寻找灵魂安放的地方 —— 那是人类最后的家园。

西方传统有着浓厚的家园意识。在人类学研究和大量原型研究中，都有深深的家园理念。比如《荷马史诗》中的《奥德修斯》就写了希腊奥德修斯在特洛伊战争结束后历经十年，遭遇巨人、仙女、风神、海怪、水妖等种种阻挠，返回家乡的故事。家乡在这里被表述为永恒的归宿。在《圣经》中最著名的《创世纪》中，上帝在"伊甸园"中造出亚当，又从亚当胁下抽取肋骨造出夏娃。人类因贪欲被永久赶出伊甸园，但伊甸园却成为西方文化美丽梦想中永远的渊薮。在人类学研究中，在现代西方原型理论的总括中，故乡的大地、母亲、高山、河流、英雄和智慧老人，还包含妖魔、神、鬼怪、影子、灵魂等，是民族生活中永久的主题，特别是在文学、文化的话语中，是反复出现的原型意象。法国哲学家和社会学家莫里斯·哈布瓦赫则提出集体记忆理念。在他那里，家园意识就是由特定社会群体构建、共享和传递的感性的、理念的集体记忆共识体系，包含着各族群的形象、叙事、价值观、知识和事件判断等。

中国是一个有数千年历史的农业社会，是幅员辽阔的大一统国家。千年来群体的迁徙、官员的适任、商家的贸易，乃至战争的屠戮、灾荒的驱赶，人们不管离开家乡有多么遥远，奔忙千里，终究要回归故园，乡愁几乎是古代文人咏唱的永恒主题。那是一个农耕社会里——土地、田野、家乡的小河、山谷里的野草、袅袅炊烟、倚门的母亲——一个永远的乡间的梦。70 年前，半殖民地半封建的中国只有 10% 的人居住于城市，只有不到 10% 的人受过教育。90% 的在土地上挣命的中国人对于家乡的深情，是这个世界上最真挚最内藏的心结。

中国传统文化是在数千年的农耕生活中建立起来的，它与资本主义工业化现代化的发展模式格格不入。随着当代世界由于现代化带来的环境污染、资源极大浪费、贫富差距的持续拉大、贫困乃至绝对贫困的不断增加，还有区域战争、政治冷战、文明对立，以及经济贸易的剧烈争端，都让我们不得不进行深刻的反思。中国传统文化的天人合一、天地同和、以自然为友的一系列思想理念与当今世界的生态理念、环境理念、绿色理念，和与之相关的文明伦理，融会成新时代最为全球所认可的文明理念和实践。中国传统农耕社会的思想，在后现代的再度折射下，发出了耀眼的光芒。

今天 60% 的中国人已经进入城市，开始了另一种生命之旅，城市已经成为新一代青年的青春的梦想。祖辈父辈永远不可割舍的曾经的乡间意识、故园意识慢慢地远去，因为羁縻于土地两千年的那份沉重的责任和生活的依托已经卸下。而机械化智能化的大农业已经解放了生产力，也解放了充满劳绩的过往的生活。自由迁徙成为我们中国伟大变革的明证。但是，作为一种家园意识与乡愁思念，它已经成为一种民族的集体记忆；一种由文化人类学和体质人类学交织共构的基因元素，已经深植于中华民族的精神构筑之中。

城市，按照马克思的思考，要按照美的规律来建造。建造一座公园城市，就是要把城市当作艺术品一样来雕琢，每一座城市都是一座富有魅力的艺术品。历史传统在这里积淀，创造创新也从这里开始。所以从历史上看，城市的建筑就是凝固的史书，建筑就是凝固的音乐，城市作为美的象征物，永远充溢着自然美、社会美和艺术美。这正是公园城市的真谛。

今天，我国社会的主要矛盾已经转变为人民日益增长的美好生活需要和不平衡不充分的发展之间的矛盾。当代世界，过上小康生活的中国人在物质生活的基本满足之后，期望着更高的精神的、文化的、生态的、居所的、健康的、养生的、健身的、旅游的、文学的、艺术的、审美的生活。

随着未来中国的整体发展，随着人们生活水平的进一步提高，更高层次的需求已经展现出来，人们对于精神的、文化的、美学的、艺术的、心理的，包括我们休闲的娱乐的这些要求，将会爆发式增长。在这一过程中，美学将具有极其重要的意义，它是心灵的抚慰，它是未来的指向，它是公园城市能够装载的人们安身立命之所。

德国哲学家海德格尔格外喜欢荷尔德林的这句诗，"人，诗意地栖居在大地上"，这是因为这首诗道出了生命的深邃与优雅。

如果人生纯属劳累，人就会仰天而问：难道我如此艰辛也要甘于生存？

是的。只要善良和纯真尚与人心相伴，他就会欣喜地用神性来度量自己。

神奇难测不可感知，

还是像天空那样清澄明净一望而知？

我宁愿相信后者。

神是人的尺度。

充满劳绩，但人诗意地栖居在这片大地上。

海德格尔的这一论说在中国影响十分深远，对于一个正在复兴中的"诗之国"，它感动了无数国人。海德格尔用荷尔德林的诗句来表达人生活在这个世界上对于意义的追寻。他说，所有的意义都是我们选择的，都是我们自己去创造和发现的。人类未来的发展，也依然需要不断地去发现我们活着的意义，活着的美学。

全球城市的内、外空间结构

全球城市是当今西方国家建设国际经济中心城市的一种模式与战略。与一般的城市相比，全球城市是在全球化经济环境下，国际资本对全球经济进行控制和发挥影响的空间节点，也是国际移民流动的集散地，因此在整个全球经济体系中具有举足轻重的地位。从20世纪后半叶起，西方发达国家涌现出了一大批"世界城市"，如纽约、伦敦、东京、巴黎等。随着经济增长的势头，某些得天独厚的发展中国家和地区，如新加坡和中国香港也开始脱颖而出，跻身世界城市的行列。而后随着信息技术全球化，出现了关于"全球城市"的研究，泰勒在其《世界城市网络》一书中指出："越来越多的学者关注于全球化及城市网络的研究，并不意味着国家的终结，它只是标识着以国家为中心的城市研究的终结，是一种元地理学的终结。"所以"全球城市"只是理论界在对这一新生事物研究的过程中所采用的一种研究方法，在这种多元研究视角的观照中，研究者发现：在全球化经济网络中，普通城市要想成为控制国际资本的空间节点，在相当程度上取决于其城市的内空间结构是否能与外空间结构形成一种科学合理、相互配合的关系。

一、"全球城市"形成的经济动因

"全球城市"是后工业革命这一大背景下的产物。所谓后工业革命，就是知识密集型产业取代劳动密集型产业、逐步成为经济增长的主要推动力的过程。在工业时代，许多重要的城市往往是本国制造业的重镇，而在后工业时代，城市成功与否，则取决于其吸引和培育新兴产业的能力，如高技术制造业、金融业、商业服务、休闲娱乐、创造性产业、零售业、保健与养老服务、教育产业等。在深入剖析城市空间结构之前，我们必须了解"全球城市"是如何形成的，本文认为其直接动因应该是经济全球化，"经济全球化是指各国的商品、服务、资本、技术和人员的流动高速度、大容量地跨越国界，在世界范围内相互开放、相互融合，并使这种开放与融合不断向纵深发展的总趋势"。[1]主要包括如下几个方面：

1. 全球生产性服务业的兴起

20 世纪 70 年代以来，大多数发达国家，除了日本之外，工业，尤其是制造业的就业人数出现了明显的下降趋势，服务业发展势头猛烈，服务性经济趋于成熟，社会消费性服务业为社会提供了大量的就业机会，1973—1979 年，整个发达国家的社会消费性服务业就业比重从 24% 上升到 74%。[2]20 世纪 80 年代以来，随着微电子信息技术的广泛应用，服务业发展同信息产业的发展结合在一起，形成生产性服务业。这种生产性服务业成为发达国家的新动力。

从微观经济的角度看，"服务生产的外在化"是产生生产性服务业的动因，即企业内部的服务生产部门从企业分离和独立出来，以降低生产费用、提高生产效率和企业经营的专业化程度。为何生产性服务

---

1 谢守红：《经济全球化与世界城市的形成》，《国外社会科学》，2003年第3期。
2 参阅蔡来兴等：《国际经济中心城市的崛起》，上海人民出版社，1995年版。

业能在短期之内迅速发展呢？因为在自动化程度迅速提高以后，工业企业的利润来源，更多地依靠生产性服务所创造的增值量，而不是物质生产过程中所创造的增值量。工业企业想要在竞争中保有优势，必须在技术创新、信息获取、资金融通等方面具有畅通的渠道，这时它们就需要得到技术密集型和知识密集型的服务，如科学研究、技术开发、教育培训、金融保险和信息咨询等部门提供的专业服务。

2. 全球通信网络的形成

如果说发生在 20 世纪 70 年代前的第三次技术革命导致了服务的外在化，那么从 90 年代初开始，方兴未艾的第四次技术革命将信息技术广泛应用于服务业，使运输服务、通信服务、金融服务、销售服务都步入了现代化和网络化过程中。信息技术和电子通信的融合构建出跨越全球的通信系统和网络。在过去 20 年中，三项重要的创新（传真、移动电话和因特网）已经展示了电子通信网络的巨大影响，它在当今世界经济中所发挥的作用正如铁路在工业化时代、汽车在战后经济复苏中的作用一样。通信业从简单的话音传递发展到了文字传递、图像传递、数据传递、电子书报和可视电话，大大提高了服务效率。通信领域的革命性进展已经带动了全球金融体系和全球服务经济的崛起，并日益改变人们的生活和工作方式。信息技术从根本上改变了金融交易的方式，使得资金得以瞬间来回穿梭于各经济体之间，资本在全球金融市场中 24 小时即时运作，价值几十亿美元的交易在几秒钟内完成。因此，包括储蓄和投资在内的资本在全世界被连接起来，全球金融流动在规模、速度、复杂性和关联性方面，出现惊人的增长。

3. 金融活动全球化

跨国公司是全球资本国际融通的最先驱动力。二战后，跨国公司以惊人的速度迅速扩张，在全球范围内所向披靡，带动了资金、技术、劳务和商品在各国的流动，从而推动了贸易自由化和金融自由化的进一步深入。20 世纪 90 年代以来，跨国公司在全球范围内掀起了一股大规模的"并购潮"。1996 年全球企业兼并的交易额为 2750 亿美元，比 1995 年增长 16%，而 1997 年上半年全世界跨国公司企业兼并的交易额竟达 6920 亿美元。此外，一种新型的更高层次的跨国公司的形式，即全球性公司正在兴起，它打破跨国公司国与国的界限，使领导层国际化。如瑞典的 ABB 公司的管理人员由瑞典、瑞士和德国人组成，从领导层成员保证了公司不能只为一个国家的利益服务。这一新型的跨国公司形式的出现，无疑大大加快了金融活动全球化的步伐。金融全球化就是指货币与金融资本在全球范围内流动、转移和交易的自由度不断增强。金融的自由化极大地推动着投资和贸易的发展，是促进经济全球化之内在动力。

这种以金融业为核心、以生产性服务业为主导的产业结构，使得一些国际性大都市的内涵发生质的变化，更新了它们在生产、服务、市场和创新上的形态，尤其是企业兼并和收购的国际化与大规模的资金国际融通，使得这些城市以趋向决策和管理为中心内容，在全球经济活动中表现为一个"中立"的协调人，这种转型使得城市系统从一国范围走向全球范围，使这些新兴的"全球城市"不仅在经济上具有了全球控制力，文化上也有了全球渗透力和影响力。这种国际化大都市的内、外空间结构与之前的所谓大城市相比发生了很大变化。

二、"全球城市"的内空间结构

"城市内部空间结构（urban internal spatial structure）"是在一定的经济社会背景和基本发展动力下，综合了人口变化、经济职能的分布变化以及社会空间类型等要素而形成的复合性城市地域形式。[3]所以，我们要剖析"全球城市"的内空间结构必须结合"全球城市"的产业结构变化及其"产业集群"分布特征，因为关于"全球城市"的理论研究都指出，"城市的内空间结构是同城市产业集群的核心—边缘组合相吻合的圈层形态"。[4]

从 20 世纪 80 年代开始，西方国家的大城市纷纷发生了结构转型，从传统的工业重镇转变为高度现代化、信息化的世界经济枢纽。过去千篇一律地由一个市场区、一个金融中心，以及大学区和法律服务区组成的城市布局，逐渐被形态上缺乏主次但却按照特定功能形成的集群分布所取代。所谓集群（cluster），按照弗里德曼（John Friedmann）和萨森（Saskia Sassen）的理解，指的是根据在城市经济社会生活中所发挥的特定功能而划分的不同的产业聚合。构成世界城市的集群主要有四类："核心集群""衍生集群""支持集群""边缘集群"。

"核心集群"是全球城市的第一大就业集群，这里是国际金融机构、跨国公司以及相关国际组织总部的集中地。世界城市之所以能够对全球生产进行控制管理，是因为这些总部通过一张由现代电子通

3　冯健：《西方城市内部空间结构研究及其启示》，《城市规划》，2005年第8期。
4　王成至、金彩红：《世界城市的经济形态与空间布局——经验与启示》，《世界经济研究》，2003年第7期。

信技术和空间旅行路线交织而成的巨大活动网络，从所在地向本系统内的各个环节发出指令，推动着遍及整个世界的生产营运活动日复一日地进行。这些反映全球城市核心功能的活动包括银行金融、企业管理、法律服务、统计、技术咨询、电子计算机技术、国际运输、研究、高等教育、公共管理等。"衍生集群"是为核心集群那些工作稳定的高薪从业人员提供直接服务的产业群，包括不动产、建筑业、宾馆餐饮、发电、高档消费品营销、娱乐休闲、私人保镖、家政服务等方面。与核心集群的从业者相比，他们的收入欠高，也不够稳定，其中很多工作是季节性和周期性的，如建筑业。"支持集群"包括三个层次：直接服务于国际经济活动的旅游业，城市中留存的制造业（主要为高科技型如电子数据处理设备等、手工艺型、信息处理与传播型产业如印刷出版），公共行政管理部门（政府、非营利性机构总部、贸易协会）。"边缘集群"即非正式的、游离在外的或街头形式的经济，包括为日间工作者提供伙食的人、擦皮鞋的人、地摊商贩和手艺人。这是一个人数众多、成分复杂的群体，却为大多数城市的统计所忽略，其中一些领域还被归入了地下经济。

与上述产业集群相对应，全球城市的内空间布局结构大致可以分为：中央商务区，商务与高层次功能区；内城区，靠近中心区的多建筑都会区；外城区，都会区的行政边界。这种多元的产业集群就已经决定了，后工业社会的全球城市不是传统的一个中心，而是出现了多中心格局。后工业社会中的城市如果还按照旧有单中心布局的模式来构建城市空间的话，势必会造成人口过密、交通拥挤、环境恶化等一系列弊端，如果以不同的产业集群为中心来布局城市空间，自然会缓解这些问题，这一点西方全球城市有可贵经验值得我们借鉴。

三、"全球城市"的外空间结构

"城市的外部空间结构，就是指一个城市及其所在的区域内其他城市共同构成的空间体系。"[5] 城市与外部空间之间多元联系的扩展和延伸就是城市外部空间结构的地理基础，这其中既包括城市之间的联系，也包括城市与小城镇之间、城市与农村之间的联系。1957 年法国地理学家简·戈特曼（Jean Gottman）根据对美国东北海岸地区的实地考察，发表了具有深远影响的著名论文《城市圈：东北海岸的城市化》。在文中他提出在美国东北海岸地区出现了崭新的人类社会居住空间形态，即"城市圈（megalopolis）"。他把城市圈界定为"以一个或几个超级城市为核心，组成人口规模逾千万、政治经济影响力举足轻重的庞然大物"。在这一巨大的城市化地域内，支配空间经济形式的已不再仅仅是单一的大城市或都市区，而是集聚了若干都市区，并在人口和经济活动等方面密切联系形成了一个巨大整体。

按照戈特曼的定义，城市圈具有这样几个特点：区域内有比较密集的城市；有相当多的大城市形成各自的都市区，核心城市与都市区外围县存在密切的社会经济联系；有联系方便的交通走廊把这些核心城市连接起来，使各个城市区首尾相连没有间隔，城市区之间有着密切的社会经济联系；必须有相当大的总规模，戈特曼坚持以 2500 万为标准；是国家的核心区域，具有国际交往的枢纽作用。除了戈特曼所研究的美国东北海岸从新罕布什尔州的希尔斯布鲁到弗吉尼亚州的菲尔法克斯这一城市圈外，他先后还提出了可能发展为城市圈的几

5　刘林、刘承水：《城市概论》，中国建筑工业出版社，2009年版，第148页。

个地区：欧洲西北部从巴黎经布鲁塞尔、阿姆斯特丹直到鲁尔、科隆这一地区；英格兰中部从曼彻斯特、利物浦到伦敦这一地区；美国与加拿大的五大湖区、日本东海道太平洋沿岸和中国华东以上海为核心的长江三角洲地区。这种"城市圈"在空间上呈现一种多核心的星云状结构，如此才能把它的枢纽功能发挥得淋漓尽致（见表1）。

世界城市圈经历了迅猛的发展过程。"依托中心城市构建城市圈的合理空间布局是当今世界城市发展进程中的一大趋势。"[6] 现在，世界上许多国家中心城市圈空间构造都采取了"多核分散型"空间模式。多核心模式的主题是，城市地域里集聚与扩散两种力量相互作用的最后结果通常是复数核心结构。美国地理学者 C.D.哈里斯（C.D.Harris）和 E.L.乌尔曼（E.L.Ullman）的多核分散型空间理论认为：中央商务区不一定居于城市几何中心，但却是市区交通的焦点；批发和轻工业区虽然靠近市中心，但又位于对外交通联系方便的地方；居住区仍分为三类，低级住宅区靠近中央商务区和批发、轻工业区，中级住宅区和高级住宅区为了寻求好的居住环境常常偏向城市的一侧发展，而且它们具有相应的城市次中心功能；重工业和卫星城镇则分布在城市的郊区。这对于现代大城市研究与规划很有启示。城市区域化、区域城市化已经成为全球性的趋势。

依托中心城市构建城市圈，已经成为有利于实现经济、社会、生态环境协调发展的重要地域空间组织形式。优化的产业结构、良好的生态布局以及人力、财力、物力资源的合理利用……这都是"城

---

6 项光勤：《世界城市圈理论及其实践对中国城市发展的启示》，《世界经济与政治论坛》，2004年第3期。

市圈"构建的诱人之处，值得我们好好重视。在高度信息化、全球化的今天，城市建设只依赖于中心城区的建设，而忽略了外部联系网的构建，显然是不合时宜的，也必将是要被全球城市网络淘汰的。

表1　国外五大城市圈比较

指标 城市圈	人口总数 （万人）	区域面积 （km²）	城市构成
纽约 城市圈	6500 （20%）	13.8 （1.5%）	纽约、华盛顿、波士顿、费城、普罗维登斯、哈特福德、纽黑文、巴尔的摩等40个10万人以上的城市
北美五大湖 城市圈	5000	—	芝加哥、底特律、克利夫兰、匹兹堡及加拿大的多伦多和蒙特利尔等20多个100万人以上的城市
伦敦 城市圈	3650 （60%）	4.5 （18%）	大伦敦地区、伯明翰、谢菲尔德、利物浦、曼彻斯特
巴黎 城市圈	4600	14.5	巴黎、阿姆斯特丹、鹿特丹、海牙、安特卫普、布鲁塞尔、科隆等40个10万人以上的城市
东京 城市圈	7000 （61%）	10 （17%）	东京、横滨、静冈、名古屋、京都、大阪、神户

（数据来源：《世界六大城市群》，"中国长三角网站"）

注：数据下方括号内数据为该指标占所在国家相应指标的比重。

全球城市的内、外空间结构

探索全球城市、世界城市的高端发展之路

改革开放以来，随着我国城市的高速发展，城市经济力量不断壮大，进入世界经济圈的步伐日益加快，城市的面貌发生了根本性的变化。2009 年以来，我国成功应对国际金融危机的冲击，城市发展上了新的台阶，人均 GDP 超过 6400 美元。这标志着我国经济社会发展进入了一个新的阶段。在这样的背景下，全国许多城市都提出了建设世界城市、国际化城市的新的目标，这是我国城市发展理念的一次飞跃，也是发展战略的一次重要的提升。

那么，什么样的城市才是世界城市，全球城市或者国际化城市呢？

一、国际上世界城市、全球城市、国际化城市的研究与判定指标

究竟什么样的城市才算得上是世界城市、全球城市，我们怎样才能判定和测度国际化城市呢？毕竟，世界城市不是自封的，是有着基本的功能特征和指标要求的，达到了这些指标，才能获得国际社会的公认。

世界城市有多种含义，基于对国际化大城市概念的不同理解，各国学者分别提出了各自的衡量指标。

1889 年，德国学者哥瑟（Goethe）就曾使用"世界城市"一词来描述当时的罗马和巴黎。1915 年，英国城市和区域规划大师格迪斯（Patrick Geddes）在其所著的《进化中的城市》一书中，明确提

出"世界城市"这一名词。

最早对世界城市进行系统研究的学者是英国地理学家、规划师彼得·霍尔（Peter Hall）。1966年霍尔在其著作《世界大城市》一书中对世界城市这一概念做了经典解释："世界城市指那些已对全世界或大多数国家发生全球性经济、政治、文化影响的国际第一流大城市。具体包括：主要的政治权力中心；国际贸易中心，拥有大的港口、铁路和公路枢纽以及大型国际机场等；主要金融中心；各类专业人才集聚的中心；信息汇集和传播的地方，有发达的出版业、新闻业及无线电和电视网总部；大的人口中心，而且集中了相当比例的富裕阶层人口；娱乐业成为重要的产业部门。"[1]后工业社会，要想在世界城市网络中占有一席之地，已经不能只靠单一核心城市的力量，所以"依托中心城市构建城市圈的合理空间布局是当今世界城市发展进程中的一大趋势"[2]。

简·戈特曼于1957年曾发表《城市圈：东北海岸的城市化》一文，提出了"城市圈（megalopolis）"理论。

弗里德曼于1986年在《环境和变化》杂志上发表了《世界城市假说》一文，采用"核心—边缘"的方法，给出了7项指标用来衡量世界城市：（1）主要的金融中心；（2）跨国公司总部所在地；（3）国际性机构所在地；（4）商业部门（第三产业）高速增长；（5）重要的

---

1 [英]P.霍尔：《世界大城市》，中国科学院地理研究所译，中国建筑工业出版社，1982年版，第1—3页。
2 项光勤：《世界城市圈理论及其实践对中国城市发展的启示》，《世界经济与政治论坛》，2004年第3期。

制造中心；（6）世界交通的重要枢纽；（7）城市人口达到一定规模。[3]
这些衡量的指标开始注重在经济全球化过程中城市发展的市场外扩和
功能延伸。该文将全球30个主要城市按其所在国家的经济社会发展
水平分为两个部分：核心国家（发达国家）和半边缘国家（新兴工业
化经济体）。然后又根据上述指标将之分为"第一级城市"和"第二
级城市"两个档次：在核心国家中，第一级城市有纽约、芝加哥、洛
杉矶、伦敦、巴黎、法兰克福、苏黎世、鹿特丹、东京；第二级城市
有旧金山、休斯顿、迈阿密、多伦多、布鲁塞尔、米兰、维也纳、马
德里和悉尼。在半边缘国家中，第一级城市有新加坡、圣保罗；第
二级城市有中国香港、中国台北、汉城、曼谷、马尼拉、墨西哥城、
布宜诺斯艾利斯、加拉加斯和约翰内斯堡。他的这种评价体系局限
于资本主义经济体系内部的空间格局排列，虽然比较宏观，指标体系
也比较全面，但可操作性不强。

　　经济学家科恩的"跨国指数"和"跨国金融指数"方法，是在
分析美国一些城市在全球城市等级体系中的位置时提出的。他认为
只有当这两个指标均位于前列的时候，这个城市才能被认定为"全球
城市"。跨国指数指在全球最大500家工业公司的某一城市所发生的
海外销售额占这500家公司的海外销售总额的比重及它的销售总额占
这500家公司总销售额的比重，反映的是一个城市制造业的国际化程
度，如果这个指数大于1.0，则该城市属于国际中心城市，大于0.7
小于0.9则属于国内中心城市。

3　Friedmann J.. The World City Hypothesis. Development and Change，1986（17）：
69-83.

对这两种指数进行综合评估，从全球范围看，只有纽约、伦敦、东京在两项指标中均居前三位，所以这三个城市属于全球城市，而巴黎、莱茵—鲁尔城市带、大阪、芝加哥、法兰克福和苏黎世的等级低于上述三个城市。

萨森从经济全球化的角度，将全球城市看作各类国际市场的复合体（multiplicity），是外国公司的主要集聚地和向世界市场销售生产性服务的主要集散地，同时由于这些城市在全球经济的运作中发挥如此重要的作用，所以全球城市也应当是国际性不动产市场最重要的所在地。为此，她提出全球城市应是"主导性的金融中心""主导性的国际货币交易中心""国际性不动产市场"[4]。萨森用这三项要求分别对17个最大城市和城市圈的跨国公司总部数量、资本数量、股票价值总量、房地产项目等进行比较分析，结果为纽约、伦敦、东京是名副其实的全球城市。卡塞尔斯（Castells）非常强调国际城市与全球各地的流量（例如信息、货币、人口、物资等流动），指出世界城市的产生与再发展是通过其流量而不是它们的存量凝结来实现的。Godfrey 和 Zhou（1999）建议在确认全球和地区中心时，不仅要考虑跨国企业总部的数量，也需考虑跨国企业分公司的因素。

卡勒鲍特（Carlabbott，1997）认为，按照经济的专门化功能，20 世纪后期的国际性城市至少可以分为三类[5]：一是国际型生产城市，直接为世界市场服务，致力于出口商品的生产的国际化或拥有大国

4　Sassen S.. The Global City: New York, London, Tokyo. Princeton University Press,1991.
5　Carlabbott. The International City Hypothesis, An Approach to the Recent History of U. S Cities .Journal of Urban History , November 1997（1）.

际企业的分厂。二是国际型通路城市，指历史上欧洲人进行海外定居的地区和殖民地的一些城市，如美国历史上的一些商业城市和19世纪欧洲扩张时一些殖民地城市都属于这一类。三是国际型交易事务城市，指向跨国市场提供专业技术、金融服务和个人服务的城市。交易事务型城市在经济信息、政治、组织信息或文化信息方面实现专门化。他制定了衡量三类城市的一个系列标准，其中包括衡量这些城市进行国际联系的标准、衡量为首的国际性城市的标准。他列表把美国纽约、华盛顿、迈阿密、洛杉矶、休斯顿、新奥尔良、旧金山及亚特兰大等城市在许多方面的指标进行了比较，如外国人口的出生、外国银行数量、外国旅游者、新移民数量、进口物质的价值、具有外国领事馆的数量以及与外国建立姊妹城市关系的数量等，经过比较，纽约成为美国首屈一指的国际性大城市。

瑙克斯（Knox，1995）提出，用功能分类可能更有用，他根据以下3个功能将世界城市分类[6]：首先是跨国商务活动，由入驻城市的世界500强企业数来衡量；其次是国际事务，由入驻城市的非政府组织和国际组织数来衡量；最后是文化聚集度，由该城市在国家中的首位度来体现，比如其与全国最大的次大都市的人口之比。

英国拉夫堡大学"全球化和世界城市"研究小组（GaWC）是全球权威的世界城市研究中心，他们创造了一种以数量方式研究世界城市网络的方法，其大多数研究是关于城市内部结构和城市间相同性的比较分析。这个研究小组的负责人拉夫堡大学教授彼得·泰勒（Peter

6 Paul L. Knox, Peter J. Taylor. World Cities in a World System. UK: Cambridge University Press，1995.

Taylor）认为，世界城市网络是在高级生产性服务业的全球化进程中，国际城市之间形成的关系。世界城市网络的形成被模型化为全球服务性企业通过日常业务"连锁"城市，而形成的一种连锁性网络，跨国公司是此连锁过程的代理人。一个城市融入世界城市网络的程度往往说明这座城市的国际化程度，也与城市未来发展前景相关。

进入 21 世纪，创意产业在全球勃兴，对创意城市的探索也风起云涌。究竟什么是富于创造活力和生命力的城市，英国学者查尔斯·兰德利提出了九项测度创意城市的指标：关键多数（critical mass）、多样性（diversity）、可及性（accessibility）、安全与保障（safety and security）、身份认同与特色（identity and distinctiveness）、创新性（innovativeness）、联系和综合效益（linkage and synergy）、竞争力（competitiveness）和组织能力（organizational capacity）。这些标准需要纵观经济、社会、环境与文化四个层面。而其指标如"关键多数"则会涉及经济、社会、文化诸多方面。无疑，每一个力图国际化的城市，都要在价值链上步步高升，以争取自身的核心地位，借此来控制出口和低成本活动，同时吸引研究与知识创造中心、总部、先进制造服务业，以及文化艺术创意等高价值活动，最终成为某种中枢。[7]

我国自 20 世纪 80 年代开始了对城市国际化的研究，但有关城市国际化评价的指标还主要集中在城市的基础建设方面。最早出现的评价是中国人民大学舆论研究所会同青岛市政府办公厅（1995）邀请 60 位知名专家学者参与对国际化城市进行的一项"特尔斐法"研究。

7　查尔斯·兰德利：《创意城市》，杨幼兰译，清华大学出版社，2009年版，第328页。

最终专家们选出了"最为关键的指标"五项（年资金融通总量、年人均生产总值、港口吞吐量、外汇市场日交易量、外贸转口额）以及其余十三项"基本指标"和"参考指标"等都集中在城市基础建设方面[8]。王书芳（1999）认为，衡量国际大都市的标准和指标可以从以下几方面选择：反映城市人口规模及构成的指标；反映城市经济综合实力的指标；反映城市经济结构和国际化经济功能与服务功能水平的指标；反映城市环境条件、基础设施水平和交通、邮电、信息业国际化水平的指标[9]。

随着城市现代化建设的不断推进和城市国际化理论研究的不断进步，城市国际化的评价指标开始出现城市现代化基础和国际交流并重的局面，如刘玉芳（2007）根据国际化城市的概念和判断标准，提出从经济发展、基础设施、社会进步和国际化水平四个方面综合评价城市的国际化程度。随着我国城市国际化程度的不断加深和理论研究的进一步加深，对城市国际化的评价也逐渐开始集中到注重城市的国际交流方面来[10]。沈金箴、周一星（2003）认为判别世界城市的指标可以从以下几方面加以综合考虑：国家和国际政治权力、跨国公司总部、国内和国际的贸易、全球金融机构、全球专业化服务、全球信息、全球消费、全球文艺、世界性活动、全球交通节点、全球制造中心、城市经济规模城市人口规模[11]。

8　喻国明：《建设现代化国际城市的基本指标体系及操作空间——来自青岛市建设现代化国际城市"特尔斐法"研究的报告》，《城市问题》，1995年第1期。
9　王书芳：《我国国际大都市的建设》，《中南财经大学学报》，1999年第3期。
10　刘玉芳：《国际城市评价指标体系研究与探讨》，《城市发展研究》，2007年第4期。
11　沈金箴、周一星：《世界城市的涵义及其对中国城市发展的启示》，《城市问题》，2003年第3期。

中国社会科学院倪鹏飞博士（2006）提出对城市的国际化评价方法，除了从城市经济国际开放度方面外，还应从城市人文国际开放度方面来评价。经济国际开放度用以下指标衡量：外贸依存度、外资占固定资产投资的比重、外企占城市总企业的比重。人文国际开放度则主要考虑：移民人口指数、外语普及率、外来文化影响度[12]。

二、国际上建设世界城市全球城市的新思路

在全球化的推动下，世界形势发生了重要变化，世界城市的发展产生了新的趋向。人们对它的认识也有了新的提升。

在最新的世界城市要素中，信息化成为世界城市的"神经中枢"。世界城市是全球信息网络的中心，信息技术带动和加速了物资流、人才流、信息流、资本流和技术流的集聚和扩散，其强度和速度超过以往任何时候，城市的综合功能进一步加强，形成产业分工跨越国界和产业体系区位分离的结构。信息化促使产业形态发生变化；信息化促使创新模式发生转变；信息化促使社会生活模式发展转变；信息化促使社会和城市管理模式发生转变；信息化促使城市的概念发生转变；信息化促成了传统社会向信息社会的转型。随着信息技术的深入发展和信息社会的加速到来，信息化将会无所不在，与经济、社会、文化各方面深度融合，成为引领变革的主导力量。

当今主要的世界性大都市都将信息化作为提升城市形态的基础性战略措施。纽约提出了"互联城市（connected city）"计划；伦敦在

---

12 倪鹏飞：《中国城市竞争力报告》，社会科学文献出版社，2007年版。

探索全球城市、世界城市的高端发展之路

远期城市规划中提出了发展"互联经济（connected economy）"目标；东京利用全国乃至世界信息中心的优势地位，成为战后新兴世界城市；新加坡提出"智慧国 2015"（iN 2015）计划，通过发展信息产业实现向世界城市的迈进。可以说，信息化、数字化、网络化成为世界城市经济社会的基本运行方式，成为世界城市软实力的重要组成部分。

在传统的现代化城市发展的模式中，城市的资源遭到极大浪费，生态环境往往遭到不同程度的破坏。在新的世界城市的发展中，各国高度重视节约资源，保护生态，关爱环境。生态平衡的宜居环境在城市发展中日益具有重要地位。追求低碳目标、循环经济与可持续发展成为建设世界城市的新的重要目标。

20 世纪末以来，随着文化产业、创意经济的兴起，文化日益成为城市经济的支柱产业，成为城市发展的驱动力。联合国创意城市网络的建立和迅速走红，成为城市国际化的强大动力。而独特的富于魅力的文化品格、城市形象和市民人文素质，也成为全球关注的中心，因而也成为世界城市获得最佳品牌效应的重要途径；文化多样性和宽容和谐的城市氛围，使得像巴黎这样的世界城市得到了更多的青睐。而优异的创业环境，高阶舒适的生活，文明的城市环境，也使得新加坡、悉尼、中国香港等国际城市成为吸引外来人才和国际人口的重要目的地。

在传统的现代性理念和国际城市发展中，经济发展占有绝对主导的地位，城市代表着财富的集聚、富人的天堂，代表着企业的驻地、商贸的中心。在城市的经济发展方面，如何在全球竞争中以自身主导的产业赢取成功，是城市发展的主要目标。所以，城市管理者们更关注 CBD、产业集聚区、机场、高新技术园区的发展。但未来的变化趋势是，城市功能由经济主导型或经济唯一型向综合平衡的更加社会化的功能转变；全球城市的发展更注重城市社会功能的开发，更注意解决城市的公共服务问题，防止社会分化，促进经济和社会的协调。

世界城市化的发展经历了"集聚—高度集聚—困境—分散"的发展过程。城市化初期，大量的人口向城市特别是中心城市聚集，当中心城市达到饱和状态的时候，曾出现一系列的重症"城市病"，如交通拥堵、生活成本日益提升、城市功能高度集中、地价飞升等。这使得城市居民的生活质量日益下降，导致了城市的分散化取向：城市的空间结构由高度集中逐步走向分散化结构。

世界城市发展的另一个趋势是都市圈的发展，特别是新兴国家的都市圈的迅速崛起，显现了都市圈发展的新的方向和特点。新兴国家都市圈在全球城市网络战略中的地位大幅提升，它对于所在国家的整体发展战略也具有重要影响。墨西哥城、里约热内卢、圣保罗等都迅速发展，新兴都市圈的发展潜力正在不断释放。

2008年10月，美国《外交政策》杂志、科尔尼咨询公司和芝加哥全球事务理事会联合发布了全球城市的排名，征询了萨斯基亚·萨森和维托尔德·雷布津斯基等学者的意见。《外交政策》杂志指出，这个排名基于对24个度量方法的评估，分为五个领域，包括商业活动、人力资本、信息交换、文化体验以及政治参与。这里特别谈到了信息交换在信息社会中的重要意义。文化体验也再次得到了强调，重新提出了政治参与问题。总排名里面可以看到，纽约、伦敦、巴黎、东京在总排名中居于前列。从分项看，巴黎在信息交换上是世界第一，伦敦在文化体验上是第一，纽约在人力资本商业活动和整体上都是第一。中国香港在人力资本和商业活动上居世界第五位，它在总体上也居世界第五。北京是总排名十二，但是在政治参与方面在世界上排名第七，是比较靠前的。上海在总排名上居第二十位，商业活动排名第八。

2009年10月，东京莫里会的城市战略研究所发布了对全球城市的一次全面研究结果。全球影响力城市指数排名依据69个个体指标分为六大类。这六大类是：经济、研究与发展、文化活动、宜居度、生态和自然环境、容易接近的程度。这里世界城市的标准设定又比过去的研究前进了一步，强调了"研究与发展""文化活动"的重要性，这是以前的世界城市评价中很少考虑的。特别是下面这几个方面，一个是宜居度，住得好不好，生态和自然环境怎样，人们是不是活得舒适惬意？是容易接近的城市而不是高压的城市。根据这样的排名，得出纽约依然是第一，伦敦第二，巴黎第三，东京第四，新加坡第五。中国香港排名第十。2014年该标准将"容易亲近的程度"改为"感性价值"，从安全安心、多样化、亲近感等角度，强调城市"非物质的价值"。在这一指标体系下，北京落在第十四名，主要因为环境和交通受到影响，但仍排在全球城市的前列。

2010年总部在伦敦的世界城市咨询公司Knight FrankLLP和花旗银行一起发布了对40个预选世界城市的调查结果。有四个参数，经济活动、政治权利、知识和影响、生活质量。而知识和影响、生活质量进入了世界城市考察的范围。按照这一标准得出的排名依然是纽约第一、伦敦第二、巴黎第三、东京第四，北京政治权利第九，中国香港排名第十四，上海经济活动优势排名第十九，这是2010年的排名。2011年公布的结果，北京排在全球第八位。其分析认为，由于亚洲城市经济成长十分迅速，亚洲城市，连带华人移民胜地多伦多与旧金山排名都有大幅度提升。这一指数报告同时预估，到2020

年时，金砖四国（BRIC）的大城市都将挤进世界十大城市，上海、北京、香港届时都在前五名之内。

这些国际上的相关理论讨论与实践运作都将为北京建设世界城市提供可资借鉴的经验，推动我们按照北京发展的现实去探索具有中国特色、北京特色的世界城市之路。

三、探索国际化城市的高端发展之路

建设世界城市是一个关乎国家和地区发展的复杂而长期的过程，需要从高层次上进行制度创新，形成日益完善的城市管理制度、经济制度、法律制度、社会保障制度，来为世界城市的建设保驾护航。因此，建设世界城市，必须首先关注国家总体发展战略和区域发展大局，以此为指导，确定城市发展方向。市政府的战略导向具有关键的决定性的作用。

目前公认的世界城市无一不对世界经济具有强大影响力，所以发展经济是构建世界城市的重中之重，主要包括如下要素：形成以核心城市为主的城市圈区位经济联合体；成为国际金融和贸易中心，关注外汇市场日交易量、外贸转口额、年资金融通总量、进口物质的价值、外国银行数量等；集聚着众多的跨国公司和财团总部或分部，国企总部，拥有雄厚的资本；建立了完善的市场经济体系，调整产业结构，第三产业高度发达，具有高效的综合服务功能，完善现代服务业中的财务、广告、金融和法律等服务体系。发展附加值较大的创意产业，以增加城市资本，提升城市价值；建设完善的产业集聚区，如中心商务区、高科技开发区等；关注消费市场，国内外消费总量等；

关注股票价值总量、房地产项目等所创造的价值。

城市基础建设是构建世界城市的物质基础，城市必须有现代化的基础设施作为保证。城市建设、城市布局、公共设施的建设都需要大力加强。另外，交通设施也非常重要，世界城市一定是世界交通的重要枢纽，所以航空、公路、铁路、地铁等都是构建世界城市的重要基础。通过测定城市港口吞吐量也可以看到城市经济贸易往来的总体情况。作为中国拥堵城市之一，北京的公共交通系统有待进一步改善。

社会人文方面要考虑外国领事馆数量、国际性机构数量、NGO组织数量、与外国建立姊妹城市的数量、高等院校数量、大型国际会展数量，和谐的社区文化与公共文明秩序、市民文明素质，以及城市的文化影响力、城市品牌的形成、外语普及率、外来文化影响度、休闲娱乐和公共艺术等。另外，还需要经常地开展国际科技、教育、文化、体育等交流活动。

当代世界，科技创新是城市发展的原动力，而城市的信息流动快慢是衡量其是否为世界城市的重要指标。构建的新型世界城市，必须高度关注高新科技产业和信息产业，关注通信传媒技术、信息网络技术、高新制造业技术，以及信息产业方面所需硬件设备的制造等。

世界城市需要具有一定的人口规模，又为人口之多所累，更重要的是需要注意人口质量，如人口学历比重、精英人才数、留学生数、新移民数量、外国人口的出生数、外国旅游者数量、农民工及流动人口数量。

世界城市还需要良好的自然环境、上乘的空气质量，并拥有富有特色的丰富旅游资源，提升市民的幸福指数等。

未来全球关于世界城市、国际化都市或世界中心城市的发展趋势怎样呢？随着东方城市逐渐兴起，西方城市相对式微，中国城市将对世界城市格局转移产生重大影响。而中国各个城市将不得不面临新型城市化的再思考。

2012 年 8 月 20 日出版的美国《外交政策》杂志 8/9 合刊封面文章以"未来城市"为题，发布了《2025 年全球最具活力城市排行榜》，对未来 15 年世界城市的发展趋势做出了预测。这个榜单由美国麦肯锡咨询公司推出。作者认为，在历史的任何时候，"城市"，从没如此重要过。如今，全世界有 600 个城市正在创造全球约 60%的 GDP。到 2025 年，这种情况依然不会有太大的变化，只是构成这600 个城市的精英成员会有很大的变化。在接下来的 15 年里，世界重心城市将从欧美向南转移，而在其中起着更具决定性作用的，将会是"东方"。文章说："这就是为什么我们制作出这张如此特殊的榜单，为 2025 选出最具活力的城市。"

文章认为，目前世界上排名前 600 位的城市对全球 GDP 总值的贡献度已达到 60% 以上，到 2025 年，这一比率将保持，但 600 强城市的名单会发生很大变化。2010 年，全球 GDP 的一半出自发达国家的 362 个城市。预测认为，到 2025 年，除了纽约、东京、伦敦、芝加哥等超级大都市，四分之一的发达国家城市将跌出全球 600 强城市榜单，被 96 个新兴城市取代，其中 72 个来自中国。在全球 75 座活力城市名单中，中国有 29 个城市入选，约占四成。上海摘得该榜单桂冠，京津紧随其后，广州名列第五。文章认为，中国的城市化正以前所未有的步伐推进，其规模是世界首批城市化国家英国的 100倍，速度则是其 10 倍。仅在过去 10 年，中国居住在城市的人口就从 36% 增加到近 50%。2010 年中国的大都市地区制造了中国 GDP

的 78%。如果这种趋势保持的话，中国的城市人口将从 2005 年的近 5.7 亿增长到 2025 年的 9.25 亿——这个增长数量比美国全部人口都要多。和中国城市竞相崭露头角不同，只有 13 个美国城市和 3 个欧洲城市入榜。分析称，由于欧美增长乏力，世界经济平衡将以前所未有的速度和规模通过城市化的进程由西方向东方倾斜。

文章也指出，城市的进化充满各种变数，进化的成功取决于领导人的英明决策、当地的经济形势、当地商人的努力以及运气。文章称，中国的房地产泡沫可能会破灭，中国的经济增长率会趋于平缓。不过，通过观测宏观经济局势，不论经济增长率是变缓还是加快，除非发生难以预料的灾难，未来的全球化大都市将大部分来自中国。

在 2014 年该报告的排名中，北京的全球排名由 2013 年的第十二名上升到第八名，跻身全球十大城市。北京强大的吸引外资能力和中国跨国公司的崛起促使其排名上升；越来越多的国际学校、博物馆和宽带用户也提高了北京的地位。

瞩目于世界城市 16 年间的高速发展和变化，上海社科院和社科文献出版社共同推出《国际城市蓝皮书》（2000—2016），[13] 将公认的世界城市研究权威组织——"全球化和世界城市"研究小组最新发布的世界城市排名，与其之前 2000 年开始的五轮排名进行对比，梳理出 2000 年至 2016 年世界城市发展演进的特点。

中国入选数量仅次于美国。据了解，入围的世界城市划分为 5 档 12 级，最高层次的是"全球城市"，16 年间并无变化，伦敦和纽约一直保持着领先地位。紧接着是世界城市，分三个梯队；然后是

---

13 《国际城市蓝皮书》，社会科学文献出版社，2018年版。

准世界城市。2000 年以来，中国的城市快速崛起。进入 GaWC 世界城市榜单的城市，从 2000 年的 6 个增加到 2016 年的 33 个。

2016 年入列世界城市的 33 个中国城市，呈现非常稳固的金字塔结构分布：北京、上海、中国香港、中国台北、广州为第一梯队世界城市；深圳、澳门、成都为第二梯队世界城市；南京、杭州、青岛等 12 个城市列为第三梯队；济南、高雄、昆明等 13 个城市为准世界城市。值得注意的是，自 2008 年以来，北京、上海和中国香港已稳定处于第一梯队前列，具备冲击更高层次 —— 顶级全球城市的条件。中国台北虽同处于世界城市第一梯队行列，但自 2000 年以来等级未有进一步的提升；而广州则在 2016 年首次进入第一梯队行列。第二梯队方面，成都的崛起尤为突出，直接从 2012 年的准世界城市等级进入世界城市第二梯队行列。由此可见，在未来第一梯队的世界城市崛起过程中，中国城市具有较大的发展潜力。

京沪港将上升到更高排位。《国际城市蓝皮书》指出，2000 年以来的 16 年中，2012—2016 年的跨越最大，中国新增 15 个世界城市，这主要得益于一大批中国的省会城市、区域门户城市踏过或跨越门槛，进入第三梯队世界城市和准世界城市行列。这些城市除东部的苏州、济南、福州、宁波外，主要是长沙、沈阳、昆明、太原、长春、合肥、郑州、南宁、哈尔滨、乌鲁木齐等中西部和东北地区的省会（首府）城市，进入世界城市榜单的中国城市空间分布更加均匀，中国融入全球化进程已是全域性的。

2017 年 10 月 30 日，中国社会科学院与联合国人居署共同发布了《全球城市竞争力报告 2017—2018》。分别对全球城市的经济竞争力和可持续竞争力进行了排名。纽约高居榜首，洛杉矶紧随其后，新加坡排名第三。中国排名最高的城市是深圳,排名第六位。而在前 100 名中,中国共有 21 座城市入围。下面排行榜 123(phb123.com)就为大家带来详细榜单(见表 1)。

表 1　中国上榜城市名单

城市	经济竞争力	排名	可持续竞争力	排名
深圳	0.9337	6	0.5761	35
香港	0.8873	12	0.6581	13
上海	0.8367	14	0.6110	27
广州	0.8346	15	0.5746	36
北京	0.8102	20	0.6708	11
天津	0.7866	23	0.4735	93
苏州	0.7644	28	0.4227	160
武汉	0.7310	40	0.4535	116
南京	0.7261	44	0.4845	79
台北	0.7232	47	0.5255	57
成都	0.6775	62	0.4315	148
无锡	0.6697	68	0.3553	268
长沙	0.6657	71	0.4125	173
杭州	0.6601	74	0.4125	101
青岛	0.6462	85	0.4202	164
重庆	0.6464	86	0.4545	114
佛山	0.6319	91	0.3805	221
郑州	0.6151	99	0.3824	217

中国顶级城市表现良好，整体竞争力水平提升迅速，一些强二线城市表现较为亮眼，除深圳进入全球十强外，香港、上海、广州、北京进入前20强，21个城市进入前100强，这反映了中国城市发展已经从"中心聚集"进入"扩散外溢"的较高阶段。

北京、香港、上海、深圳、广州、台北、南京、天津、厦门9个城市进入可持续竞争力百强（见表2）。

表2　可持续竞争力百强

城市	可持续竞争力	排名
香港	1.000	1
北京	0.989	2
上海	0.922	3
深圳	0.818	4
广州	0.770	5
杭州	0.738	6
南京	0.729	7
澳门	0.706	8
青岛	0.682	9
大连	0.681	10
武汉	0.677	11
宁波	0.663	12
成都	0.656	13
无锡	0.645	14
厦门	0.645	15
苏州	0.644	16
西安	0.630	17

探索全球城市、世界城市的高端发展之路

城市	可持续竞争力	排名
天津	0.611	18
烟台	0.606	19
重庆	0.604	20
舟山	0.587	21
济南	0.581	22
南昌	0.581	23
珠海	0.578	24
沈阳	0.571	25
长沙	0.564	26
郑州	0.563	27
绍兴	0.562	28

在 2017 中国可持续竞争力城市排行榜中，香港成为排名第一的城市，而北京与香港稍有差距，排名第二。北上广深占据了前五名。杭州实力不容小觑，排名第六。

平静地审视《外交政策》及各种排名的成就，我们也应清醒地看到我国城市发展中的一系列重大问题与困境。大量的人口向城市特别是中心城市聚集，人口饱和，出现环境承载力危机，一系列的重症"城市病"也已经出现，如交通拥堵、生活成本日益提升、城市功能高度集中、地价飞升、环境恶化、文化消弭、公民社会权益弱化等。这使得城市居民的生活质量日益下降，宜居度下降，幸福感缺失。

总之，文化是我国城市建设世界城市的最重要的资源和特点，社会和谐是建设世界城市最重要的保证，以人为本、关注民生是建设世界城市的出发点。北京之所以被联合国人类住区规划署评为世界上最平等的城市，源于长久以来北京形成的宽容博大的城市品格。因此，在建设世界城市的探索中，我国城市除了必须借鉴各个世界城市如纽约、伦敦、巴黎、东京的基本构成和各自的独特成就外，还要选择撷取最合宜的"点"来重新"合成"，如纽约的百老汇、伦敦的创意产业、巴黎的文化底蕴，创造一个具有独特品格的东方文化型的世界城市。

我们所要建设的世界城市应该是政治民主、制度合理、经济发达、基础设施完善、科学技术水平先进、信息网络通畅、高新技术人才聚集、生态环境良好的，对世界政治、经济、文化都具有强大影响力的，可持续发展的国际化大都市。

巅峰讨论：中外城市创意经济发展的路径选择

——金元浦对话查尔斯·兰德利（一）

查尔斯·兰德利　创意城市发展的国际权威专家

金元浦　中国人民大学教授，文化创意产业研究所所长

2015 年 12 月，上海交通大学人文学院特聘访问教授、中国人民大学教授金元浦与英国国际创意城市著名专家查尔斯·兰德利进行了关于城市创意经济发展的国际模式与经验的对话，下面是对话的第一部分。

金元浦：查尔斯·兰德利先生，我在 10 多年前就读过您关于创意城市的论述，后来见到了您的《创意城市》一书的中译本，此书在中国产生了很大的影响。也看到您在深圳等城市发表的意见，引起了城市研究者的关注。您的研究范围非常广泛，既有理论也有大量的实践，您做了大量的案例研究。一方面，您是一个创意理论的思想家，同时，您还是设计方面的专家，是成功的企业家。今天我主要想与您探讨中外城市创意经济发展的路径问题，想与您交流探讨城市创意经济发展的国际模式与经验。

查尔斯·兰德利：谢谢，我一直在做与城市相关的研究和工作。城市是非常复杂的，我的研究就是要更加近距离地研究城市的复杂性。毫无疑问，今天的世界是城市的世界，无论是它的应用基础设施，还

是软性基础设施及文化和宏观目标等等，都与城市的过去、现在与未来密切相关。很高兴与您探讨中外城市创意经济发展的路径选择问题。

一、创意城市的测度指标

金元浦：我想还是从您的《创意城市》谈起吧。按中国人的说法，我们是"神交已久"。10多年前我开始研究创意城市，曾发表过一系列文章（如2004年在上海《新民晚报》连续发表8篇关于创意城市的文章），也多次引用过您的文章。比如我曾引用您提出来的关于创意城市判定的九大标准或要素。这是我多年前发表的一篇文章中的内容：

> 进入新世纪，创意产业在全球勃兴，对创意城市的探索也风起云涌。究竟什么是富于创造活力和生命力的城市，英国学者查尔斯·兰德利提出了九项测度创意城市的指标：关键多数（critical mass）、多样性（diversity）、可及性（accessibility）、安全与保障（safety and security）、身份认同与特色（identity and distinctiveness）、创新性（innovativeness）、联系和综合效益（linkage and synergy）、竞争力（competitiveness）和组织能力（organizational capacity）。这些标准需要纵观经济、社会、环境与文化四个层面。而其指标如"关键多数"则会涉及经济、社会、政治诸多方面。第二条多样性也带着当今最新的文化诉求。无疑，每一个力图成为国际化城市的城市，都要在价值链上步步高升，以争取自身的核心地位，借此来

控制出口和低成本活动，同时吸引研究与知识创造中心、总部、先进制造服务业，以及文化艺术创意等高价值活动，最终成为某种中枢。

我想从这九大指标开始我们的对话。先从 critical mass 开始。critical mass 是测度一个城市是否为创意城市的首要指标。目前这个词的中文翻译是"关键多数"，按照中文，"关键多数"会被理解为处于关键位置的人群，但英文的字面意思是批判性群体。所以我想问问 critical mass 到底是什么含义，内涵是什么。

查尔斯·兰德利：critical mass，如果只有一个人两个人有一些想法，就不能构成有很大影响的浪潮，如果人很多，会聚成团体，团体内就需要协作。比如电影产业，有的人有创意，有的人有技能，有的人做发行；有的来自非洲，有的来自别处，他们会合在一起，就会有催化作用。比如时尚，如果有一大帮人推崇追逐，就会变成一种运动，比如在时尚之城安特卫普，就形成了一波一波的浪潮化的时尚。这将影响到一个城市是否具有创意品格。

金元浦：现在中文翻译成"关键多数"，变成了处于关键的位置的多数人群。所以意思不太一样了。我觉得，critical mass 含有创意城市是否拥有一批具有变革的批判意愿或观念的大众的含义。下面我们请教一下多样性（diversity）与可及性（accessibility）。

查尔斯·兰德利：城市是多种人群（族群、社群等）集聚的地方，也是多种文化交会的地方。人们来自哪里，是什么口音，做什么工作都有自己的方式和特点。我是谁，我从哪里来，我往哪里去，我会成为怎样的人，都是一个城市必须关注的。如何在多样文化中形成新的合作共处的形态？我认为理想的状态是 intercultural city，就是在不同文化之间交流、沟通，寻找共识，而不是各自独立、互不交流的多种文化。我主张不同的人在同一个城市生活，要一起创造新的城市自己的共同的文化，这是创意城市必须关注的。一个好的城市应当是具有独特品牌的，顺时而动、展现多种可能的，文化与人群是相互联系、连接的，城市市民是愿意学习的，同时，这个城市是富于灵感和韵味的。当然城市需要多样性，但前提是能够控制这种多样性。现在城市变化的速度太快，critical mass 会到达临界点。超过临界点，就会发生倾覆，会造成城市的冲突，破坏平衡。同时，人是多面体，每个个体也有多个侧面，正如一个作家所说，一个人应该有 6 顶帽子，这样那样的特征都需要。

金元浦：那么什么是 accessibility 可及性？您多次谈到了从 0.0 城市、1.0 城市一直到 3.0 城市，而 3.0 城市最主要的标志是由过去的 1.0 城市的基础设施的建设变成了现在文化的主导，那么在这种文化的主导中间，我看到您的九大创意城市的指标，其中非常重要的是参与性，就是多元化的文化容忍度，在这方面你觉得进入 3.0 城市对中国有着什么样的重要性？

查尔斯·兰德利：什么是 accessibility？在物理上很好理解，就是可以以一种或多种方式进入一个领域、区域、文化、人群，就好比打开门人们就可以进入了。我回答你的问题也是可及性的，就是能够达到、能够进入。城市在精神层面和文化层面都应该是可以进入的，人们是平等的，无论穷人或富人，一个创意城市要给每个人机会。

金元浦：您提到了 identity and distinctiveness 身份认同与特

色。这个理念中国学者在后殖民和文化研究中做过很多研究。您这里指的是什么？是社区层面还是……？如何看城市文化？一个创意型城市需要什么样的文化？

查尔斯·兰德利：每个人在城市中都会有自己的身份认同，它要求个人、群体、社区、城市等都要有开放性，能容纳各种不同的人群和他们的习惯、观念。让你在这个城市感到宽容、舒适、放松，有归属感，尤其是对个体的人来说。但这是一个良好的目标或方向，实际是现在的城市越来越大，实现共同的理念越来越困难。

金元浦：是的，城市即人。城市的核心和灵魂就是人，关注城市实际上就是关注城市里生活的人，关注大写的人，即人们——族群、社群、区域人群、不同年龄人群等。

查尔斯·兰德利：人文城市的发展首先需要文化的开放性。创意当然需要条件，这个条件就是我们需要有开放的心态。对于创造力、创意来说最重要的前提条件就是开阔的视野和开放的心态。当我们回到城市的时候，在北京我们也可以看到它面临的一个核心的挑战就是我们如何管理脆弱性。我不知道这个词在中文中会有什么样的意思，但是这就是脆弱性的表现。

金元浦：我也组织研究了当代世界各国城市竞争的评价与测度指数，并对中国建设世界城市（全球城市）——如北京——提出了我们自己的评价与测度指标。

二、创新创意是一种可再生资源

金元浦：中共十八届五中全会通过的《中共中央关于制定国民

经济和社会发展第十三个五年规划的建议》中，提出了五大发展理念。五大理念中，第一条就是创新，接下来是协调、绿色、开放、共享。"共享"和查尔斯先生特别谈到的"参与性"和"共同参与的多数"有一种什么样的异同？我觉得这两条在中国有更多的开放性，市场化的主导思路和进一步的共享及生态，这是今后的一个发展方向。

查尔斯·兰德利：创新需要好的环境。我曾经和法国政府合作，去做巴黎与其他城市的比较研究。为此我访问了很多人。我问他们：你为什么要去伦敦，为什么你不去巴黎？什么原因吸引你去伦敦？除了我刚才讲的那些吸引力之外，还有其他很多有意思的吸引力，他们说去伦敦之后创业非常容易，一天就可以注册成立一个新企业。所以伦敦的这种软实力，还有基础设施都是服务于产业与交易的，在英国伦敦交易非常容易。所有这些林林总总的原因使得英国的政府不用干预那么多。

而文化遗产是一种非可再生资源，如果遗产和创意这两者能够结合在一起的话，有时候就会产生有趣的成果。大家要记住，我们看的经典，也就是今天看到的遗产或经典的东西，其实在昨天，就曾经是一个创新。大家看一下巴黎的埃菲尔铁塔，当年它刚被建造的时候，就采用了很多当时工程上的创新技术。但当时的法国人对它仍然有很多尖锐的批评意见。今天我们看到在它旁边还有另外一个绿色大楼，大楼里也驻满了创新性的生态技术企业。所以我在巴黎看到这两个建筑物放在一起，觉得非常有趣，这是两个代表不同的创新阶段的经典。我们可以看到，埃菲尔铁塔是当年工程方面的创新，而这个大楼是今天绿色生态技术的创新。所以每个创新创意都是有它的前提条件和时代局限的。

金元浦：您的这一思想非常重要：您认为文化遗产是一种非可再生资源，而人的创新能力是取之不尽的可持续的动力源泉。因此，我理解，每一项文化遗产要想在今天继续发挥作用，都必须进行创造性的转化，以适应今天的大众，特别是青年一代的趣味与当下的需求。那么，您如何看待遗产、传统与创新创意之间的关系？您可是以"创意"知名于世的。

查尔斯·兰德利：人们通常会认为，如果一个人具有创造力，他要创新，他就一定会对旧的东西不感兴趣。事实证明恰恰相反，遗产以及过去的传统与创造力是很好的合作伙伴。我们都知道创新实际上是应该与文化的传承紧密关联的。新的创意，应该能够从遗产中学习得到。我认为两者之间的并肩前行非常重要。如在赫尔辛基，有一个大楼是之前诺基亚一个旧工厂的所在地，有八百多个工人曾在这里工作，但是在新经济中，在创意经济中，它已经转型成了一个包含设计创意企业、博物馆、时尚产业的中心，这里还有很多互联网设计和社交媒体的企业。而在很多年前，它还只是一个电缆工厂而已。

其实现在大家都知道，北京有"798"，在世界各地，还有很多城市也有类似"798"的地方。从中我们都可以看到这些旧的工厂被转型成创意经济的所在地，这是一种非常新的趋势。为什么他们选择对旧的建筑物进行改造，而非直接建设一个新的建筑物？一个著名的专家（杰贝克）说过一段很重要的话，他说新的想法需要旧的建筑物的支撑，或者换句话说这些旧的结构往往会给身处其中的人们以机会，让他们能够在这个旧的结构中进发出新的创造力。所以这就是文化与创造力、创新与传承传统之间的完美结合。

三、中外在创意经济发展上的路径选择

金元浦：当我们谈论创意世界时，中外在创意经济发展的路径选择上往往是不同的。中国作为后发的创意国家，文化产业、创意经济的发展是自上而下，由中央和各级地方政府来推动的。政府从顶层设计的角度提出来，在中国全面部署，来推动文化产业，推动创新、创意和创造活动。

查尔斯·兰德利：自下而上和自上而下有一个平衡的问题，主要看在一个时期内工作重点是什么。我个人认为，政府这个所谓的"上"应该主要是建框架，然后发挥一个推进器、催化器的作用。它不要事无巨细地去管下面到底怎么运行。自上而下可能要改一个说法，"上"的定位改成促进者、推动者，因为自上而下还是有一种控制的意味。其实从西方来看，过去就是自下而上，但它也可能是一种无序的，或者是随机的方式。我们更多的是需要创造一个好的市场发展的环境，让来自不同领域的人能够互相融合碰撞，产生新东西。我去了俄罗斯的一个地方，它是所谓俄罗斯的硅谷，里面都是一些老建筑。它有50个创意中心，但是这50个大楼都没有联系，大家各在各的楼搞俄罗斯硅谷创新，我觉得其实也挺有问题的。

金元浦：今天的中国已经进入新的阶段，已经努力将自下而上

和自上而下进行全面的对接，已经进入了一个真正的创客时代。在这一创客时代，有大量的创意集聚区建立起来，大量的创意工厂、创意实验室、创客空间、创意企业孵化器建立起来，真正形成了大众创业、万众创新的新局面。比如在中关村创业大街，已经有许多咖啡馆，比如车库咖啡、3W咖啡等，其实它们主要发挥着创业孵化器的作用。您怎么看待这样一些孵化器，您对这种现象有些什么样的评价和看法？

查尔斯·兰德利：我来过中国很多次，但是我对中国的了解并不深入，我还不知道这些地方的具体情况。但我要告诫的是，中国不要搞轰轰烈烈的形式主义。中国现在可能非常了解世界上最新的趋势，中国人做的研究领域和世界研究领域已经没有什么本质的区别，所以我觉得不要一说要搞创意产业培育，就建1000个孵化器，好像这样就解决了创意的问题。我认为这样可能解决不了问题。光建孵化中心还不够，需要深入创意产业链条全过程。其实我目前也没有找到更好的解决办法。

中国城市的确太大太复杂，如果要去关注中国城市的话，这些创意中心，比如说上海的创意中心，好像一个封闭的盒子，好像我们在城市里面修一个盒子，在这个盒子里面你只要进去了就能创造什么东西，你只要不进这个盒子就不是创意人才，没有创意能力，这是很成问题的。它有空间的局限性，外面的人进不去。我觉得创意更像城市里面的一只大章鱼，它的触觉可以伸到城市每一个角落。我可能没有直接回答您的问题，这个问题的回答思路我还没有理清楚。

金元浦：刚才我们谈到中国自上而下发展文化创意产业，建设创意城市的过程中，政府的控制力比较强，比如申请进入联合国创意城市网络，成为设计之都、音乐之都、美食之都等，政府都发挥了至关重要的作用，但现在已经有所变化。这个变化就是从过去的管经济到现在的服务于产业的发展，这个变化就是更加市场化，让市场发挥决定性的作用。其实在西方的文化创意产业发展中也存在着不同的发展模式。你看英国与美国就在发展模式上各有特点。据我们这些年与英国创意产业界的交流，我们觉得英国的创意经济、创意产业实际上走了和美国不同的一条道路。我们知道美国文化创意经济的市场化程度很高，它的整个创意经济发展奠基于版权经济和娱乐经济，发展中采用了比较完全的市场化的发展方式。而英国从前首相布莱尔上台，包括他的特别工作小组，以及伦敦市市长利文斯通，都采取了一系列的政府出面组织发展的方式，为英国带来了创意经济的 10 年辉煌。因此我觉得即使在西方的市场化发展中，英国和美国也有不同。但英国和中国倒是在政府推动市场化上有相同之处，当然也有不同。兰德利先生，作为一个英国人，您怎么看英国在创意经济发展的 10 多年间政府发挥的重大作用？我们看到英国政府的体育媒体观光部发挥了很大的作用，您怎么看它们之间的区别和变化？

查尔斯·兰德利：美国是高度市场化的发展模式，欧洲则更重视公众，虽然有一定的政府控制。其实美国、中国和英国表现了 3 个不同的维度，就是公共部门扮演的角色程度不一样。美国的版权经济与娱乐经济更市场化，中国可能政府更有权力，更多管控，英国则居中。如果让我来选一个国家，我会挑选荷兰，荷兰的公和私结合得非常好。当然由于英语语言是比较有主导性的，所以大家整体上都更关注英国、美国、澳大利亚这些传统的英语国家，而忽视了荷兰或者丹麦这样一些不说英语的国家的特点。

再回到您的问题，看看英国政府的作用。其实英国政府比较保守，英国创意产业实际上不需要太多管控，不需要政府干预太多。伦敦本身就是一个文化的旋涡，它把全球的人才自动地吸引到了伦敦。而英国的创意设计的研究生层次的教育非常强，它的教育方法不一般，国际上经常把德国的教育和英国的教育做比较，突出了英国教育对学生的创意创新能力的培养。英国老师总是要求学生去做独特的设计，去创造点什么，所以英国的教育很有吸引力，致使欧洲的精英都涌到英国去。欧洲的人员本来就是自由流动的，特别是欧盟内部的国家。英语是世界的语言，吸引了很多的人才，人才又推动制度和体系的完善。西班牙、意大利、德国，这些国家最优秀的精英都跑到英国去了，很好地促进了英国本身的文化生态系统的平衡。

金元浦：看来您作为英国人，还是对英国美誉有加。其实，过去的 10 多年里，从创意产业的理论到实践，我们一直在向英国学习。但是，我们看看布莱尔之后的英国创意产业的发展状况，您是不是有点过誉？

查尔斯·兰德利：我们都知道，北京人很为北京而自豪，我作为英国人为英国而自豪，特别是作为伦敦人为伦敦而自豪。我最近在英国参加了一个新书发布会，会上伦敦人都在大讲英国文化如何如何伟大，我就在心里想，你们肯定没有去过其他的城市。对于丹麦人来说，他们不一定喜欢伦敦，他们也许觉得伦敦很无趣。如果一个城市的创意产业不缺人才，那么政府就不用特别地去"管"。人才从世界各个城市涌入了伦敦，政府不用参与，布莱尔只要说我喜欢创意产业就行了，他其实不用干什么，这个市场会自行地发展。

金元浦：但是据我所知，布莱尔政府还是做了很多整体策划与推动的工作，特别是伦敦市市长利文斯通，在顶层设计和实践推动上做了很多工作。尽管很多英国人并不认同，布莱尔之后的两届政府也对创意产业不很感冒，视同鸡肋，但是无论如何，英国在最近的20年中，以其领先世界的创意产业给包括中国在内的世界各国提供了一个理念和实践的榜样，这是一个无可置辩的事实。

创意城市的 3.0 版本：中外城市创意经济发展的路径选择

——金元浦对话查尔斯·兰德利（二）

范式转换：全球城市发展中的文化的转向

金元浦：兰德利先生在我们国内产生很大的影响，你的研究范围非常广泛，既有理论也有大量的实践，特别是你作为一个策划咨询的专家。当然我们更关注你对创意城市的研究。听说你刚刚参加了联合国创意城市网络的会议，我们也很关注这个组织。目前中国已经有 7 个城市加入了全球创意城市网络，像北京、上海、深圳都成为这个网络中的设计之都，其他如成都、哈尔滨等也都以不同的特色，加入了这个网络。

21 世纪是全球城市发展的重要时期，在不远的未来，世界总人口将有 2/3 居住于城市。因此，对当下人类的城市生活的了解和体认，对未来城市生活的展望与规划，是全球关注的重大课题。世界各国人民的生活息息相关，与不同发展水平的国家及其城市的未来紧密相关。无疑，21 世纪是城市的世纪，是城市大竞争的世纪，是国际化大都市特别是世界城市之间大竞争的世纪，是世界城市作为全球经济社会中心并日益成为文化中心的大竞争的世纪。那么，在一个城市主导的世纪，你怎么看当代世界城市的变革？观念、思维、评价的标准是什么？建设、运营、管理的方式又是怎样的？

查尔斯·兰德利：我们都知道城市是非常复杂的，我们需要更加近距离地打量一下城市的复杂性。毫无疑问，城市的应用基础设施和软性基础设施都非常复杂，城市有着很多宏观的目标，也有更多细微的阶段性的、区域性的问题，这些都使得城市变得更加复杂。那我们大家都知道的一个核心问题是什么呢？欧洲、亚洲城市，尤其是中国的城市所面临的核心问题是什么呢？

我们可以更加近距离地去分析。大家都知道，世界经济是随着时代的变迁而变迁的，从农业时代到工业时代，再到知识经济时代，到今天大家都在谈论的创意经济时代，世界各国的城市一直在变动。今天，世界上的每个城市都在问自己这样一个问题，什么是你最大的优势？什么东西使得你与众不同？你最突出的独特性是什么？

金元浦：对于这个问题我十多年前做过一个研究。我认为，这就是当代世界的城市正在经历一种根本性的文化的转向。长期以来，国际和国内社会一直将发展主要看作经济的发展、GDP的发展、物质力量的发展。而文化则被视作可有可无的附属物，与发展无关，或与主体经济无关。但20世纪80年代以来，文化与发展的关系日益引起世界各国的普遍关注。世界经济的一体化、全球化，高新科学技术特别是信息与媒体技术的发展，使各国重新思考文化与发展，文化、经济、科技与发展的关系。越来越多的国家和民族认识到文化对当代社会经济生活的巨大影响和制约，认识到文化作为高端产业形态和先进生产力的发展的现实和趋势。

查尔斯·兰德利：是的，我们知道这样的转型对于城市里的人来说是影响非常大的。我们也知道很多发达城市都向经济价值链的上游去转型。当然也是在这个过程中，一些国家的制造业迅速发展起来。中国制造业就在这个过程中获得了很大的发展。大家去欧洲或者到美国去看一看，大家会看到，港口到处是中国商品的集装箱。在英国，大概有百万个集装箱从中国运来，而没有货物运回中国。今天的世界很大，但又很小，这是因为全球化带来了更多的联系。这就使得我们有这样一种文化，我们可以叫做全球文化。它有着很好的特征，但是有些特征也要慢慢去理解。

金元浦：对，当代世界的文化发生了巨大的变化，它已全面地影响到全球国家与地区的发展目标、竞争格局、制度形态和未来趋势。文化在经济全球化与信息时代面临重新定位，文化的繁荣成为未来发展的最高目标。因此，文化日益走向国家整体政策的中心。当代世界各国在制定其新世纪的国家发展战略时，都将文化作为最重要的因素来研究和考察，作为立国之本来进行部署。世纪之交文化的变革是当代最为重要的历史事件。

查尔斯·兰德利：更重要的是，对于任何一个城市而言，人是最重要的。尤其是年轻的一代，城市将会因他们而与众不同。现在，大多数的中小城市在丧失自己的青年人才。我们知道，全球许多城市的年轻人都离开自己的家乡去追求更高的理想。这无可厚非，但是我们希望他们能够回来。现在世界上大概有 50 个核心城市，能够从世界各地吸引人才，而使得其他 5000 多个城市相对处在弱势地位。城市今天都在想，我们的城市是不是能够更具有创意，是不是能够成为一个吸引优秀人才的城市。这既令一些人兴奋，又让一些人焦虑。对于中心城市来说，的确是让人兴奋的，有大量人才涌入；但是对于那些边缘城市来说，这样的现象让人感到非常焦虑不安，因为自己所在的城市由于人才外流导致了发展停滞等很多社会问题。

金元浦：你提出了一个很现实的问题：创意人才的培育、使用、集聚和他们的发展空间的问题。在当今世界全球化的环境中，创意人才开始在全世界城市间频繁流动，英语世界的流动更甚。因为不仅市场在寻求创意人才，创意人才也在寻找和选择最能够实现其价值和抱负的市场和环境，这是一个双向选择的过程。《指环王》总设计者约翰·豪在新西兰创作完成这部作品以后回到欧洲，到瑞士从事新的创作。我曾问他，如果中国邀请他来工作，他是否愿意？他表示，一个艺术家只要能实现他的艺术抱负，有更好的创作和制作环境，他为什么不来呢？

除了要考虑工作环境，还要考虑创意人才的生活场所。要对创造性阶层的生活进行更全面的观察。创意团队创意能力的培养和发展需要一种适合他成长的语境和氛围，需要一种环境和组织。当然，并不是所有的创造性都需要背景，创造、创意和发明总是"不择地而出"的"神来之笔"，但毕竟宽松、惬意、自由、舒展的环境更宜于创新、创意的发生和发展。

查尔斯·兰德利：如果我们来看一看整体的情况，我们可以看到这是一种城市发展范式的转移。在我们思考城市的时候，这种范式的改变，也就是说我们应该用不同的视角去看这个世界。所以如果一个城市想去参与竞争的话，它就需要有完全不同的设计，具有独特性。它必须要变得更加具有吸引力，它必须要能够满足人们的创业和发展的要求，它必须要变得更加舒适。这就是为什么在世界各地人们已经开始在认真地思考如何经营城市，如何改变一座城市带给人们的感受，如何改变一座城市的外观，如何改变一座城市让人觉得抑郁的氛围。最重要的是我们要更加关注城市里的人。

城市的升级：从 0.0、1.0、2.0 一直到 3.0 版本

金元浦：你来过中国很多次了，每次来中国感觉都不一样吧？

查尔斯·兰德利：我来中国有十次啦，青岛、上海、深圳、北京、西安、成都等等，中国的确有一些很有意思的项目，但问题还是在创意不足。中国的创意与欧洲的和非洲的、南美的很不相同，从根本上说，创意是一个内涵驱动的概念。就拿开放来说，中国人的开放与欧洲人和中东人的开放性是不一样的。中国有一些项目看起来很有趣，但我没有亲身参与过，所以没有切身体会。不像那些欧洲项目，我是亲身参与了的。我关注的项目都是要解决城市发展中出现的某个问题，然后我会去分析，写书写文章，做交流，目标就是和城市一起去解决它的某个独特的困难。但不幸的是我还没有直接参与过中国城市规划或咨询的项目。

金元浦：是的，你多次谈到了从 0.0、1.0、2.0 一直到 3.0，而 3.0 最主要的标志是由过去的 1.0 的基础设施的建设变成了现在 3.0 的文化的主导。关于城市你有自己不同于其他人的观点和提法。前面我们已经提到你提出的城市 0.0、1.0、2.0、3.0 的分级观点，你的这一分级有什么具体的标准或限定吗？通常，研究者都选择 1.0—4.0，而你却从 0.0 开始。

查尔斯·兰德利：城市 1.0、城市 2.0 和城市 3.0 的提法，是一个简捷好记的分法，就像我们平时说一二三——一二三是我们最容易记得住的嘛。这个提法表达了一个时间的变迁过程。而 0.0 是指过去的城市，即历史城市。像北京的紫禁城就是 0.0 版本的城市。再如迪拜，很多中国人将迪拜看作一个样板，但是我不这样

看，迪拜就它的物理性来说是非常老旧的一种模式。这里根本没有适合行人走的道路，它并不理解城市市民的感官的需求。当然，它的城市工程是非常了不起的，建筑非常奇妙。但是它却导致城市看起来像一口孤井，与外界没有更多的联系。这就是过去时代城市的0.0版本。

金元浦：是的。在一个飞速发展的全球化时代，信息爆炸，城市的发展、城市的品牌、城市的美誉度和影响力，都与信息是否通畅，与全球各地联系的广度与密度是否充分与密集相关。我的朋友英国拉夫堡大学"全球化和世界城市"研究小组的彼得·泰勒教授领导的全球权威的世界城市研究中心，就创造出一种以通过研究信息交流的数量的方式研究"全球化城市网络"的方法。泰勒就认为，世界城市网络是在高级生产性服务业的全球化进程中，国际城市之间形成的各种信息联系。世界城市网络的形成被模型化为全球服务性企业通过日常业务"连锁"城市，而形成的一种连锁性网络，跨国公司是此连锁过程的代理人。一个城市融入世界城市网络的程度往往说明这座城市的国际化程度，也与城市未来发展前景相关。其实说到底，就是哪个城市在财务、广告、金融和法律等四大信息方面接受的信息交换多，这个城市就越是全球中心城市。

那么什么是你的1.0/2.0/3.0版本？

查尔斯·兰德利：我所说的1.0城市是这样的。人们努力工作劳动，建筑楼房，住在现代的大楼里面。那是一种比较旧的思维方式。一个工厂、一个经销商，然后竞销到不同家庭中去。人们有艺术活动，政府推动和管理公共艺术，还可能有很多节庆活动。人们的生活紧张简朴。

但是打住！让我们醒醒吧，它不一定是我们生活唯一的方式，我们必须要有一个变革的计划，必须要有另外一种生活方式，我将它叫做城市2.0、文化2.0，我叫它软城市主义。它将城市与人的心灵联系在一起，它了解城市中人的感官、感受、情绪和心理生活。当我们改造城市时，人们设计和规划城市，抛弃旧的城市，规划变得更是一种顾问化的过程。经济2.0则倾向于建设很多科学园区，但这些建筑似乎是没有生命的建筑物，当我在很多科学园区里面工作的时候，大家都在问我能不能够给他们带来一些城市化的感觉，由于想喝点咖啡，也希望在这里自由地穿梭，有些这样的环境已经成了固化的形象。当然还有智慧城市，智慧城市也是城市2.0的一部分，它是更多关于互动式技术，人们也需要博物馆，但是我们知道对于博物馆来说，我们不仅要有馆长，我们还需要有人类学家，他们必须要能够思考怎么在2.0的模式中创造新的产品。除此之外，商业2.0也开始理解艺术对于商业的重要性。比如说在佛罗伦萨，有一家鞋店，这是玛丽莲·梦露光顾过的鞋店。鞋就是鞋，如何将鞋变得更为重要，他们说玛丽莲·梦露就穿这个鞋，于是鞋变得重要了，城市也变得更重要了。

金元浦：那么，什么是创意城市的3.0版本？

查尔斯·兰德利：城市3.0版本也就是我们今天的城市，即全球化时代处于世界网络中的城市。它不像2.0的城市，而是强调城市要更适宜于人的居住。它企图将村落的感觉与大都市的感觉进行综合，这是很有趣的，但是又是很困难的。你怎么能够创造出同时具有村庄的感觉又有大都市的感觉的大城市呢？

金元浦：我明白你的意思。3.0的城市也是生态的城市，环境优美的城市。在中国，我们开始明白绿水青山就是金山银山。良好的生态环境，是留给子孙万代最大的福祉。今天我们的城市现代化了，但我们还要留得住乡愁，留得住那份人文情感。这就是你讲的那个悖论：如何把发展与传统有机融合起来？

查尔斯·兰德利：3.0的城市拥有创意经济，它规模巨大，大在这里很重要，就像在中国，到处在争大争高。但是还不够，现在的3.0城市已经有了新的维度，有了云，城市今天的一切都在云中。还有移动互联网，云与移动之间的综合，大数据以及社交媒体在应用的世界中相遇，这意味着目前将这些东西综合在一起正在酝酿一场新的革命，我们必须要有一种破坏性的创新发展。

很明显，今天的世界已经是一个完全不同的世界了。而且它最终的表达方式，城市3.0是一个更开放的概念，任何人都可以参与到城市中来。城市和文化的3.0要求物理上有一些转变。城市整个经营方式发生了变化，和1.0不一样，当然我们不会完全摒弃1.0和2.0。我认为更重要的是，这里是一个有梦想的场所，一个充满神奇景象的世界，有很多奇异的空间，还有一个移动的办公室，这都是基于开放的基础之上的。

我们知道LBNB是一个没有酒店的酒店连锁，优步是没有出租车的出租车公司，我们处在分享经济中。我们不需要老板告诉我们什么是文化3.0，当然我们会最大限度利用起1.0和2.0，但是3.0的确有一个不同的氛围。

如何计量一个城市的创意水平和创造力

查尔斯·兰德利：首先怎么来计量一个城市的创意水平，或者说怎么去把握城市的脉搏。就像你们中医里面的针灸一样，要找到穴位。如何计量一个城市的创意水平总量，它有文化的、技术的、经济的、物理上的，怎么把这些综合起来进行总体计量。我们就想做一个对标计量。我们过去总是假装能够客观地评估这个事情，但其实我认为完全客观是不可能的。我们去计量一个城市，问的都是主观的问题，都是问大家你们是怎么看的，当然我们还可以看它的外部性，但其实起关键作用的是人们的主观判断。一个城市的成功和失败，不完全由它的 GDP 增长的数字来计量，也不能完全用经济指标来计量。因为一个城市 GDP 不高也可能在另外的方面很成功。比如说这个城市的生活环境好，大家住在这里就开心满足，这也是一种成功的表现。

金元浦：一个城市的人文环境怎样，越来越成为人们关注的重心。这些年各种城市评估的标准发生了很大的变化。以前世界城市或全球城市评价指数的确更多地偏重于经济数据，现在不少国家的评价方式更偏重于社会的人文的指标。比如美国《外交政策》杂志、科尔尼咨询公司和芝加哥全球事务理事会联合发布的全球城市的排名，是基于对 24 个度量方法的评估，分为五个领域：商业活动、人力资本、信息交换、文化体验以及政治参与。这里特别谈到了信息交换在信息社会中的重要意义。文化体验也再次得到了强调，并重新提出了政治参与问题。那么，你认为衡量一个城市的创意水平应该采取什么标准？

查尔斯·兰德利：我认为可以从三方面来考察。第一个是开放性、无障碍性、参与性。一个城市要想有创意，它必须是无障碍的，是开放的。比如说来自贫穷背景的人也得有机会去发挥他们的才智，所以这是一种体制的无障碍。另外还要有参与性，因为我们都知道，团体通常参与进来创造一些有意思的事物。另外就是它的人才发展水平，以及它的学习格局，这边有很多大学的老师还有同学，我们这个学习不仅仅是指大学，还包括职业的、专业的学习。老了之后基于兴趣的学习，非正式的学习，终生的学习，各种形式的种类繁多的学习模式。所以我特意没有用教育这个词，因为它是一种学习的格局，是一种学习的风景。

关键的问题是我说这个开放性，开放性并不是说不打烊的开放，我这个开放是指不要过度封闭，我们要成为一个对人说是可以的城市，不要凡是见到都说不行，做不了，行不通。第二个问题就是能不能够真正去支持这样一个有潜力的环境，公众的和政治的框架很重要，这个城市的政府是不是只管理不鼓励，有没有对那些有创意的人有激励的制度。这个制度的框架很重要，包括城市的、区域的、全国的政府，它能不能建立一个创造性的有利的转换机制。这个制度是服务于 1.0 的城市的，现在世界已经变成了 3.0 版本，你的制度还是 1.0 老思路，那就在 3.0 的世界当中行不通，那么有一些挑战肯定是解决不了的，这个不匹配。那么在中国的话，我们都会说哎呀先别做，这个创意不要太夸大，也不要创意过头，步子不要迈得太大，这是一种冲突。为了你真的想去发挥这个创意的行业，制度要跟上。

金元浦：要评价创意城市，当然要考察它的创造力或者创新力。

你所说的创造力的内涵是什么？

查尔斯·兰德利：在 18 世纪晚期的时候，我们已经听到了创造力这个词，从 20 世纪开始创造力和创意更多地被人们所提及。但是在提及这个词的时候，我们往往忘记它最初原本的意义。在欧洲我只是想要用不同的方式去说同样一个道理，在今天如果人们问我什么是创意城市呢，有时候可能会这样回答，一个创意城市是这样的一种空间，在这个地方人们能够成为最好的自己，十年前我可能不会用这样的表达方式，十年前有人问我的时候，我就会按我刚才发言中介绍的一样回答。有些词对我来说其实有着很深厚的含义，但是当每个人都爱使用这个词，大家将它用作一个口号的时候，它就被浅薄化了。我们需要深挖背后的意思，所以我想把这个问题提出来作为我们对话的主题去加以讨论。毫无疑问，创造力是一切的血脉，像我们的神经系统、我们的大脑系统，所以我很高兴看到这两位先生，很高兴看到你从这么严谨的学术角度对这个问题进行探讨。

金元浦：中国这几年来把创新、创造力和创新型国家、创新型城市放在总体战略的首位来推动。中国政府在我国经济面临下行压力的情况下，提出了"双创"概念，即所谓"大众创业、万众创新"。这就是激发全民族的创造力，改变中国几十年来科技发展的跟随方式，让更多的创新企业家、创意文化人进入市场大潮中去创业。这种"中国式创客"是把"创客"的概念进行了更大的转义、扩大与发挥，不是以小规模的或者某个个体的方式，而是以全体动员的方式，将万众创新、创意、创造——集中于创业。"中国式创客"出现的时间比其他国家要晚，面临的环境更复杂，承担的任务更重大。

那么，你认为衡量创意城市的指标还有哪些？

查尔斯·兰德利：第二个是战略的领导力。比如说市政府有没有重视这个事情，它有没有灵活性、敏捷度，它能不能够理解新生的事物。首先我们有一些战略上的核心思想、核心的原则，但是这个不能是死的，不能是僵化的，要有灵活性，是不是言出必行。我认为一个重要的核心思想就是要有信任。这种公共的部门、私人部门之间是不是有信任。私人部门是不是信任政府，政府信不信任私人部门，我认为这个也很重要。

第三个，怎么去吸引、积聚和利用企业家精神，是否具有探索性、创新性，融资的机制如何等等。要创造一个可以冒风险的、试一试的环境，容忍大家去尝试，去试错。另外还有非常重要的一点就是沟通。从 A（目标）到 B（目标）方便不方便。比如说每天在北京能开多少会？在北京只能办一件事。我在迪拜待了两个半月，在迪拜一天没法开三个会，除非大家都来找你，因为它的交通太麻烦。所以其实小城市很好，小城市一天可以开八个会，大家走到下一个会场就可以进行了。所以网络、沟通更重要，它需要效率。

金元浦：的确，"中国式创客"与发达国家创客的创新创业有所不同，中国式创客是政府推动的，规模巨大，当然失败率也挺高。中国需要进一步营造自由、宽松、开放、共享的创业环境，让市场发挥决定性作用。创业者也需要在实践中认识到创业可能失败的普遍现实，容许试错，容许犯错，容许再创业。所以需要大力保护创业者的创新精神和探索精神，真正实现中国原创力的大爆发。

查尔斯·兰德利：我们做这些评估工作的时候，发现最重要的问题通常和这种传统的城市规划、评估方面的观点不一样。它的场

创意城市的 3.0 版本：中外城市创意经济发展的路径选择

所建设是不是宜居，是不是有好的公园，是不是有游泳池，是不是有好的医院，是不是有体育设施，这些都很重要。但是我们在评估中，城市更应关注的是它的自信度。自信度本身是一个文化的问题。所以我们会发现城市的成功是取决于心理的一些要素，而不是靠这个城市的规划局、城市的设计师来实现。

金元浦：是的，社会和城市都在变化，我们要与时俱进，要重新思考我们的规则体系。在中国往往会"刮风"，比方前一阶段中国就有将近 200 座城市要建设国际化都市，贪大求洋，不切实际，盲目扩张，追求 GDP 效益。这在总体上带来了很多弊病。所以需要首先转变思想，进行制度的改革，更关注城市独特风貌、特色文化资源和一个城市的活力。

查尔斯·兰德利：另外我们要把这个问题反过来看，不要去问艺术设计创意它的价值是什么。我一直在思索这样的项目，我从来没有去算它们值多少钱。我就问他们，你们应该把问题反过来，就是不想创意的成本是什么。不要去想创意的价值，要去想不做创意的成本是什么。我想了好久才想出来一个结论，我花了 35 年时间才了解下面这句话：软就是硬，做硬太容易了，做软才难。这个和钱没关系，它和思维最有关系，它关注的是思维的模式。

金元浦：今天我们花了好长时间来听你讲解，我和我的学生们学习了你关于创意城市的理念，这些思考、理论和经验给了我们很大的启示。谢谢你，希望这种交流与对话可以经常进行。再次感谢。

查尔斯·兰德利：也感谢你，感谢各位。

创意产业：夜色朦胧中的美丽女人？

——基于当下中国与英国文化创意产业现状的讨论
——与菲利普·多德[1]对话

菲利普·多德：这两年来，创意产业在全球都发生了巨大变化，中国的变化最大最快，势头很猛。英国也发生了重大变化，尤其是英国政府的创意产业政策有了较大变化。

金元浦：是因为布莱尔下台后英国政府政策发生了变化，还是全球金融危机带来了变化？

菲利普·多德：有三件事情需要说明。第一，在创意产业中很难找到可靠的数据信息，因此在这些数据的基础上确立政策也是困难的。第二，正如我所说过的，虽然伦敦很成功，但除此以外的英国其他城市却存在很多问题。

金元浦：那么你说英国政府转变政策是因为拿不到可靠的数据而不愿对其进行支持推动吗？是政府对此没有作为还是确实没有办法？

菲利普·多德：我们很难搞清楚英国政府确切地在做什么，关键问题是很多中小企业在构建创意产业中遇到很多困难；加之英国的人口少，只有6000万左右，所以出口显得尤为重要。而在竞争愈加激烈的今天，出口也越来越难了。现在，英国首相更加关注生物科技。

---

1 菲利普·多德（Philip Dodd），原布莱尔政府创意产业首席顾问，英国BBC广播主持人，伦敦政治经济学院、国王学院等大学客座教授，多德创意机构主席。1998年作为英国首相布莱尔顾问来中国访问，自此与中国结缘。

英国一直以来将创意产业比作一个夜色朦胧下美丽的女人，大家都想娶她，而清晨醒来后突然发现她并不是想象中的那么美丽，因此就将注意力转向生物科技，因为在这个领域更实际，它有确凿的数据。

金元浦：我明白，这里的关键是高科技更实际，更能见实效，更能看得见抓得着。那么第三点是什么？

菲利普·多德：第三就是现在的英国政府政策的转移与变化。主导方针变化了，具体怎样做就会变。尤其在如何处理创意产业和教育的关系上立见区别。原先的政府对教育中的创意产业学科、学位补贴较多，即使学费高昂，但政府会承担一部分。但新掌权的政府不再给各相关学科以资助，这就产生了很大的问题。

金元浦：那么，关键是创意产业到底是不是昨晚那个漂亮的新娘，而今晨事实上不怎么漂亮了呢？

菲利普·多德：比较卡梅伦之前的两届政府，我看到，他们的观点不一。布莱尔认为创意产业这位新娘的确很美丽，而布朗认为生物科技更美丽。新政府想要回归金融服务业中。在英国，创意产业被当作拯救国家的一个重要途径，但其实只有伦敦和曼彻斯特的一小部分在全力推动英国创意产业的发展，好比中国北京和上海与三线城市的区别，我们对它们的期望值太高了。伦敦确实发展得不错，但伦敦不是全英国。

金元浦：是的，这使我想到中国的文化创意产业。中国的文化创意产业发展也是这样。如果说北京、上海、深圳、广州、杭州等中国一线城市文化创意产业发展良好的话，中国在中央号召之后就全国大动员，所有城市齐步走，都大力发展文化产业，因此出现不问需求、不问基础、不问条件一哄而上的局面。中国文化产业的发展不像西方是市场导向、需求导向的，中国文化产业的发展是自上而下，通过前瞻性规划在全国全面推动的。其实中国经济和文化产业最大的特点就是发展的不平衡。当北京、广州人均 GDP 到达 12800 美元的时候，一些西部的县市却只有 800 美元，差距是极大的。

昨天你提到英国的一个并不成功的例子——谢菲尔德市的创意产业。但是，在我看来，在布莱尔在任的 10 年中它的发展应该说还不错，我们也能听到英国人对它在工业、体育等方面成功改造的介绍。那么对谢菲尔德来说，你认为它的不成功是因为金融危机还是因为它先天就不适合发展创意产业呢？

菲利普·多德：除了伦敦和个别城市，英国创意产业一直都发展得不够好。这是有关城市规划的问题。谢菲尔德是一个较为边远的城市，政府规划中包括在本市发展创意产业、建博物馆、主办音乐会等等。但问题是人们没办法或不习惯到这个边远的地方去消费。应该说从一开始决策就没规划好。其次，谢菲尔德是另一个问题的典型案例，那就是政府在这里对创意产业的发展事无巨细，大包大揽。这在英国其他城市是不可能的。

金元浦：你提到规划的问题，我觉得是不是还有一个原因，就是像谢菲尔德、曼彻斯特这样的城市在产业转型时过早地在产业结构中消除了大量的制造业，这种消除在金融发展中是自然的，但现在看来，是不是不应该将如此大量的制造业加以转型和消除？

菲利普·多德：目前在英国确实有这样的争论：是不是过早放弃了工业？之前大家都是将各个产业分开看待的，但如同昨晚我讲到的，创意产业其实存在于其他所有产业的中间，制造业的发展有利于创意产业，金融业的发展也有利于创意产业，这样思考就会好很多。

创意产业：夜色朦胧中的美丽女人？

金元浦：利物浦这样的城市因为没有了工业和以往的港口贸易，所以衰落了，之后转型发展创意产业，类似的例子也不少。你认为转型效果是不是也不容乐观呢？

菲利普·多德：这个问题是系列性的。首先，这里有制造业，然后是创意产业，之后就放弃了工业，关键是要照顾各个产业，提供共同发展、多样化发展的空间。我相信现在所有英国人已经认识到这一点了。现在的关键是出口问题。中国不必一定要出口，因为通过鼓励国内消费就能发展。而英国太小了，只有出口才能发展，而在这方面我认为做得还不够。

金元浦：在制造业方面，英国在历史上曾经是出口最多的国家之一，是工业帝国，而今天不可能在这方面回到旧日的辉煌了。那么创意产业或金融产业可以作为实现出口目标的途径吗？如果不行，还有什么可以呢？

菲利普·多德：现在应该是一个混合经济的时代，我们不能单靠创意产业，单靠金融产业，而是要相互依赖。我对中国在这一点上很担心，因为中国政府将创意产业视为救命稻草，其实各个地方的实际条件相差甚远。应该像玩杂技一样，让每个部分都活动开来，看哪种类型更适合这个地方的发展。

金元浦：以英国的经验，英国在这种混合经济的情况下，与中国有很大不同。比如深圳，珠江三角洲有大量的制造业，现在制造业也开始升级换代，所以要发展"设计之都"，这个发展也是顺其自然的。英国已经走过这一阶段，要重新复兴制造业已经很难，因为制造业所剩无几，所以以创意设计为核心的创意产业对工业的发展也没有太大的意义。那么拥有世界级水平的工业设计、建筑设计等创意产业的核心，如何实现带动其他产业发展的目标呢？

菲利普·多德：虽然英国不造钢、不产煤，但仍有很多制造业，汽车、衣服等等，当然没有传统制造业的那种辉煌了。

金元浦：很多数据显示，像伦敦这样的大城市，有80%以上的产业属于服务业，而制造业只是散布在非中心城市的一些地区。那么有如下三种情况：一是一度没有了，现在又恢复了；二是发展像汽车这样的高端制造业；三是可能我们理解上有出入，认为由于创意产业，伦敦这样的大城市才会出现80%的服务业，这样的比重自然会让人认为制造业所剩无几，而实际上如果还有制造业，那么它们在哪？是不是在郊区或其他城市？是否可以说英国还是一个制造业占非常重要比重的国家？美国也是一样的情况，与中国不同，中国更多的是低端制造业。

菲利普·多德：一定不要将伦敦和英国混淆起来。在伦敦没有太多制造业，这种情况持续很长时间了，但在其他城市和城镇中是有的。如果将伦敦等同于英国是相当危险的。制造业在英国不是那么非常重要，但还是相当重要的。

金元浦：当中国以及韩国、中国台湾、中国香港、新加坡，包括越南，已经成为世界大工厂的时候，我们在考察时了解到美国的飞机、军火等制造业依然占有非常重要的比重，可以说英、美依然是世界制造业或高端制造业的大国，毫不逊色于中国这样的制造业大国。

菲利普·多德：不是的，中国可以说是一个制造业大国，但在英国有这样的争论，即是否应该保留一定的制造业。因为英国也面临来自其他国家的挑战，如果上海成为金融中心了，中国、印度成为创意大国了，那么如果英国只有创意产业，或只有金融业，那怎么与之抗衡？所以我们不能"金"鸡独立。现在有一个说法是分散风险，不能将赌注全下在一匹马上。拿德国来说，它依然是全球闻名的高水平的制造业国家，同属欧洲的英国就认为德国能做得到，我们为什么不可以呢？

金元浦：美国掌握一些低端制造业，但更掌握着飞机制造、航空航天制造、军火制造、汽车制造等这些高端制造业，实际上中国生产2亿件衬衫才能换一架波音飞机。

菲利普·多德：没错。这也是为什么中国需要更高端价值的生产。你比我更了解，中国人口正在老龄化，所以劳动力成本会比以往更高，所以中国政府将生产价值升级是正确的，但并不容易。

金元浦：难在哪里？以英国的经验来看，中国提升高端制造业会有哪些困难？

菲利普·多德：首先教育就是一个难点，先要培养有创意的人，其次是要将公共部门或国家部门与私营部门联合起来，但难的是这两个部门没有多少共同语言。最后是寻找市场，为产品找到合适的市场是最难的了。不幸的是，在中国很多人不购买创意产品。

金元浦：首先看你提出的第一个问题，教育问题。在中国整个发展过程中有很多来自农村的劳动力，但教育的结果是大家都不愿去做职业工人，技术工人反而成为最缺乏的人才。因此，技术工人的价值越来越高，据说一些技能性强的工人收入甚至超过白领，如数控机床的操控人员，月薪达到两万元，而刚毕业的会计师只能拿两三千元。这就显示了一个问题，我们看起来高端的服务业形态，目前是人员过剩，而制造业的技术工人却很缺乏。

菲利普·多德：这很像是一个英国政治家在说英国的情况。在英国的情况一样，受过良好教育的人也找不到工作。

金元浦：这是教育层次出了问题？

菲利普·多德：很难回答这个问题。因为所有的政府，英国也好，中国也好，都和人民签了一个合同，合同上承诺人民会过上更好的生活，可以得到工作，帮助孩子得到更好的教育，所以政府不可能对人们说，你不能上大学，这在政治上是不可想象的。

金元浦：那么是通过市场调节还是政府对教育的管理来改善这种现状呢？

菲利普·多德：可能在中国可以用这些方案解决。但在英国，有两大观点，一是需要培养一定数量的高等人才，因为从长远来看，英国的经济生存需要这些人，所以现在要忍耐目前的艰苦状况，如果不培养这些力量，英国就没有未来了。另外一种观点是，认为上大学的人太多了，应该有更多的人通过学徒式教育掌握技能，这同样是一个非常难解决的问题。

金元浦：在中国可以简单地将其分为三个层次：一是受过大学教育的人，以服务业、上层工作职务为努力方向，也包括一些来自农村的人，他们在竞争中获得更高的教育和学历和工作，可以改变生活；二是城镇中间大量从事蓝领职业的人；三是进城的农民工，一部分有技术，但大部分做的是技术含量很低的工作。这三个层次对英国也适用吗？英国大部分人受良好教育，而也有一批人在城市里从事蓝领工作，包括阿拉伯人、黑人、印度人以及其他亚洲国家的人依然处于受教育程度较低的状况，从事相对廉价的劳动。

菲利普·多德：现在情况有所变化，这样的少数民族大都在从事着比白人好的工作，除了非洲裔的，但确实从农村来的白人、黑人、印度人等从事的工作比较廉价。但相对中国农民人口的数量，英国农民的数量很少，所以问题也不那么明显。

金元浦：第二个问题是，英国一直是自由市场经济条件下发展的发达国家。同美国相比，英国政府对市场的干预是较多的，从创意产业到其他产业。在政府干预的过程中，利是什么？弊是什么？

菲利普·多德：从1945年以后，英国就成了混合国有市场经济国家，而1945年以前，英国采用的是自由市场经济。1979年后撒切尔夫人将市场全球化了，这个问题的回答有一个立场问题。有人说，政府介入市场后，由政府运营的经济部门的效率降低了，竞争力下降了。

金元浦：美国一直讲自由市场经济，英国与美国相比有什么区别？如果从1945年的转型来看，政府的介入不是代表自由市场经济退步了吗？

菲利普·多德：是有这种说法。对于撒切尔来说，肯定是这样的。但如果持另一种政治立场，也可以说政府的介入过早地削减了钢铁、煤矿等产业，而当我们看今天的德国时，他们并未停止这样的产业，反而发展得很好。如果政府想法不一，也就无法为经济发展设定一个具体日期：就不知道到哪天就该做什么了。

金元浦：中国正试图从完全的政府干预经济走向市场经济，尤其在当下，中国有部分人士一直在追逐自由市场经济，他们认为在这方面还不够，政府干预还是太多。现在英国在趋向计划经济，而中国在努力迈进市场经济，那么可不可以说二者正处于一个计划、市场主导比重相当的时期呢？二者有什么相似之处吗？我们一直在向英国学习，那么在现在这种情况下我们应该学习什么呢？是学习这次金融危机中的贸易保护主义，这种非市场经济方式吗？从某种角度讲，英国是大幅度退后了，开始对本国市场进行保护。而中国正想通过市场竞争的方式进入世界的时候，英美都做出了保护市场的举动，尤其是美国。

菲利普·多德：中国拥有一个巨大的优势。你们不必向英国学习什么，你们有一个庞大的市场，这是其他国家梦寐以求的。依我看来，中国的关键问题是能否刺激国内市场需求。英国无论怎么刺激，都无济于事，因为人口少、市场小，要想发展只能靠出口。这也许就是最大的区别，也是能够拯救中国的途径。但是中国政府必须解决好健康和教育的问题，这两个问题也是导致人们不愿消费的原因之一。因为人们对健康、教育有很多后顾之忧，所以总是买一些不得不买的东西，或把钱存起来以备不时之需。如果中国能在这两方面更加完善，那么人们就能更大胆地消费了。

金元浦：以我对英国的观察，利文斯通作为伦敦第一位市长，对创意产业的贡献很大，但伦敦西部的大部分"贵族"对他十分厌恶。这是因为伦敦西部的贵族对创意产业毫无兴趣造成的吗？还是有什么其他原因？再有，那些富有的伦敦人是认为没有市长的大伦敦政务院时期伦敦发展更好，还是有了市长更好？虽然利文斯通做了很多事情，但为什么这么多人反对他呢？

菲利普·多德：还是有市长比较好。利文斯通在创意产业方面确实做了很多贡献，他设立了伦敦发展局专门扶持创意产业。在开始的阶段，大家对他好评如潮，因为他为人们勾勒了一幅伦敦发展的美好蓝图，政治家都需要讲好听的故事给人们听。但后来，大家就开始不喜欢他了，因为他的所作所为好像要把伦敦据为己有，而人们不喜欢这样，而且不仅仅是西部的人们，应该说除了像我这样住在伦敦市中心的人之外，都开始不喜欢他。原因有很多，一部分是因为创意产业，也有人认为是他对穷人的扶持太多了，还有他太照顾少数民族，像黑人、亚洲人等，他的为人也比较傲慢。他的政策涉及很多方面，因此不能只用创意产业来分析他不受欢迎的原因。

金元浦：伦敦有了市长以后，那么多人反对，那么回到大伦敦政务院那种更自然的、不受管束的状态更好吗？

菲利普·多德：人们期待有不同的市长，而不是没有市长。

金元浦：有市长是大家公认可以的？

菲利普·多德：是的。一切数据都表明伦敦人希望有市长，当然这只是伦敦的数据。

金元浦：中国的创意产业有一个问题就是大多是自上而下的，往往是政府推动的，这和英国有相似之处。比如说，我们研究者提了很多年关于北京的创意产业发展问题，但最后还是要由政府全面推动。问题是不是政府干预得太多？我提出了一种理论，在当下，作为一个发展中国家，等待文化创意产业发展的条件成熟是有困难的，因此我也赞成政府做第一推动，这是"中国特色"；但是在最初的大力推动后，政府应适时而退，使其回归市场调节环境中。这是我们理想中的发展模式。我们有像北京这样的成功案例，但也有因为决策者的错误而导致不少城市发展困境的案例。那么你对中国政府的这种大量介入持什么观点？

菲利普·多德：首先我想补充一点，就是中国还是有一小部分创意产业是政府不加干预的，比如 798 艺术区，它就是自然生成后发展得很好的。

金元浦：是有一些，但大多数都是由政府干预的。

菲利普·多德：我要是有更多的智慧就能更好地回答你的问题了。就中国目前的发展，我认为政府做第一步的工作是正确的，这也符合中国的做事方式。据我所知，中国的北京、上海、广州、成都都是具备发展创意产业条件的城市，但其他城市就不得而知了。政府应该考虑的是，是否每个城市都适合发展创意产业，谢菲尔德就不适合发展。政府对此应有足够的智慧和理智来判断这条路能否走通。第二步我也同意，就是在政府敲开了这扇门后，就应该交给市场来运作了。那么市场需求则是至关重要的。没有需求，就没有长远的发展。即便政府给我钱让我买，这又能维持多久呢？

金元浦：我在英国时看到这样的问题，20 世纪 80 年代的时候，英国也叫"文化产业"，包括旅游观光业、体育休闲产业，还有唱片业等，后来布莱尔提出了"创意产业"，很多人认为他是坐享其成的人，但是现在的英国，创意产业又不包括旅游观光业、体育休闲产业等。因此，我们在研究中提出把文化产业和创意产业结合起来，叫作北京的文化创意产业，既包括文化产业又包含创意产业，尤其是一些新业态。你如何看待文化创意一体化的这种概念？

菲利普·多德：我认识在英国列出十三种产业的人，他说当时这个列表做得很仓促，但它一旦出炉就好像一种金科玉律的东西，不能轻易改变。我认为你是对的。

创意产业：夜色朦胧中的美丽女人？

世界城市网络与活力城市

—— 与彼得·泰勒[1]对话

彼得·泰勒：我们的对话就先从现代性开始吧。我们是现代人，现代性与以往传统社会的批判性不同在于现代社会平衡了经济与政治之间的关系。从历史上来看，在人类社会早期，无论是欧洲、美洲、非洲，还是中国、印度，所有的决策都是政治家完成的。在现代性出现以后，经济则提升到了同等地位，这使得现代性独一无二。政治把国家与国家分割开来，而经济是把国家与国家联系起来。但是经济状况会有起伏。在经济好的时期，经济的力量会超越甚至会削弱政治的力量，起到决定性的作用；相反，在经济衰败时期，政治对经济就有直接性的影响。经济提供短期投资，而政治给经济增长提供长期投资。

金元浦：中国和西方的发展是不同的。它们的不同在于，中国的政府、决策者在城市发展中具有非常重要的地位和意义。从某种角度来说，我们整个城市的改革，虽然有基层变革的要求和动力，但更关键的力量则很可能来自政府核心机构的决策和推动，并坚持执行，保证每一个决策得以实施。这就是我们今天上午谈到的话题。您上午说到，城市的发展是一个过程，并且一直处于过程之

1　彼得·泰勒，拉夫堡大学"全球化和世界城市"研究小组负责人与网络联合主管，英国皇家科学院院士，拉夫堡大学地理学教授，美国弗吉尼亚大学客座教授。

中。我赞成你的观点，但是我认为城市的发展存在着常态的发展时期和突变的飞跃的发展时期。常态的发展时期是自然状态的、有序的、人口和经济缓慢增长的时期。而突变的发展时期则是反常规的、跨越式的，充满了大规模变革的时期。中国改革开放这些年，就是这样一个充满巨大变化的转型时期。尤其是近十多年来，中国城市的发展进入了举世瞩目的城市化突变时期。这一变革虽然有一个自下而上的基础，但在中国特定的制度体系下，每一个城市改革的关键都是由城市高层决策者发挥着主导性的作用，即所谓"一把手工程"。城市化变革实际上是自上而下的一种过程。从策划、决策、推动发展、强化执行力，到最后城市发生较大变化，官员创立了"辉煌的政绩"。

彼得·泰勒：一个成功的国家能够处理好政治与经济之间互动的关系。我们用这个背景来看中国，对于当代中国来说，你们有自己的方式，从 1978 年以后，我们明显感觉到经济的力量比过去大了很多。当然与发达国家相比，中国还是一个政治为主导的国家。实际上中国在过去的十年中达到了经济与政治的平衡，尤其体现在中国的投资、基础设施建设、城市改革进程等方面。另外，我们一般趋向于把政治和经济区分开来说，它们是相互独立的，但其实应该将它们合在一起。所谓政治经济学谈的就是这一点。政治和经济更多的是一种交叉的关系。如果将二者分开，政府会认为它们自己比想象中的更加重要。

金元浦：中国的政治和经济确实是联系在一起的。中国改革开放这些年，邓小平确立了把经济放在首位，放在政治之前，经济发展是第一位的，这是一个中心；两个基本点是讲政治的，但这两个基本点也是为了经济发展。因此所有的政治也变成了 GDP 经济、GDP 政治、发展政治。所以这个政策实际上是为了经济，以经济为内容的政治。这是几十年来政治主要扮演的角色。

彼得·泰勒：这也正是与以往现代性不同之所在。现代化过程的方式是多样化的。共产主义也是一种现代性发展方式。列宁在 20 世纪 20 年代就开始尝试现代化，只不过是通过国家资本主义的方式。邓小平同样也是一个通过不同的道路实现现代化的发展者。所以当我们谈到是"政治经济学"还是"经济政治学"的时候，首先要肯定的是，名词部分比形容词部分更为重要。在经济上升的时期，我们更多地提到"政治（的）经济学"，因为经济更为重要，政治起辅助作用；而经济不好的时候，我们用"经济（的）政治学"，因为政治干预在这时对投资等经济行为十分必要。

金元浦：联系到我们世界城市的主题来说，你认为城市的发展与政治是否有很大的关系？中国几十年来的城市化运动在很大程度上是由政府和主要决策者的力量来推动的，这与它的自然渐进的过程很不一样。在中国这么长时间的计划经济过程中，如果我们等着它自然渐进到社会主义市场经济是很难的。

彼得·泰勒：这与我的观点有一定联系。城市是一个复杂的体系，复杂到不可能完全控制。如果你认为你已经控制了它，那很有可能你正在毁掉它。政策严格地规定城市的成长，以为成长就意味着成功。苏联政府控制莫斯科的发展，导致莫斯科提供就业的能力停滞。因此城市政府很重要，但城市中的基于小范围的多项决策是无法控制的。想想我们现在的世界，想想上海，目前有这么频繁的交易和商业活动是不可控的，如果真的去管控它，可能就会毁了它。

因此城市政府是很重要的，它着眼于长期发展，而市场的问题是只关注短期，所以单由市场来决定一切就有可能毁掉市场本身。政府的必要性在于它可以规划，但这并不完全适用于城市发展。我现在在成都也是在向这方面做努力。

金元浦：我上午也提到关于弗里德曼、萨森、科恩等人提出的测量世界城市指标的观点，他们从测量的角度衡量哪些城市可以进入世界城市。比如弗里德曼于1986年在《环境和变化》杂志上发表了《世界城市假说》一文，把世界城市的特征概括为："主要金融中心；跨国公司总部（包括地区性总部）；国际化组织；商业服务部门的高速增长；重要的制造中心；主要交通枢纽和人口规模"；[2] 萨森于1991年适时提出了全球城市（global city）假说。萨森认为，"全球城市在世界经济中发展起来的关键动力在于其集中优良的基础设施和服务，从而使它们具有了全球控制能力"[3]。她将全球城市的基本特征总结为如下四点：（1）高度集中化的世界经济控制中心；（2）金融和特殊服务业的主要所在地；（3）包括创新生产在内的主导产业的生产场所；（4）作为产品和创新的市场。你认为这些不是完全对的。那你能否详细说明为什么不赞同？

彼得·泰勒：分类与分类学不是社会科学家和科学家他们所研究的中心目的。弗里德曼强调空间等级体系，世界城市只能产生在核心国家。而萨森好多了，她已经认识到了城市的发展是一个过程。但是，她使用了"全球化城市"这个概念，那么就会有"全球化的"

2　Friedmann J.. The World City Hypothesis. Development and Change, 1986（17）.
3　Sassen S.. Cities in a World Economy. London: Pine forge press, 1994.

和"非全球化的"之分。但是她并未论及非全球化城市的问题。虽然彼得·霍尔提出使用过"全球化"和"非全球化"这样的概念，但我们更倾向于使用"正在全球化的城市"或"全球化进程中的城市"这样的概念。在对25个城市的研究中，我们没有提出一个硬性的指标，也没有掘出一条鸿沟来界定哪一个是、哪一个不是，从圣地亚哥到都柏林，没有这样的鸿沟。如果有，也是纽约、伦敦这样的顶级城市与其他城市的区分。相反，我们运用的是一条较为模糊的界限。我们的理论从萨森的"过程"中来，但并不是她所说的那个概念。因此，依我的看法，像中国这样的国家，绝不仅仅希望拥有一两个世界城市，而是希望建立起一个国际城市网络，尤其是更大城市的网络，而在网络中存在的并不仅仅是单个的城市。所以，我的团队主要通过城市间的联系来研究世界城市网络。

金元浦：但是中国发展得很不平衡，北京、上海的发展程度较高，成都属于中等水平，而西部等地非常落后。另外，在城市化的过程中，中国政治的重大特点是各个城市都要为自己的城市找到特点进行规划，在和其他城市互相竞争的过程中获得自己的中心或接近中心的地位。因此，每一个城市的领导者都在绞尽脑汁思考，我的城市怎样可以超过别的城市而成为更中心化的城市。这是中国发展的现实，每个城市都在努力寻找自己的强项，拉动经济，使城市得到高速发展，甚至在从规划到整个实施过程中采取非常规的跨越式发展手段，进行大规模的建设。

彼得·泰勒：有两个方面的问题。第一是，我们一直以来的工作任务之一就是寻找历史上的和当代的有活力的城市。在任何一个时期，一个城市都有可能从不活跃变成活跃，有持续的发展，但这并不是一成不变的。所以在历史上，有很多城市相当闭塞，但其实它们也曾经活跃过，不然的话就不会有这座城市了，可是后来它们就不求改变，长此以往，渐渐失去了活力。从我们的研究中也可见一斑。全球化也是这样的道理。举例来说，欧洲与中国之间的丝绸之路造就了许多重要的伟大的城市。但很明显，活力在这条路本土化之后消失了。闭塞的城市需要获得机会，从具有活力的城市中获得成长的机会。简·雅各布斯（Jane Jacobs）曾使用一种比喻，将城市发展比作爆米花机，如果一直有米花爆出，那么这座城市就是生龙活虎的，而机器停了，整个城市也就归于平静。这种爆发力就代表一个城市的活力。埃塞俄比亚也是一个很好的例子，多年前，埃塞俄比亚是信奉基督教的，但后来受阿拉伯帝国的影响，阿拉伯人割断了埃塞俄比亚在印度洋上的贸易，埃塞俄比亚的城市也渐渐失去了活力，整个国家也开始变得贫穷，尽管它也曾经富有过。

金元浦：目前中国的问题是，无论是大型、中型还是小型的，几乎每一个城市在总体发展中都在爆发，它们处在爆米花的"嘭"的那一刻。中国的城市化率从过去的 10% 上升到 50%，正处于这种爆发当中，这和欧洲有很大不同。面对中国现在这种"活跃"和"爆发"，你觉得这其中会暗藏什么样的危机？比如说"千城一面"的现象，由于大家都往一个方向发展，所以都发展成了一样的城市。

彼得·泰勒：你说的最后一点很重要。很多城市在同一时间快速发展这种情况在历史上也有过，像 17 世纪的英国北部，18、19 世纪的美国等等。但在中国这是前所未有的，所以也没有人知道该如何面对。也没有任何鲜明的理由表明我们应该立即停止现在的发展或去继续支持这样的发展。"千城一面"这个问题很值得担忧。人们趋向于模仿成功的典范，比如伦敦和纽约，世界上有很多小伦敦。中国有可能被模仿的是像上海这样各方面发展得比较好的城市，当然，如果成都、哈尔滨发展得好的话也会被模仿。有证据表明欧洲的城市也越来越相像，主要表现在它们的就业结构相似性方面，这令我很是担忧。

金元浦：从现代性研究中的发展和速度的关系来说，中国受西方的一些观念影响，认为速度是非常重要的因素，使得中国现在成为最忙碌、最辛苦的国家，速度被我们看作经济的生命线，保持发展速度也成为国家一个中心的经济政策。虽然我们也在做调整，但对于速度的"神化"，对于发展就是经济发展，就是 GDP 发展的这种"神化"实际上一直在延续。

彼得·泰勒："商业""business"就是从"忙碌""busy"这个词来的。所以发展商业肯定是要忙碌的。我想说明一点的是，每次我来中国，我都能看见一个列表，上面列着"什么什么之城"，比如成都要建立"花园之城"，我对此很感兴趣。所以虽然每个城市都在快速发展，但每个城市也都尽量使自己与众不同，这是很积极的现象，同时也是政府为了突出不同城市特点所采取的积极政策。

彼得·泰勒：我有一个问题。中国城市是自己来宣布命名还是由中央政府来决定？

金元浦：凡是可以进行全国性比较的，都需要有相应机构来认定授予，比如历史文化名城、文明城市等；但如果是突出自己品牌特色的，就可以自行命名。比如成都就说自己是"一个来了就不想离开的城市"。现在来说说发展观的问题。拼命发展、追求速度、追求

GDP，在这个过程中人们的平稳的生活被打乱了，欲望被激发出来了，人们希望获得更多的物质利益和物质享受。这种无限制的发展与我们中国传统文化的发展观念相去甚远。传统观念追求人与自然的和谐，天人合一，与自然为友，过舒适、平静、安逸的生活，而不是现在这种物质极大丰富膨胀的生活。那种传统生活方式引起了现在很多人的向往，可是现在那种生活反而成了富人才能享受的奢侈生活。比如有钱人住庭院式别墅、四合院，而四合院是容积率较低的住宅，所以成为富人享有的特权。

彼得·泰勒：和谐和物质主义的存在在现代性中是相对新鲜的事物，它出现在宗教的复苏和世界政治中。现在全世界的范围内都出现了一个潮流，就是人们在追求物质之后开始归于宗教。不是在中国，也不是在西方，而是在伊斯兰国家，现代性受到了挑战。即使在伊斯兰国家，虽然人们的穿衣习惯还是传统的，但依然追求时尚。记得时尚是什么，时尚就是增加消费的一种方式。但是在不现代的时代，人们追求物质的时尚，但同时也追求实用性。时尚引导人们增加消费，这就是生产、消费。近二十年中，宗教发展如火如荼，很多宗教，比如印度教，都再次发展，但是这些力量完全不足以改变现状，只能引起一小部分人的生活方式的改变。还有一个人们比较反感的问题就是政治的过多干预。

金元浦：现在回到你们所致力于的全球城市网络的问题。中国国内有人与我有相同的质疑，你上午讲你们世界城市网络研究选择公司从五个方面来进行测定。我所想知道的，第一，信息化城市是通过什么来检测的？第二，低碳的发展指标通过什么来表现？第三，创意城市通过什么途径来表现？第四，城市与城市之间、新城与旧城之间差异很大，文化要素如何体现？第五，交流、交往、NGO 这些社会性组织的完善程度如何表现？这五个方面如何成为你完善测量系统中的要素？

彼得·泰勒：我们曾提出活力城市的概念。我们所寻找的有活力的城市肯定是有创意的城市。当然没有网络等现代化设施、没有高科技也不可能成为活力城市。在研究中，无论是城市内部的还是城市间的联络，我们都运用了传播学的理论。举一个例子来说，人类自古以来都是生活在由 150 个人左右组成的小群体当中。从某种程度上讲，我们现在仍然生活在这样的小群体中，比如网络上交往的朋友群体，也差不多有 150 人。在最初，这是一个 150 个人的小群体，然后就出现了城市网络。最初的那个小群体很少与外界进行沟通，就好像现在的人猿，它们有自己的圈子。突然间，交流的程度就变成了另外一个世界。在城市出现之后，在一个小城市中，交往范围扩大到 7000 人。想象一下，有多少这样的小群体，在群落内部以及群落之间又会发生多少沟通，那么城市与城市之间互相带来的信息交流量以及潜在的联系，肯定不是几倍，而是成千上万倍的爆炸式增长。这是城市之间有无交流、联系、网络的很鲜明的对比，也是为什么现在的人在很多方面远远超过了前人的原因。小群体之间的交流和城市之间的交流完全不是一个层面的。

金元浦：通过研究这个项目，你觉得在你去过的中国城市中都有什么样的问题，未来的危险在哪里，有什么困境。首先是中心城市，其次是最中心的像北京、上海这样的城市。

彼得·泰勒：我去过的北京、上海，还有很多城市都有严重的空气污染。当然，这是一个普遍的问题，在世界很多其他城市也有，洛杉矶、墨西哥城等等很多。但是很明显，这是一个现代社会发展缺乏可持续性的问题。所以一旦社会需要进行经济扩张，需要就业机会，另外两个因素就不为人们所重视了。一个是产品的分配，包括养老金、健康服务等；另外一个就是可持续性。西方曾在曼彻斯特做出了一个很糟糕的示范。作为英国工业革命的基地，曼彻斯特曾面临相当严重的污染问题，如果全世界都变成了曼彻斯特，那全球变暖等问题也就不足为奇了。因此我们一直在追问，现代性中的政府是否从建立之初就是微弱的，并且彼此分隔的呢？我们的世界不是一个王国，而是由不同国家组成的，那就不可能有全球化的政府，也不可能有任何全球化的决定。那么各自为政的这种政治体系有可能解决现在的全球可持续性危机吗？看来不行。所以当我看待中国的城市时，我也在想其他城市，它们都很相似，包括曼彻斯特，在160年前，欧洲制造了上千个曼彻斯特，都是不可持续发展的例子。政府缺乏强有力的政策支持，当然这不是中国政府不能解决，或者英国政府不能解决的问题，因为如果美国不同意，或者中国、印度不同意，都没有办法解决。因此其实我们需要一个全球化的"帝国"，一个可以为全世界做主的王国。

金元浦：在你的城市网络的标准中放入了以上三个要素中的哪个？

彼得·泰勒：我们不太关注生产方面，但有一部分是关于分配方面的，而且现在和未来趋向于更多关注可持续性发展。我们目前没有相关的模板和研究项目，但是我们的注意力已经开始转移。在三年内我们会在网络上开始进行吧。

建设世界城市：这是一个中国式的问题

—— 与本·戴鲁德[1]对话

在全球化背景下，随着中国经济社会的高速发展和中国城市化的快速推进，建设国际化城市成为中国近 200 座城市未来发展的目标。而北京、上海、广州、深圳等城市也提出或趋向于建设"世界城市"或"全球城市"。在中国，建设全球化城市存在一种现实化的实践的需求，它是打破原有城市框架与局限，重新规划、设计城市新的格局的需求，是城市急剧扩大、功能升级换代的需求。但这一发展道路与西方发达国家的不同，是具有中国特色的城市国际化的发展之路。

设在英国拉夫堡大学的"全球化和世界城市"研究小组是全球权威的世界城市研究中心，他们创造了一种以数量方式研究世界城市网络的方法。其大多数研究是关于城市内部结构和城市间相同性的比较分析。本文对话专家本·戴鲁德是这个研究小组的重要成员。这个小组认为，世界城市网络是在高级生产性服务业的全球化进程中，国际城市之间形成的关系。世界城市网络的形成被模型化为全球服务性企业通过日常业务"连锁"城市，而形成的一种连锁性网络，跨国

1　本·戴鲁德，比利时根特大学教授，英国拉夫堡大学"全球化和世界城市"研究小组重要成员。

公司是此连锁过程的代理人。一个城市融入世界城市网络的程度往往说明这座城市的国际化程度，也与城市未来发展前景相关。GaWC 研究小组提出了用现代服务业中的财务、广告、金融和法律等四大产业来区分城市的地位和作用，划分全球城市的方法，并运用与实际监测。据此，他们列出四大产业全球排名前几十位的跨国企业，考察它们子公司和分公司在世界城市的分布情况，根据公司个数的多少和信息化程度将世界城市划分为 3 个层次：10 个 Alpha 级城市、10 个 Beta 级城市、35 个 Gamma 级城市。

对话与沟通讨论是当今城市研究的重要方法。二位学者就世界城市的相关问题进行了深入交流、对话和沟通。下面是他们的讨论。

赞成与反对：建设世界城市的必要性和必然性？

金元浦：这次你参加北京世界城市论坛，听取了各方面的发言和其后的提问，你也许能够感觉到，在中国，各界人士对世界城市的看法实际上有很多不同意见，并不是都认可像北京、上海、广州、深圳这样的城市去争取或建设世界城市的看法。你怎样看？欧洲有很多市民拥有很强的公民自主意识，他们不想把城市建设得像纽约、伦敦一样，他们认为他们的生活、环境等是他们熟悉的习惯的方式，他们不愿意变动。中国也有一些人持这种态度。你认为中国北京、上海建设世界城市是否具有必要性和必然性？

本·戴鲁德：首先，我认为没有什么事情是唯一的、不可更易的。这要看中国自己怎样决定、怎样抉择，对此我倒没有发言权。今天上午嘉宾的演讲和主持人的介绍给我印象比较深刻，我感觉到这其实是一个整体愿望的问题。北京不想成为第二个纽约，而是要成为中国化的城市。我从三个演讲中能体会到中国想要建设中国特色的，而不是第二个伦敦或纽约的世界城市。我不大确定这个想法是不是所有人都认可。西欧的社会科学认为城市的发展是一个纯资本主义的事情，而欧洲的社会科学是比较左翼的，也不会有人关注是否要建设世界城市这种讨论。而有意思的是，中国将此话题视为非常重要的事情大加讨论，这的确是"中国特色"。在中国经常会谈及美国纽约这样的城市，而对于欧洲来讲，却很少使用美国作为范例，因为美国人在欧洲人眼中是一个负面的、愚蠢的形象。不过纽约可能是一个例外，因为它具备欧洲的某些味道，有更开阔的思维。

金元浦：在中国建设全球化城市存在一种现实化的实践的需求，不仅仅是社会科学的理论研究课题。我们过去对批判学派、法兰克福学派、阿多诺、霍克海默等社会学界的人是非常熟悉的，也从过去的那种理论转到现在更具建设性、建构性的理论上来。在20世纪90年代初期以前，中国的知识分子，像我们这一代人，大多持与法兰克福学派相同的社会科学的左派观点。但在那之后，我们发生了很大的变化，即知识分子日益介入实际的社会建构中，尤其是在中国特定的转型时期。他们希望通过自己对社会建构的设计，使社会变得更美好。这个研究领域更实用，更具有现实性，而不是在高处空谈。因此很多知识分子和高校的学者与政府间建立了一种合作的方式，即借鉴现在的美国和欧洲，建立社会发展的"智库"，为当下社会发展做些事情。在中国，智库的人数增加得很快。当然有些赞同市场化，有些赞同制度化，总之从事实践性研究的人数量越来越多。中国借鉴了许多欧洲政府"智库"发展的经验，包括 NGO 组织，有更多的人介入这种研究中来。在建设世界城市的问题上，中国有独特的国情，政府是最大的推动力量。

回到我们的论题，上午你也看到，在建设世界城市的过程中有一个重要的问题，就是管理者的思路和实际生活中的市民的思路总是不一致，你怎样理解这种紧张的关系？是不是越民主，世界城市的建设越没有可能？

本·戴鲁德：当然是越民主，做一个统一的决策就越难，但是要自由民主并不是要停止规划。说到民主的确比较复杂了，它涉及民主是好还是不好的问题。欧洲现在很多人在与中国相比较时，也会将中国视为榜样，因为只要政府决定了，那么民众就会开始行动。不像欧洲，无论政府做出什么决定，总有很多人是反对的、不满意的。欧洲 150 年的民主和立法并不是很复杂，每一个公民都可以参与决定或终止一件事情。当面对建设世界城市的时候，自然就会产生很多问题。昨天晚上还看了一则数字报的新闻，是关于欧洲一个小城市扩建的提案，可以看出，管理者提出一个规划后，可能会有若干个社会组织和若干公民出席法庭，阻止整个程序，如果要大家都通过的话可能要等上 10 年，或者更长。因为制造阻力的方式方法太多了。当然这只是一个小城市的扩建问题，但在世界城市建设问题上也是一样的，在欧洲会有很多人反对建设世界城市。而在中国，这种阻止的可能性就小一些。在欧洲建设世界城市的难度其实不是民主的问题，而是个人主义的社会，人们遇到问题时首先考虑的是自己。举例来说，在西欧和美国有一个很著名的观念——NIMBY，意思是"Not In My Backyard"，这是一个形容新发展计划受到该区或邻近地区居民反对的贬义词。人们都认可全球化的城市建设及其好处，但是一旦这种建设危及他们的个人生活，就不同意了。就如同人们都喜欢快速列车，但轨道必须建造在离他们20英里以外的地方。

金元浦：看来这种情形在各个国家都是一样的。另外，从城市化城镇化发展的速度和决策力角度来说，中国可能是一个好例子，但从另外一个角度来看，中国的快速发展也成为西方媒体反复批评的内容。你对此怎样看待？

本·戴鲁德：这个问题太尖锐了，我只想表达一下我的个人观点，不想让其他人认为我在这里批评谁。事实上，从经济发展的角度来看，中国的快速发展和建设没有问题。很多人都说中国发展快是好事，因为这种观点至少说明经济结构有所不同，效果不一样。比如欧洲的经济就不能与中国的经济相提并论。所以很多人对中国的发展持积极的态度，并且通常的观点都认为中国只要发展好了，对我们也有好处。中国改革开放后，确实有更多的欧洲产品出口到中国。中国越发展，地位就会越重要，那么需要解决的事情也就越多。

建设世界城市有标准或评估方法吗？

金元浦：现在让我们进入另一个问题。我今天在发言中阐述了在不同层次上进行世界城市的建设的标准或评估要素，最初都是以经济要素为主的观念，后来不断加上了其他因素，比如市民及民生保障、生态与环保，近年更多地强调了文化的要素、体验的要素、信息的要素等等。国际上建设世界城市的主要指标有不小变动。文化因素在城市发展中的作用越来越重要，文化创意在世界城市中的作用与地位日益提高。文化创意体现了世界城市主题文化的精髓，是促进世界城市实现产业结构不断升级的助推器和催化剂；也是现在和未来较长一段时间范围内体现世界城市全球价值的有效工具和载体。世界城市过去主要依托世界经济网络和周边城市体系两个载体，主要体现在管理和控制两大作用，创新是永恒的主题，文化是持续的力量，资本、人才和技术的有效集聚和扩散是确保世界城市两大作用高效发挥的两大载体，而国际金融、文化创意等持续创新的新业态，又是体现世界城市的全球管理和控制作用的有效工具。

与你的研究方法不同，2008年10月，美国《外交政策》杂志、科尔尼（A．T．Keamey）咨询公司和芝加哥全球事务理事会联合发布了全球城市的排名，征询了萨斯基亚·萨森和维托尔德·雷布津斯基等学者的意见。《外交政策》杂志指出，这个排名中基于对24个度量方法的评估，分为五个领域，包括商业活动、人力资本、信息交换、文化体验以及政治参与。这里谈到了信息交换在信息社会中的重要意义。特别是文化体验也再次得到了强调，重新提出了政治参与问题。总排名里面可以看到，纽约、伦敦、巴黎、东京在总排名中居于前列。从分项看，巴黎在信息交换上是世界第一，伦敦在文化体验上是第一，纽约在人力资本、商业活动上和整体上都是第一。香港在人力资本、商业活动上居世界第五位，它在总体上也居世界第五。北京是总排名第十二，但是在政治参与方面在世界上排名第七，是比较靠前的。上海在总排名上居第二十位，商业活动排名第八。它体现了评价要素的变化。你能不能谈谈这样阶段性的发展理论有什么样的进步性？

本·戴鲁德：我不知道用"进步"这样的说法是否合适，但从科学上讲，考虑到多种要素这样的方法肯定是更好也更全面的。今天你的报告是一个很好的概述，虽然是中文的，我只能听翻译，但是通过 PPT 上的英文我可以推测下一个时期和人物会是谁。这是我们从学术研究史的角度相通的地方。总之，从单一的经济因素到多元要素，从新的要素和维度来考量这个问题，这是一个社会科学运用的典范，也很容易让我们与之前的那种以经济为单一考量要素的方法形成对比。举个关于文化的例子，文化这个领域很广泛，文化研究、文化服务、文化产业、文化经济都是文化，但却相差很远。但如果你关注到这个方面的话就会找到更好的方法。我有一个博士生，开始研究"中东的全球城市信息"，他的研究表明，在迪拜、阿布扎比、科威特这样的地方，如果你不考虑伊斯兰教文化，那你就无法理解这种地方的全球城市信息。虽然无须十分细致的理解（因为那很难做到），但至少要做到基本了解。比如从银行贷款要收利息，对于我们来说是很正常的事情，可是在伊斯兰教文化中利息是被禁止的，当然银行有其他赢利方式。这就说明要了解这个城市，你就要了解在这里经济是如何运行的，城市是如何运行的。这个道理也适用于中国。过去几年间，以北京和上海为代表的中国内地城市进一步融入世界城市网络，在"世界城市"排名中的地位有了明显的提高。而如果想要了解中国的全球城市信息，那就还必须了解中国和纽约、伦敦有哪些不同。这就是在方法中借鉴文化因素的考量的重要性，所以，在经济要素外加上文化、生态等要素，是更科学、更有效的方法。

金元浦：你们的 GaWC 研究小组创造的以数量方式研究世界城

市网络的方法的明显优势是它的信息化、实操性、客观性和简洁性。

本·戴鲁德：我们"全球化和世界城市"研究小组运用网络模型测量 2000 年和 2008 年间世界 307 个城市的全球连接情况。结果显示：最显著的变化是全球城市网络的连接度普遍提高；美国和南撒哈拉非洲城市的全球连接度变弱；南亚、中国和东欧城市的全球连接度加强。从 2000 年和 2008 年全球网络联系程度最高的 20 个城市和在这个时段主要排名的变化看，一个显著的特征是 WCN 世界城市网络的顶端保持稳定：伦敦、纽约和中国香港保持了最具连接度城市的位置，其中纽约—伦敦两极仍然占据统治地位，紧随其后的是巴黎、新加坡和东京，只是排名稍有变化。在顶部六大城市之下，变化则非常显著，有 8 个城市新进到 6 到 20 名之间的 14 个位置：而芝加哥、洛杉矶和阿姆斯特丹这样的城市则被上海、北京和首尔替代，这是一次东西方的转换。在这一分析中，特别突出的一个显著特征是，美国城市的排名跌落和相伴的中国城市的上升。这一现象，显然指向了一个整体的"世界—区域"趋势，因为在 2000 年时，连接度前 20 名的城市中有五个北美城市和五个亚洲城市，而在 2008 年，前 20 名中北美城市仅占三席（纽约、多伦多和芝加哥），亚洲城市则增添至 9 个。这许多研究表明，世界体系正在经历一场从西到东的地理转化过程。而且，这些变化在国际金融危机发生前就已经开始了，并进一步表明这一变化实际上是随着城市的连接度的变化而展开的。

全球化时代的城市存在于全球城市网络中，而网络是通过合作互补而存在着。这一分析与普通的组织原理相符合。这种网络和合作与先前的竞争和层级关系是不同的，它更强调合作共赢。总的来看，307 个城市中，有 179 个城市大致都比它们在 2000 年连接性更高。

这表明，服务公司的全球化已经成为一个动态的、不断增长的行业，而世界城市网络正在逐渐融合。

上海和北京在 2000 年至 2008 年间的连接度提升最为引人注目。从某种意义上来说，这是研究的一个重要发现：在研究期间，尽管环太平洋亚洲地区所有的城市尤其是中国的城市连接度更强，但是规模起着更为重要的作用，因为这一地区的主要城市已经变为资本、商品、知识和人才的跨国流动的主要通道关口。

这些发现实际上并没有让人感觉出乎意料，纽约和伦敦在世界经济中的重要性是因为它们作为特大全球服务中心的功能决定的，而连接度上升明显的上海、北京则与人们对当前世界经济发展变化的基本预期不谋而合。

总之，我们试图通过描述世界城市网络的地理变化增强对经济全球化的理解。我们没有把"全球化力量"局限在这个固定的"世界城市"模式上来，而是将许多城市融入一个全球城市分析的体系中来。当代的经济全球化本身不是终点，而是一系列不断持续发展的过程。我们不知道未来情况如何发展，但我们明白，只有当我们对现代城市网络发展有一个实证性的理解时，才能正确评价这些变化，以及不断了解网络对现代城市发展的重大影响。

金元浦：我明白并赞赏你们这一研究。但是从这四个方面考察，似乎仍然不够全面。问题是它依然是以市场为导向、经济为主的评判方式。

2009 年 10 月，东京莫里会的城市战略研究所发布了对全球城市的一次全面研究结果。全球影响力城市指数排名依据分为六大类，69 个个体指标。这六大类是：经济、研究与发展、文化活动、宜居度、生态和自然环境、容易接近的程度。这里世界城市的标准设定比过去的研究又前进了一步，强调了"研究与发展""文化活动"的重要性，这是以前的世界城市评价中很少考虑的。特别是下面这几个方面，一个是宜居度，住得好不好，生态和自然环境，人们是不是活得舒适惬意？是容易接近的城市而不是高压的城市。根据这样的排名，得出纽约依然是第一，伦敦第二，巴黎第三，东京第四，新加坡第五。香港排名第十。2010年总部在伦敦的世界城市咨询公司Knight FrankLLP和花旗银行一起发布了对40个预选世界城市的调查结果。它有四个参数：经济活动、政治权利、知识和影响、生活质量，排名依然是纽约第一，伦敦第二，巴黎第三，东京第四，北京政治权利第九，香港为第十四，上海凭借经济活动优势成为第十九，这是2010年的排名。这里对政治权利、知识和影响以及生活质量的影响因子的提出和强调都是超越经济唯一论的。这些研究展示了一个对世界城市、全球城市或国际化都市评价的方向的转变。你认为这种评判方式较之你们过去的评价方式有哪些优势，比起后来的像指数评判系统等等又有何缺陷？比如文化依据度、低碳指数、体验指数等等。

本·戴鲁德：这个观点很好，也确实如此。但我们并不是完全以经济为主导的，公司只是社会和城市经济中很小的一个碎片，也许只占1%或2%，但银行业、存款、管理咨询业等这些数据可以说明城市运行的总体性情况。比如我们可以从几个有限的指标看出由于近十年来更多公司的进驻，北京和上海在银行业等方面有了很大增长，排位也随之上升。我们认为经济可以更大范围地描述社会发展情况，尽管经济只是一个部分，而且如果有人反对这种方法的话，我们没有太好的反驳理由。打一个生态的比喻，有一个湖，如果我们想要知道这个湖的水质情况，生态学家会看有什么样的鱼类、昆虫等动物生活在其中，也许就能对湖水进行判断了，而不会对整个湖的湖水进行检验。这就是我们所采取的研究方法，如果经济上出现问题了，则预示着社会深层一定存在更大的问题。你当然不必赞同我们课题组的研究方式，可能我们选择其他的因素和指标来研究也能得出一定的结果，但我觉得选取几个有代表性的因素就能够说明问题了。

市场主体、共赢关系、信息采集方式

金元浦：中国的成语——见微知著、一叶知秋，应该是你们的宗旨。我很赞赏 GaWC 的一个方面就是它的实证性、实用性。你今天说到几个问题我很感兴趣，首先你说现在不是城市之间的资本资源的合作，而是市场主体的公司之间的合作；其次现在更多的不是你死我活的市场竞争关系，而是联系、连为一体的共赢关系；第三我认为你们的信息采集方式至少与现在全球化条件下的信息社会的发展方式结合到一起了。你能否对这三点进行深层次阐述？

本·戴鲁德：我很高兴金教授对此感兴趣，因为对于我们项目的大部分批评都是针对这个问题。我们之所以这样做是因为，城市本身只是一个地域名称，除了城市间人们的旅游、时尚、代表团的互访，它们之间其实是不存在什么根本性联系的，真正发生关系的其实是作为实体存在的公司之间。很多人都明白这个道理，只是没有人说出来而已，这并不重要。由此引向第二点，为什么是合作关系而不是竞争关系。就一个银行或管理咨询公司而言，它们要在城市之间进行选择，虽然这种情况并不常见。比如我们只设立一个办公地点，设在北京或是上海，这时二者就构成了竞争关系。如果在两个城市都能够赢利，那公司会选择分别设立两个办公地点。有很多数据说北京和纽约是竞争关系，但其实根本不是。公司不会把北京的办公点撤掉然后在纽约开设一个。我认为城市间完全不是孰胜孰败的关系，它们是互相合作的。在第三点上我们利用了大城市中信息获取相对容易的优势，同时公司地点的设置也是一项重要战略，他们会炫耀自己在伦敦、纽约、北京、上海这样的大都市有公司，以此提升公司形象。我们正是利用了这些在别处可能无法获得的数据和资料，通过信息社会获取信息。

中国与欧洲：现代化发展模式的反思

金元浦：我在欧洲时发现欧洲的传统文化，包括法国、英国和比利时的传统文化保护得都很好，但也存在问题。比如在信息、设施上，在布鲁塞尔，我看到它的街道上的楼面永远是歪七扭八的，很多旧楼也保护得很好，换在中国可能早就被拆掉了。那么你怎样看待中国这种快速城市发展和欧洲的慢节奏、非高度的城市缓慢发展模式的不同，中国的发展模式会激起欧洲人的思考吗？欧洲的城市会因此变化吗？在 17、18 世纪，欧洲有很多人来中国学习园林建筑，法国巴黎的丘园就是一个例子。可见那时中国是各国学习效仿的一个典范，那么现在中国发展的模式对欧洲人会有影响吗？欧洲人会思考改变城市的面貌吗？还有，现代化的发展模式源于西方，我们的发展模式就是学习西方的，而正是这种模式恰恰受到西方人的批评，你认为是西方很大程度上影响了中国吗？

本·戴鲁德：首先回答第一部分的问题，我认为中国的建筑模式对欧洲是不会有任何影响的。现在中国的建筑或是城市的建设是由城市发展的速度决定的，而在欧洲不会有太多巨大的建设工程，因此不需要考虑大型的规划。另外，在欧洲有一个我称之为从欠规划到过度规划的转变。比如说20年前完全没有空间规划方面的政策，任何一片土地都可以被任意处置。后来问题产生了，乡村的地域所剩无几，我来自法国，那时小村镇也越来越大，或多或少地发生了城市化，土地空间也变得狭小了，这是欠规划时期。现在进入了过度规划期，在很小的一片区域内也要清晰地划分农业区、森林、建筑区等地域，而一旦被规划变成法律后就很难再改变了。这也是为什么中国的模式在欧洲是不太可能被借鉴的，因为没有什么大片的空地以供建设，所有的功能都混杂在一起，受到严格保护，所以中国的城市建设模式不会对欧洲的建设有影响。第二个部分我认为并不是西方的现代化对中国产生了负面影响。中国模仿了欧洲的建筑，并不代表欧洲是强迫中国来模仿的，如果说欧洲的建筑有重复性，那是另外一个问题。我相信中国自己会有很美的建筑。

金元浦：中国在现代发展中大量借鉴了欧洲的思想，而目前看来效果不是很理想，所以招来了西方的很多批评，我们也是这样批评自己的。当然，西方自身的后现代思潮对欧洲现代性的批判也对中国当代反思现代性模式产生了重要影响。

本·戴鲁德：我在欧洲人看待中国的态度这个问题上持不同意见。这是我的个人意见，有的批评可能是正确的，有的是错误的，但是欧洲人指责别的国家应如何建设这件事肯定是不对的。不只是建筑，还有很多方面都是如此。比如欧洲人说你不应该开车，因为污染环境，如果中国十多亿人每人都开一辆车，或者每一个中国人都和欧洲人吃一样多的肉，那是很可怕的。而这些事情又恰恰是欧洲人正在做的事情。我给大学一年级学生上课时提出过，欧洲看待中国的方式是不公平的，因为我们不让你们做我们曾经做过的事情，不只是建筑方面，是更广的范围。比如说到利用环境，谁给环境造成了更大的压力呢？我也曾经问过学生一个问题，中国城市人口多还是比利时城市人口多，聪明的学生会回答，是比利时，这是正确答案。事实是，虽然中国城市的人口密度很大，可能是比利时的 10 倍 20 倍，虽然中国的城市化进展很快，从整体化程度上并不及欧洲，因为在欧洲基本上每个人都居住在城市中。现在中国快速发展城市，大楼越盖越高，虽然不是好的方式，但我们不应该对此评头论足，我们应该闭嘴。

金元浦：所以中国在融入世界，进入全球化的过程中，也在寻找所谓的"中国特色"的世界化城市建设道路。你在中国去过很多城市了，北京、上海、深圳、成都等，从一个城市专家的角度，你认为这些城市有哪些问题？你最喜欢哪座城市？它们整体的问题是什么？个别的问题是什么？

本·戴鲁德：谈到对城市的偏好，我只能谈个人感受，不能用城市学家的观点来说明。每个城市学家应该都会有不同的喜爱的城市。对于我来说，首先我要说世界上我最喜欢的城市是纽约，走在当中会感到城市永远保持着鲜活和动感，但是北京就不同，如果晚上走在街上，就会感觉这个城市快要死了。在中国，上海让我有类似在纽约的感觉，所以在中国我最喜欢上海。说到中国城市的普遍问题，我同样认为不必非要从专家的角度。从非专家的角度说，是交通问题。现在中国人的购买力越来越强，越来越多人买车，人们认为这是中产阶级的一个标志。所以交通拥堵是中国做规划要面临的最主要的问题，需要有特别的方法解决。城市建设的扩大是容易实现的，但中心城区的交通枢纽是否顺畅是影响一个城市的重要因素。北京还好，至少车子在动，深圳就完全堵死了，总是这样。这也应该和经济相联系，经济需要向前进行，人们要工作，要购物等等。香港在这方面解决得就很好，它们的公交系统很发达，大部分人出门不用开车，乘坐公交工具就可以了。

金元浦：在西方，不同年龄层次的人对中国的态度也各不相同，有很多年轻的外国人到北京、上海、深圳来，他们可能喜欢在中国的生活。那么欧洲的年轻人现在对到中国来居住有什么态度？假设你愿意来中国求职吗？

本·戴鲁德：这是个好问题，因为与我密切相关。其实我申请过一个欧盟的项目，可以在国外工作一段时间，申请通过了，而且最初的计划是来中国，但后来又改变主意选择了墨尔本。原因是，第一，给我们的资助是有限的，而中国的物价又比较高，所以在中国生活成本并不会比在比利时低，相应我能拿到的钱就少，而在澳洲就会高，这是一个客观原因；第二，在澳洲比较容易融入其中，因为都是英语国家，而在中国则很难融入。除了语言障碍外，北京这个城市太大了，太挤了，存在很多城市问题，不是最适合居住的，而墨尔本的生活就会比较惬意。也许我这样理解比较片面，也许在北京的郊区也可以找到墨尔本的惬意，但就城市而言我是这样认为的。

金元浦：其实你不了解北京的夜生活。你可能没去过三里屯、蓝色港湾和 798 吧?

本·戴鲁德:798 去过。这个问题很好,因为它从一个角度说明了文化因素的重要性。在排行上北京、上海和阿姆斯特丹可能不相上下,但当问到想在哪里生活时,可能所有人都会选择阿姆斯特丹。

金元浦:是所有欧洲人吗?

本·戴鲁德:其实阿姆斯特丹是一个非常自由的城市,比如它是世界上唯一一个吸食大麻合法的城市,不只如此,还有很多种可能性,这种近乎为所欲为的自由会吸引很多人,不只是欧洲人。

金元浦:坦率地说,这在中国不可能,也很危险,就像美国的枪支私有,能说是民主和自由的象征吗?

下编

将北京建成具有国际影响力的国家文化中心

—— 专访中国人民大学教授金元浦

将北京建成有中国特色的全球城市

记者：您如何理解将北京建成全国文化中心这个定位？

金教授：对于文化建设，习近平总书记一直非常重视，并强调提高文化软实力，关系到"两个一百年"奋斗目标和中华民族伟大复兴中国梦的实现。中共十九大提出新时代我国社会的主要矛盾发生了重大变化，是人民日益增长的美好生活需要和不平衡不充分的发展之间的矛盾。在满足了衣食住行等初级需求后，人们有了更高的追求，对精神的、文化的、艺术的、美学的，更高质量生活的需求空前增长。

将北京建设成有中国特色的全球城市，使其成为具有国际影响力的国家文化中心，这是党中央对北京的准确定位，是对北京文化的顶层设计，也是北京实现中国梦的发展方向。到 2020 年，北京要在更高水平上建成全国文化精品创作中心、文化创意培育中心、文化人才集聚教育中心、文化要素配置中心、文化信息传播中心、文化交流展示中心。

文化创意产业是建设国家文化中心城市的一个重要组成部分，是全球一流世界城市共同具备的核心要素。韩国、日本、巴黎、伦敦、纽约，引领了当代世界和城市发展的时尚潮流。在一个全球化的世界格局中，要想建成全国乃至世界的文化中心，必须关注人们特别是青年一代在新时代对更美好、更时尚生活的追求。

文化中心建设是一个系统工程

记者：您认为，将北京建成国家文化中心，应从哪些方面入手？

金教授：文化中心建设是一个内涵和外延都较为复杂的概念，涉及文化创作、文化创意、文化人才、要素配置、信息传播和文化交流等多个层面，随着文化与科技、经济等领域的融合趋势进一步增强，建设全国文化中心不仅仅单纯是文化建设的任务，更是一个涉及多个领域的系统性工程。

加强北京的文化建设，要在全面繁荣北京文化事业、文化创意产业的基础上，增强北京作为全国文化中心城市的影响力、辐射力。全国文化精品创作中心、文化创意培育中心、文化人才集聚教育中心、文化要素配置中心、文化信息传播中心、文化交流展示中心是北京文化建设的重要内容，也是未来北京文化建设的重要方向。

文化精品中心建设，就是要改变目前在文艺创作中有高原无高峰的现状，充分挖掘和利用北京文化资源，在传承民族文化经典和吸收国外先进文化的基础上，创作出具有时代特征的既有"思想性""艺术性"，又具有"观赏性""消费性"的作品，产生一批有世界影响力的文化大家和文化经典。

创意北京建设的着力点在于通过创新教育模式、创意权益保护、城市空间合理规划、营造好创意氛围和环境、城市创意指数构建、优势行业培育与发展等，把文化创意培育中心建设融入北京城市转型发展和创新驱动战略之中，全面提高北京文化创意产业的质量和效益。

要在当代文化、科技与经济高度融合发展的时代背景中，通过建立国际化的高端人才吸引机制、健全现代化的文化人才激励机制、打造系统化的文化人才管理机制、完善全方位的文化人才保障机制等一系列举措，为城市建设培育、吸引优秀复合型文化创意人才，为提升城市文化品质提供智力支撑。

从全球传播格局来看，北京声音在一定程度上代表着中国声音。要秉持"大传播"理念，强化互联网思维，将传统媒体与新媒体相结合，提升主流媒体传播影响力与公信力，大力发展文化信息传播，在国际传播格局中赢得一席之地。

发展夜游经济，不断提高整体文化消费水平和能力

记者：北京要发展文化产业，政府部门应该从哪些方面努力？

金教授：北京市要发展好文化产业，政府部门要真正地"管好"而不是直接去"做"。十八届三中全会指出，要"完善文化管理体制，建立健全现代文化市场体系"。中央出台的一系列文件，都是在为文化产业发展创造好的环境，搭建好的平台，引导和帮助企业朝着更好的方向发展，而不是让政府"身先士卒"，到产业一线去办企业。从管的角度来看，"管好"就是要建立更好的制度，把握好整体的发展方向，用税收等优惠政策营造适合文化产业发展的整体环境，给文化市场的繁荣和发展更大的空间。

尤其值得政府部门关注的是，文化消费力严重不足的问题。长期以来，由于家庭教育投资、住房投资所占支出比重较大，且由于医

疗和养老保险等制度尚不完善等，导致文化消费的经济支付能力薄弱。此外，把文化消费看作软消费、可有可无的观念还一定程度地存在，文化消费很难形成必要消费、固定消费，更难成为充分消费。随着"80 后""90 后"新生消费群体的不断壮大，他们的消费观念、消费习惯和过去有了很大的不同。今后应着力培育好文化市场，不断提高整体文化消费水平和文化消费能力。

2019 年 7 月 9 日，北京市商务局发布《北京市关于进一步繁荣夜间经济促进消费增长的措施》，旨在推进北京市夜间经济发展、繁荣，更好地满足人民群众品质化、多元化、便利化消费需求，促进国际消费中心城市建设。北京作为一个常住人口两千多万的特大城市，夜游经济跟广州等地相比确实发展不足。繁荣的"夜间经济"，应该提供适合人们不同需求的消费场所。"夜间文化"也不只是刺激消费，还要让人们暂时远离工作压力，寻找到片刻心灵上的放松。

"夜间经济"是城市消费新的增长点。"夜间经济"越有活力、越繁荣，对城市公共服务和管理水平的要求也越高。要提升夜间经济文化内涵、打造具有城市文化特色的夜间休闲项目，就需要精耕细作，调配好各种资源，包括完善的基础设施、便捷的公共交通、高效的公共服务、丰富的文化空间等。做好配套支持，"夜间经济"才能激发出更大的活力。

依靠文化本身的涵容力，促进文化产业"走出去"

记者：您认为北京应如何增强首都文化的传播力和影响力？

金教授：北京文化是中国文化的重要组成部分，中国文化是世界文化的瑰宝。北京文化乃至中国文化产业要"走出去"，应看到其他国家对中国文化的认识存在一些误区。想要改变这些误区，要重点考虑以下几方面：

中国文化要变成文化产品走向世界。在传播过程中，应将中国元素转换成符合西方人文化审美的文化产品，才能产生更好的传播效果；在文化产业"走出去"的过程中，不光要体现传统文化，还要适应时代的发展，运用当代高新技术成果，利用互联网、移动网络，推动文化产业国际传播进程；在对外传播中国传统元素时要以市场化的运作方式为主，不要有过多意识形态的东西，更多地依靠文化本身所具有的涵容力，总体上以亲和的、娱乐的、休闲的、生活的方式走向世界，可能会更具吸引力和魅力。

通过文化对外贸易的窗口，塑造一个全新的、有传统文化底蕴的中国形象。

北京文创产业未来发展还是要与科技融合

记者：您是国内最早提出和推动创意产业理念的专家，请您介绍一下创意产业理论，以及北京市文创产业现状和未来的发展方向。

金教授：创意产业最早是英国在20世纪90年代提出来的，然后在澳大利亚得到了理论化发展。目前，中国的创意产业理论研究与教育有了很大的发展。我主编了中国文化创意产业的第一套丛书，也主编了第一套文化创意产业翻译丛书。理论建设是非常重要的。可以说，没有创意产业的理论建设，就没有后来中国的文化创意产业。

创意产业是将创意与知识资本作为初期投入，包含产品与服务的创作、生产和销售的循环过程。创意产业是文化产业发展的更高阶段，是当代高新科技主要在数字技术支撑下发展起来的产业形态。

今天全球创意产业发展最好、推进最快的是中国。从全国来看，北京市的文化产业指数、文化消费综合指数、知识城市竞争力指数排名第一。在全国城市文化竞争力评估中，北京综合指数得分排名第一。除了总体排名，从文化禀赋要素、文化经济要素、文化管理要素、文化潜力要素、文化交流要素五个方面对城市文化竞争力进行的评估中，北京均位列第一。

从产业规模看，2016年，全市文化创意产业实现增加值3570.5亿元，占地区生产总值的14.3%，对地区生产总值的贡献率达到20.3%，比重仅次于金融业，成为支撑首都经济发展的重要引擎。全市有6516家规模以上文化创意企业，规模以上企业从业人员超过120万人。其中，软件网络及计算机服务、广告会展、艺术品交易和设计服务等4个领域收入合计占比超六成（64.3%），对全市文化创意产业收入增速贡献率达到九成。

未来，北京要发展文创产业，还是要将文化与科技相结合，文化和科技双轮驱动，共同引领全国文创产业快速向前发展。数字化的文创产业将是未来高质量发展的领军产业，要实现升级换代，将创意产业融入全球创意产业的发展进程。

北京文脉：根的记忆

一个国家需要拥有伟大的文化精神，一个城市同样需要拥有自己的城市文化和城市精神。城市文化是一座城市的灵魂，是栖居于这座城市的人们所创造的文明绵延和人文理想的综合反映，是群体意志和市民品格的层层累积及提炼。它是生活信念与人生境界的高度升华，是城市市民认同的精神价值与共同追求。

文化是一个城市的灵魂，文脉是一个城市精神传承的遗存。一个城市的精神和城市的特色，是由这个城市的历史积淀形成的，它总是体现为一种城市独特的精神和文脉。城市的文化有其特定的文化结构系统。怀特将人类文化结构划分为三个层次：哲学层次是上层、社会学层次是中层、技术层次是下层。按怀特的这种划分，城市文化结构系统可以相应地划分为：精神文化、制度文化和物质文化三个层次。其中精神文化是城市文化结构系统中的最高层次，是城市文化的内核或深层结构。一个城市独特的文化，实质上体现在其独一无二、卓尔不群、绵延不绝的文化精神和文脉传承上。

千年古城，有其独特的历史文脉。文脉是什么？文脉是一个民族一个城市的集体记忆。集体记忆是特定地域、特定时期、特定社会群体成员共享历史与往事的过程和结果。保证集体记忆传承的条件是在历史形成的社会交往中积淀和提取的群体意识以及该意识的历史延展性。这种共同记忆，既是民族群体共同生活的记录与积淀，又是走向未来的共同基础。它是形成民族凝聚力的基本要素，是社会自我发展自我完善的内在机制。群体记忆的保存和传播，对于社会发展具有重大的关联意义。不了解一个社会一个民族的集体记忆，就无从了解一个社会发展的必然性和规律性。

文脉，是一个民族一个地域人们的文化／文明共识。从属性来看，文化共识可细分为区域内部共识和外部共识。内部共识是对区域内的主体而言的，集中体现为对文脉的归属感和自豪感。民族文化归属感是人们内心对文脉蕴藏的价值情感的需求，是任何文化形式都无法取代的特有情感。文化自豪感是个体对文脉所属文化的高度认同，并成为主导思想和行动的潜意识。

外部共识是对区域外而言的，集中体现为知名度和美誉度。知名度是文脉被公众知道、了解的程度，是衡量该地区文化精神在域外社会影响的广度和深度的标准。美誉度是指人们对文脉蕴藏价值精神的好感和信任程度，是推动文化资源转化和文化资本生成的重要力量。

从旨向来说，内部共识阐明的是文脉在本民族区域内是否具有群众基础，而外部共识阐明的是文脉在域外被认可的程度。尽管二者针对的目标群体有所差别，但之间的关系并非绝缘，而是可以相互影响、转换的。也只有在城市文化规划和文化资源开发的过程中，把握好内部共识与外部共识的平衡点，处理好外来开发者与本地居民共同的利益诉求，才能更高效地实现文化资本的创意性转化。

北京文脉，中华民族文明摇篮中的共同创造

北京文脉，是中华民族文明摇篮中一代又一代北京人共同创造、传承、实践的价值、理想的积淀，是北京城市文明发展过程中不断形

成、丰富的历史沉积、是文化的集萃、思想的凝集。

北京文脉，通古宣今。古往今来，无数先贤哲人都对北京的城市精神、核心理念、文化要旨、思想特色做出了自己的概括。20世纪一批文化名人最看重北京的文脉：文化巨擘鲁迅先生视北京为"继古开今"之地，五四先驱李大钊将北京城市特色概括为"新旧兼容"，而文学大师朱自清则将北京文化特色概括为大、深、闲三大特色；他们都不是地道的北京人，却是最钟情北京文化的北京居民，他们都把生命中的一段辉煌留给北京，将北京深厚的文化底蕴永远存在心底。

北京的文脉孕育了一种独特的文化气场，精魂光耀，大气醇和，神威天下。

北京的文化气场首在"大"。易中天《读城记》说得好，北京城市最鲜明的特色是"大气醇和"。的确，北京文化根深源远，底气充沛。作为六朝古都，北京城市精神首先表现为其在中国所有城市中独具一格的浩然大气。它弘浩博大，流丽万有。孟子曰"我善养吾浩然之气"，北京精神首推北京恢宏的气势、宽容的气度、海纳百川的胸怀、宏阔宽广的视野；正大光明、豁达自信、心忧天下、达观容人的城市品格和市民风范。北京人作为皇城根下的"臣民"，看朝代更迭，沧桑巨变，既有历史眼光，又具人间阅历。

北京的文化气场孕育了北京独特的文化精神：自强不息，厚德载物，豁达包容，守正创新。城市的文化精神，是城市的历史文化、城市建筑风格、城市形态格局，以及城市市民的价值观念、思想情操和精神风貌的集中体现，是植根于城市历史、体现于城市现实、引领着城市未来的特质。城市精神显示出栖居于城市空间范围内的住民的理想、信仰与追求。城市精神是在城市历史文化的积淀中形成的，它具有继承性、相对稳定性和一定的变异性。对于一个城市精神的概括，既是一种判断，也是一种选择，更是一种期盼。

北京的文脉，是由众多的可见与无形的历史流传物构成的根的记忆。以中轴线为中心的北京"龙脉"，构成了北京文化地理的有形的文脉；以紫禁城为代表的皇城建筑，以三山五园为代表的皇家苑囿，是无与伦比的中华文化凝固的史书，是北京文脉永存的有形的旋律。以前门大栅栏为代表的商业文明，以南锣鼓巷为代表的市井民俗文化，构成了北京多样融一的城市文脉。这些我们今天能够"触摸"到的北京的历史流传物，通过博物系统、史学志学系统、文物系统和非物质文化遗产保护系统保护下来，是历史留给中华民族的珍贵的艺术瑰宝。它无可辩驳地具有中华文化遗产的珍贵性、唯一性、不可替代性，是形成北京集体记忆的"灵魂"与"内涵"，是北京文脉的"根"。

保护北京古城的历史风貌，保护北京文脉的"根"，是后来人面对历史、面对世界、面对未来的最重要的文明职责。北京是中国的，北京也是世界的，是全人类的。作为保存世界历史文化遗产最多的城市之一，北京人有责任对世界文明负责。它一旦失去，就将成为人类永恒的痛。

北京集体记忆的"灵魂"与"内涵"，在历史变革中逐步抽象为北京元素。从城市的四方格局到中轴通脉，从红墙金瓦到城市色彩，从祈年神殿到长城垛口，从挑檐兽头到中幡、空竹，从国剧脸谱到京腔京韵，从琉璃河遗址一直到北京奥运的"中国印"，它们的布局、形式、色彩、符号、图案、纹式和造型，都已成为最经典的北京元素。北京元素已经成为北京文化的象征，北京品牌的凝聚，北京美学的提纯。融会、提升、运用好这些北京元素，是我们的责任。但是，不无遗憾的是，作为后人的我们在历史文脉的传承和修为上，愧对先贤。北京已经承载了太多的历史与现实、成功与失误、建构与毁弃的重负。由于种种历史的原因和文化的短视，我们已经犯下了不少错误甚至罪过。今日亡羊补牢，悔错补过，犹未晚矣！

当然，城市的形态不是一成不变的，它是日新月异的。今天的北京已不是过去的北京。北京已经成为两千多万人口的特大型城市，它已经从古老的城市转变为今天的现代移民城市和国际化大都市。如何将北京元素巧妙贴切地融入现代空间当中去，保住北京文脉的"根"，实现传统空间与现代空间的有机衔接，使我们这个城市更有底蕴、更有风格、更有首都的特质和性格，这是更新更艰巨的课题，需要我们花更大的气力去探索、去寻找、去创新。

北京元素不会自动融入当代生活，特别是当代青年浪潮式的时尚生活，而要靠当代文化创意与设计产业进行再融合、再创造。北京奥运期间，一大批北京元素的新创意震动国人，也震惊世界。除了中国印、北京福娃、祥云火炬、金镶玉奖牌，还有奥林匹克公园的建筑造型、大鼓门的震撼、四合院式的青砖墁地、地铁站里的青花瓷大柱，还有美丽的中国旗袍，30 个省市区的非遗小屋……那是一段展示北京元素、中国意境的蜜月，北京不该忘记。

今天，我们更需要抓住世界创意设计发展的潮流，积极组织设计企业全面参与创意城市的各项活动。通过当代设计艺术家的创意，将深厚的中华传统文化特别是北京文化的元素，"随风潜入夜"，对当代城市面貌、建筑风格、服饰装饰、日常生活，"润物细无声"。

北京文脉：根的记忆

我们还应加强与全球设计企业的全方位交流互动，吸引国际知名设计机构来北京，推动建立北京 UNESCO 设计创新产业中心等[1]。通过加强创意设计对金融、商务、现代物流等现代服务业的提升作用，将北京元素融入北京生活的方方面面，将北京的文脉永远延伸下去。

顺天承运，北京何以御极华夏 1000 年

《北京市推进全国文化中心建设中长期规划（2019 年—2035年）》高度重视北京"一城三带"的人文遗产和历史文脉，城市格局和整体架构。"一城三带"是北京城市文化的核心，那么，在中华文明的整体格局下，"一城三带"究竟是如何"顺从天意"，"一城三带"究竟有何文化寓意呢？

第一，"一城三带"是北京历史文化名城的精魂。规划指出，2025 年，以"一城三带"为核心的历史文化名城保护取得重大进展，古都历史文化风貌和独特城市魅力充分彰显，北京历史文化这张金名片更加光彩夺目。这里强调了"一城三带"在北京城市文化保护中的核心地位。北京作为历史文化名城，常被述及的往往是六朝古都、历史悠久、底蕴深厚、遗迹众多，但作为有 16 个辖区，总面积16410.54 平方千米的京华大地，文化遗产是数不尽的，而"一城三带"恰恰是对 1.6 万平方千米京华大地提纲挈领的概括。某种程度上，2025 年北京怎么样，关键是要衡量"一城三带"建设得怎么样。北京"一城三带"为北京历史文化名城建设架构起了整个格局。

---

1 北京"设计之都"协调推进委员会：《北京"设计之都"建设发展规划纲要》，2013年9月。

第二，"一城三带"是北京建设世界历史文化名城的基石。规划指出，2035年，北京大国之都文化国际影响力显著提升，成为彰显文化自信与多元包容魅力的世界历史文化名城。从北京作为国家历史文化名城到成为世界历史文化名城，虽然只有两字之差，但境界却有霄壤之别。这意味着，北京应立足中国，放眼世界，在整个世界城市文化体系中，审视自身的建设问题。其实强调历史文化名城的世界性，就在于北京要在世界之中找到自己的身份标识，告诉世界，同样都是历史文化名城，"我和你不同"。而这个身份的差异，就是"一城三带"，这是北京在整个世界城市体系中独有的，"是我之所以为我"的文化基因。因此，建设"一城三带"绝不仅仅是文物的修复、遗迹的复原，乃至记忆的挖掘，更重要的是要推动"一城三带"文化资源的创造性转化和创新性发展，充分活用"一城三带"的文化资源，调动起一切与之相关的文化创新和文化消费，使人融入现代生活，使得历史文化名城保护体系更加完善，充分彰显首都风范、古都风韵、时代风貌的城市特色。

第三，"一城三带"是北京成为弘扬中华文明和引领时代潮流的世界文脉标志的根源。规划指出，2050年，北京将以更加昂扬的姿态屹立于世界城市之林，成为弘扬中华文明和引领时代潮流的世界文脉标志。"世界文脉标志"给人以惊心动魄之感，也是整个中长期规划最高的文化指引。在此，我们不得不追问文脉是什么？顾名思义，文脉是文化的脉络，而正是整个脉络构成了一个城市和地区"因文化地的历史主线"。可以说文脉是一个兼具主体性和统摄性、历史性和当代性、无形性和有形性、静态性和动态性的概念。因此，北京以更加昂扬的姿态屹立于世界城市之林，是站在五千年历史的厚土之上，而"一城三带"恰恰构成了北京这块厚土的脊梁。某种程度上，北京要成为弘扬中华文明和引领时代潮流的世界文脉标志，其实是要告诉世界，在城市发展和建设上，中国已探索出一种"中国模式"，而以"一城三带"为基石所架构起的首都风范、古都风韵、时代风貌，就是这个"世界文脉标志"的集中体现。

北京新文化规划的三个中长期目标，"一城三带"是核心支撑。因此，完善、保护和利用"一城三带"，绝不是北京作为一个城市自身发展的问题，也是为中国、为世界探索城市发展建设模式的问题，体现了北京作为中国首都城市的世界担当和中国力量。在行文讨论之前，首先要确定的是"一城三带"不是"一城＋三带"，即不是"1＋3"的关系，而始终是一个"1"。换句话说，无论在历史还是当代"一城三带"都不是4件事，而是一个整体。

1. "一城"：统摄天下之枢

北京是一座有着3000多年建城史、1000多年建都史的千年古都，一座保有古都风貌的现代化大城市。"一城"尽管在这里特指62.5平方公里的老城区，但是作为都城的北京又不仅仅限于此。历史上众多朝代定都北京，彰显出北京统摄天下的战略功能。

史传黄帝、颛顼、帝喾、唐尧、虞舜的足迹都曾到达这片土地。除了世居的蓟，前后到达这里的居民有荤粥、肃慎、山戎、邶风和燕亳，以及后来的西来之召公立都建姬周燕国，又有东周之燕，刘汉之燕国与广阳郡。这里也是魏晋南北朝北方诸侯之经略地，隋唐之幽州，契丹辽之南京，女真金之中都。直到蒙元之燕京与大都，然后便是绵绵不绝的明清帝都。

《元史·巴图鲁》中记载巴图鲁向忽必烈建议定都北京的缘由："幽燕之地，龙蟠虎踞，形势雄伟，南控江淮，北连朔漠。且天子必居中以受四方朝觐，大王果欲经营天下，驻跸之所，非燕不可。"

《明实录·太宗实录》记载群臣上疏："伏惟北京，圣上龙兴之地，北枕居庸，西峙太行，东连山海，俯视中原，沃野千里，山川形势，足以控制四夷，制天下，成帝王万世之都也。"

万历年间修撰的《顺天府志》卷一云："燕环沧海以为池，拥太行以为险，枕居庸而居中以制外，襟河济而举重以驭轻，东西贡道来万国之朝宗，西北诸关壮九边之雉堞，万年强御，百世治安。"

清代孙承泽在记述明代北京城市历史及政府机构的都邑志《天府广记》中记载："左环沧海，右拥太行，南襟河济，北枕居庸……盖真定以北至于永平，关口不下百十，而居庸、紫荆、山海、喜峰、古北、黄花镇险厄尤著。会通漕运之利，天津又通海运，诚万古帝王之都。"

从这些撰述中，不难发现，京华大地在战略上可以凭借居庸关、山海关北控漠北，虎视江淮，具有统摄天下的战略功能。而在历代王朝的经略北京城的过程中，又通过修凿大运河，加强北京城对地方的集权和统治。

除战略之外，北京作为政治文化中心，其高度的中央集权和文化活力使得北京城吸引和聚集着全国各地的人。2017年北京大学和北京市测绘设计研究院联合编制、著名历史地理学家侯仁之亲自带队研究的《北京历史地图集》统计，各代各地在京会馆及附产达一千多处，彰显出北京在全国的向心力。

2. "长城文化带"：均衡牧耕的地标

北京境内的长城全长 520.77 公里，大多属于北齐长城和明长城遗存。一般看来，长城在其功能上，总被视作拱卫都城重要的军事防御系统。但是在文化意义上，或者站在中华文明以及六都演进的角度，再审视长城，只关注固守长城的军事防御功能就会失之偏颇。

北方游牧民族始终对中原王朝产生威胁，长城的确发挥过军事防御的功能。然而，从 938 年设立辽南都以来的 1000 多年的历史进程中，长城只在明朝（1368—1644 年）276 年的时间里发挥过军事防御功能。辽、金、元、清四个王朝中，长城的防御作用都没有得到完全体现。尤其是明朝 1449 年"土木堡之变"，明英宗被蒙古瓦剌所俘，三十万大军在土木堡一带惨败殆尽；1550 年"庚戌之变"，鞑靼土默特部再次攻至北京，劫掠长城沿线；1644 年，李自成和清军相继攻入北京等事件表明，长城虽旨在防御，但并未真正发挥好防御作用。所以，自清朝以来不再修长城。康熙甚至称"宁修庙宇，不修长城"，甚至将《孟子》里的"固国不以山溪之险"用来昭告天下。《清圣祖实录》卷一五一记载：康熙三十年，清朝与噶尔丹之战，长城多处受损，时任古北口总兵蔡元上奏，希望朝廷调拨民工和经费来加固长城，康熙在经过深思熟虑之后，下旨曰：

"秦筑长城以来，汉、唐、宋亦常修理，其时岂无边患？明末我太祖统大兵，长驱直入，诸路瓦解，皆莫敢当。可见守国之道，惟在修德安民……今欲修之，兴工劳役，岂能无害百姓。"

自清朝以来，对长城所能起到的防御功能式微的认识，已形成了一定程度的共识。而且，单纯强调长城的军事防御功能，也不利于推进民族融合。也就是说，仅仅从长城具有的军事防御功能来认识长城文化带，是太渺小了。

站在中华文明演进的层面，又应如何认识长城文化带所包含的意蕴呢？

强调南北之争，强调游牧文明和农耕文明的拉锯，始终在南北之争的视野中审视北京的城市格局，争只是表象，而实质是游牧文明和农耕文明的融合。北京这座城市始终处在游牧文明和农耕文明冲撞与融合的前沿，某种程度上，讲不好两大文明的冲撞，就无法真正理解北京，就无法理解中华文明。

以往我们总是站在中华正统狭隘的民族观立场上，过于强调中华文明的农耕文明，而忽略掉北方游牧民族、东北渔猎民族和高原农牧民族所创造的文明。如东北地区的渔猎文化最早可以追溯至新石器时代（辽宁小孤山遗址）的昂昂溪文化（距今 5000—6000 年）。所以，从中华文明演进的视野中，从满天星斗到广域王权的王朝更迭中，长城作为一种空间存在，其实是农耕与游牧文明的文化分界线。而从最近 1000 年的历史来看，几个少数民族相继统摄中原，长城的防御功能近乎废止，所以，某种程度上，长城成为均衡牧耕的文化地标，即在广域王权的朝代，游牧民族和农耕民族止争斗、促融合的文化标志。

3. "大运河文化带"：统筹南北的动脉

大运河北京段全长 82 公里，横跨昌平、海淀、西城、东城、朝阳、通州六区，是古代中国连接南北方的大动脉。对大运河文化带的认识，我们以往强调它是北京重要的物资资源的保障体系之一，承载着北京的城市发展的资源供给，注重运河对北京物资资源的供给功能。不可否认，供养北京确实是运河的功能之一，但如果仅仅限于此，则忽略了运河在国家战略中的作用。以往总是嘲笑隋炀帝开凿运河是因为"贪恋广陵美景"，如此，就是真的太可笑了。因此，只强调运河对北京的供给、供养，是远远不够的。所以，开凿大运河，或者理解大运河绝不能从供养北京这个层面理解。

开凿大运河的真正目的，是统筹南北。这种统筹不仅体现在政治层面，也包含经济层面。

政治层面，是为了加强对南方的控制，因为近千年以来，广域王权定都北京，能加强对北部草原和中原地区的双重控制，这就决定了北京对南方的控制力相对较弱（隋朝开凿运河的目的之一就是加强对南方的控制和东都洛阳与南方的联系）。元朝开通贯通南北的大运河，在政治上也是巩固政权的需要。元明清政治中心在北方，运河贯穿河南、河北、江苏、浙江等省，连接了海河、黄河、淮河、长江和钱塘江五大水系，加强了南北联系，维护了国家统一。元是通过大运河控制南方地区，而明修大运河则是控制北方地区。明朝一直面临来自北方的威胁，先有瓦剌、后有俺答进犯，加强北部防线需要南方物质的支撑，而漕运在当时是效率最高、成本最低的运输方式。

经济层面，南方是全国的经济中心，元明清开通大运河，江南海运漕粮直达直沽（今天津），再由白河至通州，最后经过通惠河运到北京。尽管明清以来，北京运河的终点多有变化，但大运河对统筹南北经济的作用始终显著。1853年太平天国攻下南京，占领江南地区时，封锁了大运河上的交通运输，切断了贯通南北的水路交通，清政府财政税收立刻陷入紧缺状态。

客观来讲，大运河文化带统筹南北的政治、经济能力均不容小觑。同时，大运河的开凿及修建，展示出元明清三个王朝军事动员能力和物流能力，大运河的通航也促进了沿岸地区城市和工商业发展。历朝对运河不断疏浚、改造，使它持续发挥着统筹南北动脉的作用。

4. "西山永定河文化带"：亘贯古今的源头

在三个文化带中，长城均衡牧耕，大运河统筹南北，其承载体都是北京城，而西山永定河文化带则是北京城的源头。都说永定河是北京的母亲河，因为北京小平原是永定河的冲积平原。永定河上游分南北两大支流，北支为洋河，发源于内蒙古兴和县，南支为桑干河，发源于山西省宁武县，两大支流在河北怀来朱官屯汇合后称永定河。从这个意义上说，没有永定河，就没有北京城。当然，从永定河的源头来讲，永定河凝结着游牧和农耕奔流而下的势能，因此北京城注定有游牧和农耕文明交融的基因。

但说永定河，不能不提大西山。大西山属于太行山山脉，古称"太行山之首"，北至昌平关沟，南抵拒马河谷，西与河北交界。300万年前，永定河从上游冲刷裹挟而来的泥沙，东出大西山的百里山峡后，因地势放缓，才冲积出了现在的北京小平原。由此，大西山与永定河为北京城的形成提供了地理条件。

在文化意义上，说西山永定是北京城亘贯古今的源头，不仅仅是指二者塑造了北京城，是城市的"地理之源"，更指生活在远古北京地区周口店的北京人、泥河湾人、东胡林人，都是在永定河的滋养下孕育出的古人类聚落，是北京城的"生命之源"。

如果，"地理之源""生命之源"尚属"古"，那么"中华人民共和国是从香山走来"则属"今"。1949 年 3 月 25 日，中共中央正式驻地香山。党中央从西柏坡启程前，毛泽东和周恩来有一段对话，这就是著名的"进京赶考论"。在香山双清别墅的 181 天里，筹建新国家和新政府的大政方针、为建立新中国奠定理论和政策基础的《论人民民主专政》，均诞生于此，因此，香山是"共和国制度之始"，在开启中国历史发展新纪元的过程中，具有不可忽视的作用。

总之，没有哪一座城市能随随便便成功。在最近千年的历史中，北京御极华夏，最终在西安、洛阳、南京等城市的竞争中胜出，凭借的不是运气，而是应时应势。北京应天时，顺应华夏文明东西之争向南北之争的乾坤挪移；北京应地利，北枕居庸，西崎太行，东连山海，俯视中原，天下莫与之争；北京应人和，北京处于游牧和农耕两大文明交融的前沿，且中华人民共和国建立以来，在民族融合中，北京又成为民族大团结的象征。

可以说，"一城三带"造就了北京，北京也成就了"一城三带"。因此，在新时代"做好首都文化这篇大文章"的伟大进程中，如何做好"1＋3＝1"的时代命题，发挥好"一城三带"的时代价值，是值得关注的问题。

5. "世界文脉标志"

"世界文脉标志"这个概念在《北京城市总体规划（2016 年—2035 年）》中首次提出，在刚刚公布的《北京市推进全国文化中心建设中长期规划（2019 年—2035 年）》中再次得到强调。《规划》明确把"弘扬中华文明和引领时代潮流的世界文脉标志"作为北京文化发展的远景目标。这一目标的确立并非偶然，而是有其历史的必然性。

正如我们常说的，我们从历史中来，历史是我们今天再启程的原点。理解"世界文脉标志"，不能是凭空想象，它也绝非是空中楼阁，只有回溯北京千年在中国乃至世界版图上的定位，才能发现其内涵。

考古学家王光镐所著《人类文明的圣殿：北京》中，"通过对北京历史文化发展过程、模式、去向的系统考察"，认为，北京是中华第一摇篮、天下第一城、东方第一都，是一座举世无双的圣城，是属于全世界的人类文明的圣殿。[2] 书中列举了北京的世界文脉标志：北京发现了标志古人类起源的"北京人"，又有标志现代黄种人起源的"田园洞人"和"山顶洞人"，还有新石器时代先驱的"东胡林人"，更有初创文明的黄帝集团及其后人，"集人类起源、新石器时代起源、国家文明起源于一地"，在全国全世界只此一例，所以北京成为中华第一摇篮。城市发展的地理位置不变、城市文明持续不断、都市地位始终不降，由殷商蓟城迄今，北京城已走过了三千三百多年，建城时间之长首屈一指，北京成为"天下第一城"。城市建设体现中华民族乃至整个东方民族传统信仰、伦理道德、文明基干的礼制建筑与宗教建筑，都在北京得到充分展现，北京成为东方第一都。[3]

回溯历史，要从华夏版图上的南北之争说起。南北之争塑造了北京的历史格局。但如果要试图理解北京何以能成为"世界文脉标志"，则必须在南北对峙古都北京的历史演义中寻找线索。可以说，在千年进程中，六都演义，为北京成为"世界文脉标志"奠定了文化的可能性。

---

2 王光镐：《人类文明的圣殿——北京》，中国书籍出版社，2014年版，第25页。
3 王光镐：《人类文明的圣殿——北京》，中国书籍出版社，2014年版，第3页。

北京作为"世界文脉标志"是一个历史演进的过程。理解"世界文脉标志"可以从三个维度出发。

其一,"世界文脉标志"是一个立足中国放眼世界的概念,因此,要求未来城市的定位功能随之发生改变。城市的定位总会随着中国乃至于世界政治、经济、社会、文化的发展而发生变化。当前,世界之间的联系日益紧密,人为割裂国与国的关联,不符合世界的发展趋势,世界已成一个命运共同体。当前,对新冠肺炎的世界防控就是典型的案例。因此,"世界文脉标志"是对未来北京融入世界城市提出的必然性要求。

其二,"世界文脉标志"是一个奠基于华夏五千年文明融合的概念。辽南都(五京)→金中都(三京)→元大都→明帝都→清皇都,名称更迭不仅仅体现出王朝的兴衰与对峙,在城市职能演变的背后,更凸显各民族文化的不断融合过程。"世界文脉标志"的提出,标志着在新世界格局中,北京应进一步扩大与世界各民族的交流与融合。

其三,"世界文脉标志"是一个不断生长发展的概念。总体来说,"世界文脉标志"的内涵和外延还很模糊,但有一点是明确的,即中华文明在千年的发展中是在继承中发展创新的。尽管在南北对峙、王朝更迭、近代抵御外族入侵中,文明的进程也曾受阻,但中华文明在世界古国里是唯一一个得到延续和没有中断的文明。也正是因为没有中断,代表中华文明的古都北京,具有了世界文明体系演进中身份的唯一性,它达到了一个高度,是成为"世界文脉标志"最为有力的支撑。

因此,"世界文脉标志"既守望着古都北京过往的千年,又展望着下一个更加令人神往的新千年。

北京，创意城市的创造性转化与创新性发展

文脉是当代城市的创意性发现，创新精神是人类改造自然、改造社会所要求的本质力量。作为一个历史如此悠久、文化传统如此深厚的城市，北京如何在汲取中突破，继承中创新，创建一个辩证、守正创新的新文脉呢？

《易经·系辞上》载："富有之谓大业，日新之谓盛德。"《礼记·大学》载："汤之盘铭曰：'苟日新，日日新，又日新。'"北齐史学家魏收编撰的《魏书》第六十二卷："革弊创新者，先皇之志也。"我国自古就崇尚创新精神，周口店发掘出的"北京人"文化遗存中近10万件石片、石器以及众多的用火遗迹无不体现着先民的创新胆识。北京地区最早的开拓者就具有创新精神，一代又一代北京人将它传承光大，在历史上留下了无数创新佳话。

近代以来，先进的知识分子更是把创新精神上升到救亡图存的高度。"五四运动"在北京发源，新思想、新文化由此传遍中国。中华人民共和国成立后，北京作为国家的首都，聚集了得天独厚的创新资源。2008 年北京奥运会，再一次发扬了勇攀高峰的创新精神。创新，已成为北京文脉的重要组成部分。

创新是社会前进的基础，是民族发展与活力的源泉。没有创新，就没有社会的进步，就没有人类的发展，也就没有崭新的未来。人类社会的每一点进步都是创新的结果。勇于创新、善于创新的民族和国家，就能够迅速发展和强大；而因循守旧、缺乏创新能力的国家就会失去发展的机遇。自主创新是一个民族自立和崛起的灵魂。

党的十八大以来，我国文化获得了进一步发展，十八届五中全会

更加明确地提出，实现新时代发展目标，破解发展难题，厚植发展优势，必须牢固树立并切实贯彻创新、协调、绿色、开放、共享这五大发展理念。新的发展理念，为新的历史阶段的文化发展勾勒了清晰路径，擘画了推动发展全局深刻变革的全新蓝图。我国新时代的建设必须遵循五大发展理念的引领和相互融合的协同发展。

魔都之魔与上海气派

在中国，上海被称作"魔都"。何为魔都？魔在何处？笔者认为，上海的魔都之魔应该有三方面含义：首先是魔都拥有魔力，这种魔就是全球吸引力、影响力、公信力、软实力，是美誉度；其次是魔都有一种魔性，这种魔性就是创新性、先锋性、前卫性，神奇的想象力，敢为人先的品格、气度和调性；最后是魔都当然还有魔法，这就是超前的法度、严谨的规范、规矩的建构和实践的路径。

今天的中国和世界，进入了一场百年未遇之大变革之中。国际国内发展遇到了前所未有的困难、阻碍和危机，但也带来了前所未有的机遇。中国的改革进入了深水区。

一、上海的魔力

在新中国成立 70 多年和改革开放 40 多年的背景下，我们回首，上海完成了一次又一次历史性跨越，从新中国的现代制造业基地奠定中国现代化基础，到 20 世纪 90 年代浦东开发开放，成为中国改革开放史上的伟大壮举。从上海世博会推动上海经济、科技、文化发展迈上新台阶，到进博会进一步面向世界开放，上海不断涅槃重生。

什么是魔力：魔都的魔力是全球吸引力、影响力、公信力、软实力，是美誉度，是品牌力。

世博会、进博会是上海城市品牌急速增值、发扬光大的最佳舞台。品牌城市的魅力在于城市广泛的影响力、普遍的美誉度、巨大的辐射力、强烈的吸引力，以及高度的认同感和强大的竞争力。品牌是一个城市的象征，也是一个城市的名片，它体现着一个城市的实力。城市的品牌还是城市风格的展示，是城市个性的表达，是城市文化的集中体现，是城市整体功能的抽象象征。

当代城市经营，就是要通过城市自我形象魅力的展示，使公众对其产生良好的心理认同，并产生巨大的马太效应。有赖于这种传播的扩展效应，公众在面临与该城市有关的活动时，就会产生有利于该城市的情感性选择倾向，无形之中提高该城市的综合竞争力。

十年前，上海举办世博会，那是世界各国城市文明的一次全面的检阅，也是上海开启世界城市全球城市的开幕礼。自从1851年英国伦敦举办第一届世博会以来，每一届世博会都是人类文明成果的辉煌展出，是世界各民族文化的宏大交流和沟通，科学技术发明创造在此精彩出场。上海世博会作为文明交融的巨大平台、人类生活的新起点，它是"探讨人类城市生活的盛会，是一曲以'创新'和'融会'为主旋律的交响乐；将成为人类文明的一次精彩对话"。联合国副秘书长、人类住区规划署（人居署）执行主任安娜·卡朱穆洛·蒂巴伊朱卡女士在接受新华社记者专访时指出：上海世博会"将作为重要一刻被载入史册，并将进一步提升主办城市——上海的形象"。蒂巴伊朱卡说："相信上海世博会将对上海、中国乃至整个人类发展产生深远影响。"

从2010年上海世博会开始，到今天的进博会、世界人工智能大会，以城市为主题，是21世纪世界城市文明的辉煌展示，全球城市发展成果的盛大检阅，也是上海城市品牌的一次又一次华丽亮相，是上海实现历史性跨越，走向卓越的全球城市的巨大而宽阔的平台。

通过世博会、进博会，上海在城市声望和影响、城市环境质量、城市发展机会、城市生活方式、城市市民素养和城市基础条件方面，均获得了重大突破，城市品牌价值得到了巨大提升。

新时代是全球城市发展的重要时期，在不远的未来，世界总人口将有2/3居住于城市。因此，对当下人类的城市生活的了解和体认，对未来城市生活的展望与规划，是全球关注的重大课题。世界各国人民的生活息息相关，与不同发展水平的国家及其城市的未来紧密相关。无疑，21世纪是城市的世纪，是城市大竞争的世纪，是国际化大都市特别是世界城市之间大竞争的世纪，是世界城市作为全球经济、科技、社会中心并日益成为东方文化中心的大竞争的世纪。

上海是参与当代世界城市文化竞争的"国家队"。

中国国际进口博览会（China International Import Expo, CIIE），由中华人民共和国商务部、上海市人民政府主办，旨在坚定支持贸易自由化和经济全球化、主动向世界开放市场。博览会吸引了58个"一带一路"沿线国家的超过1000多家企业参展，成为共建"一带一路"的又一个重要支撑。

2017年5月，习近平主席在"一带一路"国际合作论坛上宣布，中国将从2018年起举办中国国际进口博览会（见图1）。

2018年11月4日，首届中国国际进口博览会新闻中心正式运营；11月5日至10日，首届中国国际进口博览会在国家会展中心（上海）举行，中国国家主席习近平出席开幕式并参加相关活动。

2019年11月5日至10日，第二届中国国际进口博览会在中国上海国家会展中心举行。国家综合展在11月13—20日（每日9：30—

16：30）向社会观众免费开放。打造"永不落幕的进口博览会"，
6天＋365天。

图1　中国国际进口博览会标志

　　2020世界人工智能大会（WAIC）是经国务院批准，由国家发展和改革委员会、科学技术部等和上海市人民政府共同主办的人工智能大会。2020年7月，全球数百位AI学术界、产业界领军人士齐聚云端，共议人工智能未来之路。"3D虚拟AI家园"内来自13个国家、150多家重量级企业带来的AI奇妙体验，令人回味无穷；新一批上海人工智能重大应用场景需求发布，再度向全球企业发出英雄帖；百度飞桨AI产业赋能中心、紫光芯云中心、国家级特种机器人科创中心等一批大项目签约落沪，上海又一次站在人工智能高地新起点。这场盛会是2020年以来国内规模最大的"云上"峰会之一，对上海、中国乃至全球整个人工智能行业都产生了影响。

　　在2019浦江创新论坛全体大会上，科技部与上海市共同启动上海国家新一代人工智能创新发展试验区建设。现在，上海国家新一

代人工智能创新发展试验区围绕国家重大战略和上海市发展需求，正在努力突破人工智能发展面临的痛点难点问题，围绕"创新策源、场景驱动、开放联动、治理协同"的总体建设思路，以营造世界一流创新生态为基础，以促进人工智能与经济社会发展深度融合为主线，以提升人工智能科技创新能力为主攻方向，以场景驱动与治理创新融合试验为战略抓手，系统推进人工智能创新迭代发展，加快向具有全球影响力的人工智能创新策源、应用示范、制度供给和人才集聚"四个高地"进军。到 2023 年，集"理论、技术、应用、人才和治理"为一体，构筑综合性开放型战略优势，形成全国领先、世界先进的示范引领效应。

上海提出建设卓越的全球城市的宏大蓝图。对于中国来说，建设中国的世界城市，是关乎中华民族伟大复兴的重大战略，是在中华崛起的重要历史转折时期，中国参与全球竞争的必然选择。世博会、进博会、世界人工智能大会，为这一重大战略的实施，建造了巨大而宽阔的平台。对于上海来说，这是作为国家代表队的一次次全新展示，是作为中华民族全面腾飞的先遣队而率先实现初步现代化的战略举措。

特别让人难忘的是开幕当天，数十万观众通过 AI 家园直播，聆听了全球首支人工智能作曲并由虚拟形象合唱的歌曲《智联家园》。"我想我可以用爱的信念，和你们一起温暖人间。我想我可以改变世界，和你分享，更美的家园……"歌词中传递出的，正是当下人工智能在全球治理中的角色：智联世界、共同家园。

二、魔都的魔性

那么，什么是魔都的魔性呢？

魔都的魔性首先表现为神奇的想象力与创新创造。上海的魔性体现在这座现代化城市的文明底蕴和城市个性方面。它突出地表现为改革先锋、创新前沿、时尚潮头、文化渊薮。

城市品牌是城市形象的集中体现，代表着城市的核心竞争力，它既整合了原有的各种资本优势，符合当地居民的心理期许，又规划了城市一段时间内的发展战略目标。它是城市生态环境、人文积淀、经济实力、精神品格、价值导向等综合功能的凝练和升华，集中了一个城市自然资源与人文创造两方面的精华，拥有深厚的历史积淀，所以，城市品牌具有不可替代的经济文化内涵和不可交易的专有功能，既是区别于竞争对手的标志，也是城市个性化的表现。

上海的魔性还表现为高端创意、文化创新、海纳百川等。当代城市品牌形象的建立不再仅仅依靠过去时代的自然和历史遗产，而是在当代城市理念指导下，依靠文化产品的全面规划、设计、建构、经营，一句话，它需要震撼人心的高端创意。品牌城市带来巨大的向心力，对品牌形象的向往启动了每个人内在的文化需求。它吸引信息流、资金流、物资流、人才流，带来时尚消费、创意潮流，引领地区乃至于世界的文化风尚。这样形象力才能转化为生产力。

文化是魔都不断发展的文明之源。上海文化在600多年的建城史和100多年的魔都史中，是江南文化、新海派文化、红色文化的发祥地、传承地和创新地。

江南文化是上海文化最深厚的底蕴。梁启超说，中国南方"其气候和，其土地饶，其谋生易，其民族不必惟一身一家之饱暖是忧，故常达观于世界以外"。"江南气候温润，山川秀美，水域众多，河渠纵横，人民钟灵毓秀，聪慧灵活。"[1] 熊月之先生精当而深刻地概括了江南文化的六大特征。六朝以后的江南，特别是明清时期的江南，是中国经济、文化最为发达的地区，在经济结构、文化风格方面有鲜明的地域特点。他指出，江南文化的特点：其一，民性聪慧、灵活而刚毅、坚韧；其二，崇文尚贤，重视教育；其三，重视实践理性，发展商品经济；其四，重视实学，分工细密；其五，注重物质生活，讲究物质享受；其六，勇于挑战传统，张扬个性自由。[2]

> 这些特点反映了江南文化重视人、重视人的价值、重视人性自由发展，重视满足普通百姓的物质与精神需求，崇实、重商、重民、精致、开放、灵活，这是中国传统文化中自管子、墨子、商鞅、荀子直到南宋陈亮、叶适等人所主张的重视民生日用、重视实用实效的实学精神的弘扬，是中国文化自身滋长出来的现代性。这些特点到了近代上海，获得进一步的发展与升华，成为近代海派文化中重利性、大众性、世俗性与开放性特点的直接先导。[3]

在笔者看来，这些江南文化的特征其实是在不断变革中的。在抗击日军的上海保卫战中，江南文化—上海文化更彰显了勇毅、坚

---

1 熊月之：《江南文化、海派文化及其与红色文化的关联》，《群众·大众学堂》。
2 熊月之：《江南文化、海派文化及其与红色文化的关联》，《群众·大众学堂》。
3 熊月之：《红色文化与江南文化、海派文化一如树木之于土壤》。

韧的铁血品格；改革开放以来，上海以宏大的气魄开发浦东特区，这种勇立潮头、敢为人先的精神，更代表了江南文化滋养上海的历史底蕴。

海派文化既古老又现代，既传统又时尚，区别于中国其他文化，具有开放而又自成一体的独特风格。上海新海派文化体现了上海从历史传承而来经过当代创新改造的新型文化特征。"海派"一词最早出现时带有贬义色彩，原来是指与京派相对的上海末路文人文化，是当时所谓代表正统文化的京派文人对上海一些文人墨客的蔑视与贬斥。在京派的卫道者看来，上海的洋派作风是背离中国文化的谬种流传。但是今天的上海再也不是半殖民地时代的十里洋场，它已经成为我国最大的中心城市之一，也是亚洲最重要的中心城市之一。海派文化早已从过去文人墨客的小圈子文化发展为大气如虹的现代化开放包容创新的新海派文化，展现了迷人的东方神韵和生活美学。

党领导人民创造的红色文化是上海的精神支柱。从1921年中国共产党在上海诞生，上海就承担着中华民族解放的伟大使命，今天依旧肩负着改革开放以来中华民族复兴的历史责任。在这里，中国最早的现代化大工业带来了上海工业文化，百年沪上的商道经验、先进的理念、创新的氛围、精细的管理、包容的品质，吸引了全世界像特斯拉这样的众多客商，特别是精英人才。新的上海文化引领、充实和发展了上海传统文化，也创造了新型的海派文化。

新海派文化充分表现为时尚潮头、高端气概。作为我国第一大都市，上海曾被称为"东方巴黎""东方纽约"。面对世界格局的大变动，中国在国际事务中发挥了更大作用，而上海将义不容辞地承担开拓国际空间的重任，参与当代世界国际化大都市之间激烈甚至残酷的顶级竞争。面对这一形势，上海进一步解放思想，摒弃传统的地域文化等观念的束缚，锐意创新，构建上海文化的大气魄、大视野、大策划、大手笔，选择高端发展高质量发展的新路径，实施全球竞争的大动作。

上海创造了无比精彩、纷繁多样的生活方式。上海是中国中西文化最早的交汇之地，上海乐于容纳世界各国的多样文化与文明。作为中国时尚之都，上海百年来一直引领中国时尚风潮。从服装、居所到装饰，上海无不是风姿绰约的；上海作为海派艺术的源头，从影视、文学、音乐到话剧，无不是风韵悠长，风华绝代。

首届中国国际进口博览会上，习近平总书记这样概括上海的品格："一座城市有一座城市的品格。开放、创新、包容已成为上海最鲜明的品格。这种品格是新时代中国发展进步的生动写照。"

三、魔都的魔法

魔都的魔法是什么？

魔都的魔法首先是严谨的施工蓝图、优选的实践路径、严格的运行管理。

城市形象战略是城市理念、城市环境、城市经济、城市市民行为和城市视觉标志的综合构成体。策划、实施与树立城市形象是一项促进城市发展的注意力产业。这一产业将产生巨大的效益，产生难以估量的经济推动力，创造出城市的增值价值。城市形象设计的国际经验表明，城市品牌不是一蹴而就，也不是一劳永逸的。成功的城市形象不仅在于设计的过程，更为重要的是不断推广和创新，从而保证一个城市的品牌从创立到营销，都在一个健康的体系中运转。

上海从世博会到进博会，已经在致力于打造亚洲乃至世界的国际化大都市的品牌形象。但如何以更深厚的文化底蕴，激发上海文化的核裂变，以产生更广泛的影响力、更普遍的美誉度、更大的辐射力、更强烈的吸附力、更高的认同感，这是一个亟待解决的问题。

其次，上海的魔法是超前的法度、严谨的规范、规则的运行。

最后，魔都的魔法并不孤立静止，它与精度进行了深度融合。上海的发展延续了上海一以贯之的精度：现代大工业锤炼的设计的精美性、管理的精细性、操作的精准性、运行的精密性。如果说上海的精明过去还有些许贬义的话，今天已变成上海的品牌。上海货，高端大气信得过。

四、魔都的城市营销

魔都三魔肇源于魔都"三度"——深度、精度与温度。

魔都的深度首先是改革的深度。进入新时代、新阶段，面对新矛盾、新需求，上海是中国深化改革的排头兵。

精度：上海早已放弃粗放式发展的模式，进入了追求城市发展的精致、精准、精确、精细、精密、精微的新阶段，这从上海抓好厕所革命、垃圾分类的实践中得到了最好的印证。上海早就告别了马桶时代，今天的垃圾分类的真抓实干能看出这个城市的性格。

今天上海还进入了发展的温暖时代。魔都的温度：上海是温馨、温婉、温润、温和的温情城市，黄浦江两岸充满富于浪漫气息的温馨氛围。如今在上海到处可见数字化公共艺术，一个世界级的城市审美时代开启了上海东方艺术之都的新历程：每一个上海人都在学习获得一双欣赏艺术美的眼睛和享受音乐美的耳朵。

2006年，城市营销和城市品牌专家西蒙·安浩（Simon Anholt）提出了城市品牌指数（CBI）。这些指数包括知晓程度、地缘面貌、城市潜力、城市活力、市民素质、先天优势等6项一级指标，又称"城市品牌六边形"（见图2），每个一级指标下又细分为若干二级指标，西蒙·安浩对城市品牌的六个维度模型进行了详细的论述。

用西蒙·安浩提出的城市品牌指数来考察上海，我们看到，上海在城市声望和影响、城市环境质量、城市发展机会、城市生活方式、城市市民素养和城市基础条件上，均获得了重大进步，城市品牌价值得到了巨大提升。

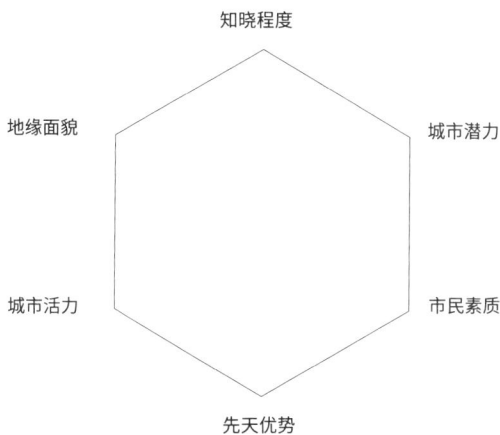

图2　城市品牌指标六维度模型

第一，城市先天优势。从世博会到进博会，上海有着世界上许多国际化大都市所不具备的先天优势。调查显示，上海能成为举办2010年世博会、进博会最佳城市的三个最重要的因素依次为：中国崛起成为经济大国（31%）、中国大陆市场的潜力（26.4%）以及中国与全球经济的不断融合（23.4%）。世博会和进博会举办地之所以选择上海，是因为世界看好中国。改革开放的中国举世瞩目。40多年来，中国经济腾飞，社会稳定，文化繁荣，综合国力显著增强，已成为世界上经济发展最快和增长潜力最大的国家之一。选择上海，对于世界来说，就是选择一个希望，选择一个市场，选择一个伙伴，也选择一种发展模式。选择上海，也是新时代国家战略。

从世博会到进博会，上海还具有全国其他城市所不具备的先天优势。上海是我国第一大都市，是近代中国工业发祥地，也是中国最具国际性的大都市。它还是长三角城市圈的核心，是长三角的领军城市，它统领中国工业基础最好、最发达的城市群，雄踞中国国民经济之首。

第二，城市的声望和影响。从世博会到进博会，上海获得了巨大的声望，城市的全球知晓度大大提升。城市的国际地位得到进一步提升，影响进一步扩大，城市的特色为更多人了解和喜爱。在过去40年中，上海在文化、科技、城市管理水平方面作出的重要贡献得到世界认可，上海的国际化都市的形象，得到世界公认。同时，上海对世界的影响也日益加强。上海成为APAC的所在地，成为亚洲重要的金融中心、总部基地。上海也拥有了一批具有良好发展前景的世界级知名企业和知名品牌。

过去的时代，一个城市的声望往往要经过很长时期的逐渐积累才慢慢形成，是积沙成塔的过程。但在今天信息极为通畅的时代，吸引世界的目光，创造"眼球奇观"或"注意力奇迹"，只能靠全球关注的重大事件。世博会、进博会就是这样的举世关注的"事件"，使上海的声望获得乘数效应，影响获得几十倍的增长。

第三，城市环境质量。从世博会到进博会，上海进入了更高的美好生活新阶段。上海的城市环境美不胜收，浦江两岸，建筑精美；进博园区，游人如织；江南胜地，盛景如画；海滨名城，气候温润。上海大力推动绿色生态，低碳技术，优化居住环境。目前，上海的居住环境已经得到极大改善，市民的生活质量得到进一步提升。上海曾经是中国制造业的重镇，在产业结构调整之后，原有的许多工业厂房成了今天驰名中外的创意胜地、艺术殿堂。而城市的修复、改造、绿化则完全改变了昔日制造业基地的面貌，逐步恢复了江南水乡的优美自然生态和人文意境。

第四，城市发展的机遇。西蒙认为，这一维度关注城市能为旅游者、商务人士以及外来移民提供什么样的经济和教育机会，他们能不能在这个城市找到服务的岗位，或做成生意，他们自己或他们的家人是否愿意去这个城市学习、深造。

世博会期间，国内外遭遇严峻的金融危机，今天，我们又一次面临超级大国挤压、世界经济衰退的现实。进博会带来的"一带一路"发展和我国及上海产业结构调整带来的契机，形成新的经济增长点。

上海进博会给"一带一路"沿线世界各国城市提供了令人振奋的发展的机遇，为国际组织和企业提供一个展示创新成果的窗口、交流合作的平台。各国间的贸易得到全面加强，科技的创新成果得到最大限度的推广，各国城市寻找最适合自身发展的新模式、新方法和新技术。

第五，城市基础设施。通过举办世博会、进博会，上海的城市基础设施获得了全面改造和建设，永久改变了对上海的拥挤、狭窄、陈旧的刻板印象，重新塑造了上海魔都的城市品牌形象。

上海兴建的连接长三角各城市的高速公路与高速铁路，使上海与周边 15 座城市拥有了一种"同城效应"。上海作为长三角的领军城市，可以更好地带领长三角城市群共同分享进博会的大机遇。长三角的同城效应加强了，对工业和产业结构调整，对长三角的进一步国际化，都将产生巨大的影响。

第六，城市生活方式。西蒙认为，充满活力的生活方式是城市形象的重要卖点。社区是城市的"细胞"，是城市人最通常的生活空间形式。健康的"细胞"才能造就健康和谐的城市。文化融合、经济繁荣，无不是以社区为基本单位实现的。如何才能让贫困社区从城市的社会地图上消失，曾经是城市发展史上最持久的困惑。联合国人居署在其《千年宣言》中提出了建设"无贫民窟城市"的目标，力争在 2020 年使世界城市中的 1 亿贫民区内居民的生活获得重大改善。

上海的城市社区的建设和重塑一直是城市管理者面临的重要任务。当今时代，发达国家城市居民结构的变化和发展中国家城市人口的空前增长令这项任务更为繁重。上海创造了许多"和谐社区"的经典案例，将中国传统文化的"和为贵"观念转化为适应现代城市社区发展的主导理念。

第七，城市公共文明与市民素养。西蒙认为，城市是由人构成的。在市民素质这个维度中，它包含受访者是否感受到该城民众的友好热情，抑或对外来者冷漠，或抱持偏见。同时，受访者是否觉得能比较容易地融入相应的社区。而最重要的是，他们如何评价该城的安全性。

城市公共文明的建设和市民素质的提升是城市创新的重要组成部分，也是一个城市建设品牌形象的重要指标。进博会、世界互联网大会期间世界各国宾客来到上海，通过亲身的经历感受中国，感受上海。

魔都三魔，魔力千钧，魔性迷人，魔法无边。

创意经济：大湾区城市群发展综合融会的头部经济

2019 年 2 月，中共中央、国务院印发《粤港澳大湾区发展规划纲要》（以下简称《规划》），引发全国高度关注，也引起全球瞩目。发展粤港澳大湾区是以习近平同志为核心的党中央做出的伟大战略决策，是关乎国家未来发展大局的放眼全球的一着大棋、好棋。它是新时代推动形成全面开放新格局的新举措，也是粤港澳开创"一国两制"融合发展新层次新格局的实践探索。

粤港澳大湾区是数千年中国传统文明的深厚浸润与传承的区域，是 1840 年以来中国近代不屈不挠抵御外侮、抗击侵略，进行伟大斗争的区域。也是新中国成立 70 年特别是改革开放 40 多年以来开放程度最高、经济活力最强的区域之一。谋划好、传承好并建设好它，既是中华民族伟大复兴的重要组成部分，也是新时代面向未来再创新境界的中国梦的组成部分。这是一次新的艰巨的挑战，是对世界做出更大贡献的百年大计。

> 粤港澳大湾区的设立和建设，是十九大以来，以习近平同志为核心的党中央做出的重大战略决策。创意经济作为大湾区综合融会大发展的头部经济，是 5G 时代粤港澳大湾区合理的可行的战略选择。它以创意经济为总领，融会数字经济、人工智能经济、流量经济、共享经济、文化经济和生态经济，建设文化—科创型国际发展的高端形态。它将成为跨界、跨地域、跨多种经济制度的创新性探索性经济形态，是

内地与港澳经济科创与文化深度合作创新的重要实践。大湾区发展以创意经济为基础的头部经济，应当构建文化创意经济的新航母发展模式，鼓励和支持创意企业大发展的独角兽模式，培育百万创客的满天星模式。

当前我国调整经济结构，稳定增长，已将文化产业、数字创意产业、人工智能、共享经济、生态产业，乃至于新需求带来的文化消费升级，视为当前改革的高端产业形态和目标产业形态。大湾区迫切需要解决宏观层面的顶层设计，改革体制与机制，建立创意经济的顶层管理与运营机制，来协调大湾区当前产业的升级换代。要将数字创意产业、文化产业、旅游业、高科技创新、国际文化贸易、国际文化服务，以及制造业升级换代，进行高端产业形态的综合、协调与融会。而各个城市政府推出的各项政策和措施也需要统合协调，以形成全面合力。

因此我们认为，粤港澳大湾区的未来发展应在《规划》的引领下，以5G为背景，以创意经济总领，来融合数字经济、人工智能经济、流量经济、共享经济和生态经济，形成科创型国际发展的高端形态。创意经济应当作为大湾区综合融会大发展的头部经济来优先关照，应当成为跨界、跨地域、跨多种经济制度的创新性探索性经济形态，而大湾区将成为内地与港澳经济深度合作的创新示范区。

粤港澳大湾区在历史积淀、文化传承、科技发展、创新态势、跨界融合等方面均达到一个新的转折点。如何回答历史交给我们的这张考卷，需要我们拿出十倍的勇气，百倍的努力，站在世纪高点审时度势，拼力奋进，勇立潮头，创为开新。

一、创意经济是大湾区综合融会大发展的头部经济

《规划》要求：粤港澳大湾区要着力建设国际科技创新中心，构建开放型区域协同创新共同体，打造高水平科技创新载体和平台，优化区域创新环境、优化提升信息基础设施，构建具有国际竞争力的现代产业体系，培育壮大战略性新兴产业；加快发展现代服务业，建设宜居宜业宜游的优质生活圈，推进生态文明建设；创新绿色低碳发展模式，打造教育和人才高地、共建人文湾区、构筑休闲湾区，拓展就业创业空间；三地紧密合作共同参与"一带一路"建设，打造具有全球竞争力的营商环境；提升市场一体化水平，携手扩大对外开放，共建粤港澳合作发展平台。

如何实现以上这些各自相对独立而又有复杂关联的任务，我们需要找到抓手，打出第一轮排炮。

从历史、现实和未来发展看，创意经济是最恰当的选择。我们认为，将创意经济作为大湾区综合融会大发展的头部经济，以创意经济总领，融会数字经济、人工智能经济、流量经济、共享经济和生态经济，建设文化—科创型国际发展的高端形态，是合理的可行的战略选择。它将成为跨界、跨地域、跨多种经济制度的创新性探索性经济形态。

那么，什么是大湾区的头部经济？什么是我们所推动的创意经济呢？

创意经济是当前全球发达国家特别是新兴国家大力推动的融会型前沿经济形态。联合国相关机构从 2008 年以来发布六大报告，从宏观整体上把握全球经济和产业特别是发展中国家的发展态势而主推

的战略，具有跨越相邻产业或经济形态的顶层设计和全方位观照的视野。

联合国贸易和发展会议从广泛的意义上提出了创意经济的定义：

> 创意经济是一个不断演进的概念。概念的基础是创意资产拥有增进经济成长和发展的潜能。它可以促进创收、创造就业机会及增进出口收益，同时促进社会包容、文化多样性和人类发展；它包含了经济、文化和社会方面与技术、知识产权和旅游目标之间的互动；它是一系列以知识为基础的经济活动，具有发展维度，并与整体经济在宏观和微观层面上有交叉联系；它是一个可行的发展方案，要求创新的、多领域的政策回应和各部门的协调行动。[1]

联合国贸发会议对创意经济的最新的理解指出：

> 创意经济的概念吸引了所有拥有创意资产和丰富的文化资源的发展中国家对创意经济重要性的关注。这些丰富的资源创意产业不仅能使各国展示自己今天向他们自己和世界呈现的独特的文化特征，同时也能为这些国家提供促进经济发展，创造就业机会和扩大所占全球经济份额的源泉。与此同

1 联合国贸发会议（UNCTAD）：《创意经济报告2010》，中国社会科学院文化研究中心翻译，三辰影库音像出版社，2011：9。

创意经济：大湾区城市群发展综合融会的头部经济

时，创意经济也推动了社会包容、文化多样性和人类发展。[2]

　　创意经济……通过相互联结而灵活的网络生产服务系统得以运行，并涵盖了整个价值链。如今，创意经济深受日益强大的社会网络的影响。新工具如博客、互联网论坛、维基百科等促进了创意人士、创意作品、创意场所之间的连接与合作。[3]

　　这里，贸发会议强调了创意经济是一个"相互联结而灵活的网络生产服务系统"，大湾区的未来是粤港澳三地11座城市相互联结的网络生产服务系统，它涵盖了整个价值链。在5G支持下日益强大的社会网络如微信、微博、短视频、公众号、创客系列等促进了三地各城市创意人士、创意作品、创意场所之间的连接与合作。报告进一步指出：

　　在创意经济中谁是利益相关者，他们之间的关系如何，创意产业与经济其他产业之间的关系如何，更好地了解这些问题对于制定实用性政策至关重要。政策的关键目标要具体而不能宽泛，最好不要自上而下或者自下而上，而是要考虑到涉及各利益相关者的所有权和合作伙伴关系，这些利益相关者来自公共部门和私营部门、艺术家群体和市民社会。更

2　联合国贸发会议（UNCTAD）：《创意经济报告2010》，中国社会科学院文化研究中心翻译，三辰影库音像出版社，2011：9。
3　联合国贸发会议（UNCTAD）：《创意经济报告2010》，中国社会科学院文化研究中心翻译，三辰影库音像出版社，2011：18。

具包容性和灵活性的方案会促进有效和创新措施的形成，使创意经济具有新的活力。[4]

这一论述强调了更宽泛的经济、文化和社会方面与技术、知识产权和旅游目标之间的互动，和创意产业实际操作中遇到的多个领域的政策实施的一致性，以及三地各城市政府和经济管理各部门的协调行动。创意经济将打破发展中遇到的制度壁垒、地域壁垒、部门壁垒、行业壁垒等瓶颈的制约。

创意经济对于大湾区跨城市跨部门政策的协调具有重要意义。联合国贸发会议强调了这一超出"产业自身范围"的跨越：

> 创意经济扩展到了政治责任和政府管理的广泛领域。尽管许多政府已经确立了特别的部委、部门或具体单位来处理文化产业事务，但实际上几乎所有领域的政府政策都多少与这些产业相互影响，涉及的领域如下：
>
> ——经济发展：如前所述，创意产业对促进国家经济发展做出了重要贡献，成为财政部门、金融部门和规划部门的关注焦点；
>
> ——贸易：创意产品与服务是大多数国家国际贸易中的重要因素，并因此处于贸易、外交事务和国际关系部门的政策监管之下；

4　联合国贸发会议（UNCTAD）：《创意经济报告2010》，中国社会科学院文化研究中心翻译，三辰影库音像出版社，2011：35。

——区域发展：在区域经济规划中，创意领域是发展战略的特殊目标；

——劳动力：如前所述，创意产业对就业的影响是重大的，是劳动力市场政策的关注领域；

——国内和国外投资：通过具体的财政或管理措施，鼓励创意产业的私人投资，或将其引入某些特殊领域；

——技术和通信技术：新技术对创意领域非常重要，电话服务、网络、宽带、卫星通信等的规范（或政策放宽）都对创意产业有重要意义；

——文化：创意艺术的核心功能，通常由政府通过追求经济和文化目标来支持；

——旅游业：如前所述，在许多国家，创意产业（特别是表演和视觉艺术、文化遗产服务）和旅游业在对城镇地区经济活力贡献方面紧密相联；

——社会事务：有关减轻贫困、少数民族社会冲突、青少年和性别差异问题的政策都可以通过创意经济来实现；

——教育：随着创意产业的壮大与发展，人们对创意产业劳动力的职业培训越来越感兴趣。艺术教育中更普遍的问题也与此有关。[5]

创意经济绝不是简单的传统经济概念，而是新形势下适应大湾区

---

5 联合国贸发会议（UNCTAD）：《创意经济报告2010》，中国社会科学院文化研究中心翻译，三辰影库音像出版社，2011：24。

发展的具有广泛延展性的开放观念，是具有统摄性、融会性、包容性和未来性的高端产业形态。 所谓统摄性，就是创意经济统合经济发展、贸易运行、区域发展、国内和国际投资；所谓融会性，它必须关注政府管理及其相应的政治责任，要关注文化发展、旅游业发展，公共服务和减少贫困人群；所谓包容性，是关注多种社群、减少乃至消除文明冲突，反对种族歧视等等；所谓未来性，是指创意经济在未来全球发展中具有越来越重要的地位，预示了全球综合融会发展的大趋势。 创意经济作为大湾区的头部经济，可以统领和融会相关创意经济的不同城市、不同体制、不同阶梯、不同地域、不同行业的发展不平衡的问题，推动包容性融合互补发展。 根据具体发展层次、行业水平、现有条件，采取多样化的解决方案，解决大湾区高端产业目标不一、聚合散漫、增长不均衡等问题。

创意经济的跨越产业、行业、专业领域的越界融合，建设大融合的新型国家经济新形态，实现两个升级换代具有重大作用和意义；一方面，进一步打破制度壁垒、所有制壁垒、地域壁垒、部门壁垒、产业壁垒、行业壁垒、专业壁垒。 创意经济对于我国调整经济结构，强化原创力，改变目前制造业产能严重过剩、增长乏力的局面，打造中国经济升级版，引领我国制造业走向高端的意义十分重大。 另一方面，它将推动我国文化产业自身升级换代，由传统业态、低端旅游等向高端科技特别是线上业态、电子商务、移动运营发展。 同时两方面的高度融合，以创意设计与高新技术引领，以全新电子营销等方法，与文化艺术消费结合，全面提升我国制造业，实现实体产业与虚拟经济的结合、线上线下的结合，使创意经济引导创意产业更快扩展。

　　　　　　　　　　创意经济：大湾区城市群发展综合融会的头部经济

联合国贸发会议还特别明确提出：

> 创意经济的核心是创意产业。[6]

以科技创新为根本的创意产业是创意经济的核心。 创意产业主要以产业形态展现，更关注产业内的运营和产品的创造，而创意经济则更突出地体现了一种跨领域、跨类别、跨行业的"越界"和产业交融的特点。 它包含了创意产业发展的不同阶段、不同层面，并展示了它由初起的对整体经济的微弱影响到成为整体经济的重要组成部分的延伸扩展态势。 而创意经济的另一种含义也体现了创意和创新作为推动当代世界经济、社会各领域发展的核心要素的意义，它反映了全球创新与创意引领经济发展和辐射其他领域的思潮的大趋势，也包含了促进社会包容、文化多样性和人类发展的积极意义。

以中国创新型城市深圳为先导，融会广州、东莞、香港、澳门的大湾区城市联合体，将合理地以创意产业作为创意经济的核心。

二、大湾区以创意经济作为头部经济的"五大战略基础"

粤港澳大湾区作为新时代国家进一步推进改革开放的重大战略决策，必将在参与世界竞争和引领区域转型创新发展中发挥越来越大的作用，头部经济的效应也会逐步彰显。 总体而言，大湾区以创意经

6　联合国贸发会议（UNCTAD）：《创意经济报告2010》，中国社会科学院文化研究中心翻译，三辰影库音像出版社，2011：9。

济作为头部经济的战略基础体现在以下几个方面。

第一，5G 的高速发展为大湾区未来奠定了新的高端平台。5G 带来了生产力的大解放，是一场影响世界的全球科技革命，5G 将进一步引发社会与文化的大变革。调查机构预测显示，到 2025 年，5G 网络将在全球 111 个国家和地区实现商用。其中，中国的 5G 覆盖率将达到 25%，并与美国、日本一起成为全球前三的 5G 大国。届时，包括中国、美国、日本和欧洲在内的四个经济体将占据全球 70% 的 5G 市场，拥有 9 亿多用户。作为第五代移动通信技术，5G 能够提供高速率、低时延、可靠安全的增强型移动宽带服务。其峰值理论传输速度可达每秒数 10Gb，比 4G 网络的传输速度快数百倍，而更为形象的描述是，5G 环境下，可在 1 秒之内下载完成一部超高清电影。

5G 是当前全球科技竞争的前沿领域，中国已在这一战略竞争中先行一步。随着中国 5G 相关技术研发和基础设施建设的持续推进，5G 在中国已经开始走向商用，成为引领当代世界信息化发展的领跑者之一。5G 已成为互联网相关行业创新发展的推动者。5G 支持的数字化、人工智能、云服务、移动传输、物联网等展现了其巨大的张力，它通过与工业、交通、农业等垂直行业广泛、深度融合之外，也将对社会文化、新文学艺术、新媒体、文化产业、旅游业等产生重大影响，也将催生更多创新应用及新业态。2018 年春节期间，广州庙会组委会联合中国联通广东省分公司，首次实现 5G 网络 VR 直播，将民俗文化巡演的热闹盛况实时呈现给未能到场的市民游客，这也是广东省内首个利用 5G 网络进行大型活动 VR 直播的案例。

大数据是大湾区未来发展必做的功课。当今世界正在进入大数据时代，5G 背景下数据的作用前所未有地凸显，成为国家竞争的前沿、企业创新的来源。大数据是以容量大、类型多、存取速度快、应用价值高为主要特征的数据集合，正快速发展为对数量巨大、来源分散、格式多样的数据进行采集、存储和关联分析，从中发现新知识、创造新价值、提升新能力的新一代互联网信息技术和服务业态。

处于世界经济发展前沿、信息技术创新前列的国家——美国，将大数据看成是"未来的新石油"。大数据最经典的案例是：美国时任总统奥巴马及其团队创新性地将大数据应用到竞选活动中，通过对搜集、存储的海量数据进行分析挖掘，寻找和锁定潜在的己方选民，运用数字化策略定位拉拢中间派选民及筹集选举资金，成为将大数据价值与魅力发挥到淋漓尽致的典型。

当前中美贸易争端仍在发酵，其核心在于 5G 等高科技互联网数字产业的争夺。粤港澳大湾区聚集着华为、腾讯、大疆、迅雷等一批具有世界影响力的互联网高科技企业，它们在未来互联网创意经济的世界竞争中将扮演十分重要的角色。

第二，科技创新与文化创意是大湾区发展的重要机制和经验。这是世界三大湾区重要的发展经验，人们耳熟能详的佳能、三菱电机、索尼等大企业及其研究所，均置身于东京湾区的京滨工业区。过去上百年时间里，东京向西发展出京滨工业带，向东发展出京叶工业带，这两个工业带同时又与东京腹地的金融、研发等功能紧密互动。这些具有产业创新能力的机构使得京滨工业区具有很强的管理和科技研发能力，也是东京湾区创造经济奇迹背后的重要原因。在旧金山湾区的硅谷，众所周知，云集了如斯坦福大学、加州大学伯克利分校等世界一流的研究型大学，以及劳伦斯伯克利国家实验室、劳伦斯利弗莫尔国家实验室等实验室，还有硅谷大企业先进的研究机构。众多全球知名的互联网企业，至今仍在硅谷发展。而闻名世界的华尔街是纽约湾区的一张名片。在纽约华尔街，2900多家世界金融、证券、期货及保险和外贸机构聚于此，还有支持这些机构发展的纽约证券交易所和纳斯达克证券交易所。对于粤港澳大湾区的建设而言，我们既需要硅谷的创新企业和研究机构，也需要纽约华尔街的金融支持，还需要东京高端制造业的"产业湾区"。在构建大湾区创意经济的多层次战略构架，实现国际一流的中国特色的大湾区宏大目标中，借鉴、学习和创新超越，则是我们必然经历的过程和阶段。

第三，城市群的融合发展奠定了未来大湾区发展的优势条件。从纽约、旧金山、东京等世界各大湾区发展的实践经验看，多个城市共同发展的城市群，是当代发达国家发挥经济文化科技优势的主要形态。在未来战略定位上，粤港澳大湾区要建成充满活力的世界级城市群、"一带一路"建设的重要支撑、内地与港澳深度合作示范区和宜居宜业宜游的优质生活圈。

大城市群的融合发展是当今世界区域发展的基本态势；而面海的湾区往往是发展最早最好的地区。在城市群建设中处于领先地位的是纽约、旧金山、东京湾区的建设，而当今世界特别是新兴国家正在兴起许多新的湾区。我国珠三角地区在改革开放中已经推动和融合了众多城市，形成了我国开放最早、成就最大的珠三角前沿发展区。

我们所要建设的世界性城市群，应该是政治民主、制度合理、经济发达、基础设施完善、科学技术水平先进、信息网络通畅、高新技术人才聚集、生态环境良好的，对世界政治、经济、文化都具有强大影响力的，可持续发展的国际化城市群。

《规划》站在构建大湾区全面开放新格局的角度，从全球化视野出发设定了湾区发展的新远景，提出了粤港澳互补、协同、包容发展的新要求，确定了以旅游服务、文化创意、人力资源服务、会议展览及其他专业服务等为重点，构建错位发展、优势互补、协作配套的现代服务业体系的发展路径，从而把大湾区建设成世界著名的宜居宜业宜游的优质生活圈和城市群旅游目的地。

深圳作为大湾区创意经济的引领者，作为未来具有全球影响力的国际科技创新中心，是大湾区科创方面的领军者。2月27日，香港特别行政区政府统计处发布消息称，2018年香港实现地区生产总值28453.17亿港元，折合人民币24000.98亿元，按照深圳此前公布的数据，2018年深圳市GDP为24221.98亿元。这意味着，2018年，深圳GDP首次超过香港，高出221亿元左右。2008—2018年，香港经济增长年平均为3%，深圳经济增长年平均高达11%。在科创方面，深圳的华为、腾讯、中兴、大疆等企业正是我国创意经济的领头羊。以华为为首的团队代表了当今世界5G发展的最高水平。华为Mate X折叠屏的展示，是中国5G时代到来的一个开场白。

第四，粤港澳根脉一宗、文化一理、山水一统、兴亡一体，构成了大湾区综合融会的创意经济的深厚基础。从长远的文化视野看，构建国际一流的湾区需要建设世界级的文化中心。我们观察国际一流湾区，大都是当今世界重要的文化中心。湾区的文化底蕴来自其长期形成的主导性精神、文化、观念和宗教，它确立了该湾区总体的品牌特性，并获得国际国内的广泛声誉。如纽约大湾区依托联合国、百老汇、林肯艺术表演中心、大都会博物馆，以世界主义塑造自己的文化特质，20世纪70年代的艺术文化再造，进一步提升了它国际文化中心的声誉；旧金山大湾区依托嬉皮士文化、近代自由主义和进步主义，以宽容主义和青年亚文化吸引全世界"文青"和"创客（数客、黑客、极客）"，形成了自己独特的文化"标记"，已成为世界著名的创新创业的创造性宜业"圣地"；东京大湾区依托日本本土"万世一系"的传统思想和"脱亚入欧"的工业精神，以工匠精神塑造自己一丝不苟的精细特质，成为在亚洲现代化发展中被全世界向往和学习的工业文化传承创新样板。可见湾区的文化发展一靠悠久历史传承发展，二靠不断创新创意建设，以独特的品牌价值不断"吸粉"，增加更广泛的吸引力。

粤港澳大湾区的建设也是如此。三地 11 城地域相近，根脉一宗，文化一理，山水一统。以广州为首的粤港澳城市 2000 多年来，以中国传统文化儒、释、道为共同的"中华之根"。1840 年以来更是荣辱与共，兴亡一体。香港回归和澳门回归，更是洗雪百年耻辱，成为世界上发展最快、最具经济文化活力的湾区。

同时，大湾区内的每个城市又各具文化特色，香港具有中西合璧的城市文化魅力，深圳有丰富的世界高端创意设计资源，澳门的东西方多元文化长期交融共存。以粤剧、龙舟、武术、醒狮等为代表的岭南文化，具有非常独特的文化魅力；香港、澳门、广州、佛山（顺德）等地的饮食文化独步中华，享誉全球，澳门、顺德入选国际创意城市网络"美食之都"；大湾区现代时尚、音乐、体育等服务业享有盛誉，大型国际商品展、书展、科技展、文化交流展等展会活动规模大、范围广，培育了一大批文化经营和青年时尚达人。曾经被称为文化沙漠的深圳，已成为南中国最爱读书、市民素养不断提高的文明之城。这些优势条件奠定了建设共同的人文湾区、塑造大湾区人文精神的深厚基础。未来通过对大湾区人文精神内涵的进一步提炼，对湾区传统文化的传扬与公共文化服务体系的构建，将进一步涵养湾区的文化共识，提炼湾区文化的品牌特征，形成湾区文化自信的强大精神动力。

此外，大湾区内的广州、香港、澳门、珠海等城市都是各有特色的著名旅游目的地，拥有都市旅游、历史街区旅游、购物旅游、研学旅游、邮轮旅游以及休闲娱乐、养生保健旅游等产品体系；有国际航运中心的交通便利、"144 小时过境免签"的政策优势，更有世界一流的旅游产品创意策划和开发生产能力，为建设粤港澳大湾区世界级旅游目的地提供了非常雄厚的基础条件。

第五，创意经济具有高知识性、高增值性和低消耗、低污染等特征。它依靠创新，推进科技、文化、经济的全新发展，它是可循环可持续的环境优化型生态经济。创意经济也是一种现代服务经济，在当前大湾区大陆人均 GDP 已经达到 1.5 万元人民币的小康水平的条件下，人民群众更高的精神文化需求空前爆发，需要现代服务业提供更好更方便的服务。春节期间广州的 5G 花市就以高科技与审美文化的完美结合，彰显了具有创意的服务经济新景观。未来进一步优化提升深圳前海深港现代服务业合作区功能，打造广州—南沙粤港澳全面合作示范区，推进珠海—横琴粤港澳深度合作示范发展特色合作平台，都将展开更宽广的美好前景。

服务业在中国有巨大空间，目前湾区有 7000 多万人口，是世界上人口众多的大型湾区。未来湾区要加大高端服务业发展，让服务业带动整个湾区增长。美国目前服务业每年对新增长的部分的贡献达到 70% 以上。2018 年我国服务业推动中国消费的贡献已经超过投资贡献，这是我们第一次出现消费的贡献超过投资贡献，背后原因是服务业发展。作为高端服务业的创意和设计服务，在促进与相关产业深度融合中发挥着重要作用。它是经济结构调整的重要内容，有利于改善产品和服务品质、满足群众多样化需求，也可以催生新业态、带动就业、推动产业转型升级。中央确定了推进文化创意和设计服务与相关产业装备制造业、消费品业、信息业、建筑业、旅游业、体育产业，乃至农业的融合发展的政策措施，并制定了一系列相关扶持政策，包括金融服务和后续的政策具体落实的步骤、路径、方式和保障，也是促进我国调结构、稳增长、转方式、促升级的重大战略选择。

为进一步推动湾区取得收益，大湾区创意经济政策必须大力创新。要全方位地建立人才、环境、交易、体验的平台，建立更新的上市融资机制，建设 5G 时代网络化、移动化，线上线下完美结合的高科技技术与销售平台和实行综合服务的孵化器运营平台等，全面实现创意经济的升级换代。为将大湾区散在的 11 城市连接为一个高度互通互联的城市群，必须构建一个"创意纽带"，建立起 11 个城市之间在创意设计、人才选聘、投资选择、技术共享、城市管理、企业家能力和对外贸易等方面的"创意对接"。创意经济也要求粤港澳大湾区具有更高的国际化层次和全球贸易的经营水平，面向世界，联通全球，成为海上丝绸之路的巨型基地与最佳通路。根据最新数据，在"抢人大战"的体制改革政策创新之后，广东已经成为人口增速最高的省份。

总而言之，创意经济作为大湾区未来的头部经济具有完备和充分的战略基础。在创意经济的多方融会中，深圳具有全球以 5G 为代表的信息科技的领先地位，它以创意经济的核心创意产业的高速发展引领大湾区的科创大业；香港具有全球瞩目的金融与贸易的优势地位，在创意经济中拥有投融资的丰富资金和实践经验；澳门具有全球知名的娱乐旅游、休闲产业巨头的地位，它构成了创意经济中文娱消费的坚固支撑；广州作为南中国最重要的中心城市和海上丝绸之路的起点，成为创意经济的内陆纵深腹地。其他七个城市也以各自的特点和优势成为大湾区这盘大棋布局上不可或缺的要塞或堡垒。

三、设计构建大湾区创意经济"三大新模式"

大湾区创意经济应当建立何种发展模式才能在未来全球竞争中立于不败之地？突破禁区，创新创意创造，跨界跨行越界融会是未来发展的必由之路，要在过去的科技、学术、制度、区划的交叉地带进行"边界作业"。20 世纪以来最令人瞩目的经验是，全球 90% 的创新成果来自跨界的创新。我们建议，大湾区应当构建文化创意新航母发展模式，鼓励和支持创意企业大发展的独角兽模式，和培育百万创客的满天星模式。

构建创意经济的新航母发展模式。全球互联网创意企业的巨无霸是以苹果、谷歌为首的美国创意经济航母舰队群，这是全球唯一的巨型集群。当今世界还没有任何一个国家能够建立起这样一支科创、文化、经济的航母舰队群。这个舰队群以苹果为旗舰，加上谷歌、亚马逊、微软、Facebook，以及 IBM 等巨型头部企业，其中苹果、亚马逊和微软都曾达到 1 万亿美元的市值。这些公司均超过全球制造业、能源类公司，成为美国经济的坚实支柱。在美国 19 万亿

GDP 中，占据极重要的地位，为美国的 GDP 增速做出了重要贡献。它甚至是超过美国军事航空母舰舰队群的更具长远影响力的软实力与巧实力。

中国互联网移动网相关创意经济行业在经过数字大潮的洗牌后，已升级换代为中国文化产业、创意经济的高端产业、核心产业、领军产业、先导产业，真正成为支柱产业。一支以华为、腾讯、阿里巴巴、百度、京东方、中国移动、京东等互联网上市企业为代表的准航母舰队群已经开始成形。

对于粤港澳大湾区来说，采用创意经济的新航母发展模式，建设和培育一支 5G 背景下的数字湾区的创意经济的不断壮大的集群，将对湾区未来创建中国特色的国际一流新型湾区具有不可替代的作用。

构建创意企业独角兽培育模式。独角兽企业是城市战略转型重要的中观主体，美国是全球独角兽企业最多的国家。中国独角兽企业在总量上仅次于美国，但质量上还有较大差距。独角兽企业的诞生将引领城市产业生态发生根本变化。独角兽企业，不仅是衡量地区创新能力的一把标尺，更代表着未来创意经济的发展方向。以杭州举例，2000 年杭州提出打造电商的口号，由此崛起了阿里巴巴集团，该集团共孵化了 7 家独角兽企业。最近成都又建设了独角兽岛，大力迎接全球领先的创新企业入驻。

构建百万创客满天星模式。创客最初指专注于利用互联网数字技术设计产品原型的具有创新天赋和爱好的群体，后引申为所有热衷创新创意与创造、以分享最新技术和交流前沿思想为乐趣的创新群体。他们的另一个相近的名字叫"极客"（美国俚语 Geek），而其中最为痴迷于寻找一切网络系统的 BUG 的人，成了黑客（骇客），他们都很年轻，好奇是他们的本质特征。2007年以降，全球掀起了一股创客文化的浪潮。2014年，美国时任总统贝拉克·奥巴马将"创客"提高到"打造新一轮国家创新竞争力"的战略高度，同时宣布把每年的6月18日定为"美国国家创客日"。无疑，创客运动是新时代颠覆现实世界的助推器，是一轮具有时代意义的新浪潮。

构建百万创客满天星模式，需要进一步建立大湾区创客空间与大量"双创"基地。由个别创新性人才零星出现，到培养千千万万个创客的创意集群，直至创意阶层的形成，需要大湾区做好一系列培育提升的"功课"。美国学者理查德·弗罗里达在《创意阶层的崛起》一书中，开宗明义地指出了创意团队在相关产业发展中所扮演的重要角色："本书描述的是一个新的社会阶层的出现。"具体而言，创意人才的崛起，以及他们为大湾区经济社会发展所提供的智力支持、创意服务等，已经从根本上扭转湾区经济文化发展的原有格局，"人类创意跃升为当今经济生活的决定性特征"。因而，大湾区建设要牢牢把握培养创意人才这一根本"路线"，打造富有战斗力、攻关力、思想力的创意团队，夯实"智力资本"的综合容量和发展基础，不断推动湾区创意经济的快速、健康发展。事实上，小到一个公司的发展壮大，大到一个国家综合国力的提升，创意智慧、创新思路等都在其中扮演着不可估量的关键角色。许多眼光前瞻、视野开阔的著名企业家无不是"创意智慧"或"创意思维"的推崇者与实践者。有数据显示，在一些事关经济社会发展的关键行业中，如电信网络、工业设计、建筑规划、影视传媒中，一大批受过复合式教育的优质创意人才对产业升级换代、行业快速发展做出了并继续做出重要的贡献。

需要特别提出的是，粤港澳大湾区具有一国、两制、三货币、三关税区的特点，三地在经济制度、法律体系、行政体制和社会管理模式等方面，在经济自由度、市场开放度、营商便利度及社会福利水平等方面也都存在不小的差异。要真正实现大湾区的全面融合大发展，还有很多困难和问题。路，还很长。

青春深圳：快步走向国际化大都市

——访著名文化学者金元浦教授

记者：您在高交会的发言，就国际化城市谈了很多真知灼见，那么，您个人觉得什么是国际化城市的精髓所在？

金元浦：建设国际化城市是落实党的十七届六中全会精神的重要内容和具体实践，标志着深圳进入了更高的历史阶段。这是关乎深圳未来发展的重大战略，是深圳参与全球竞争的必要方式。

近代城市发展国际经验也告诉我们，纽约的兴起和成长为世界城市，成为美国崛起乃至于成为世界大国的标志。东京成为世界城市，也成了日本崛起为世界大国的象征。北京建设世界城市，是因应历史的呼唤，回应全民族的期盼，去实现中华民族伟大复兴的中国梦。深圳建设国际化城市，是借鉴世界城市发展的经验，将中国最年轻的城市带到世界大舞台，参与全球的竞争。深圳将在这新一轮竞争中跃上新的更高的国际平台，续写中国走向世界的新神话。

21世纪是城市的世纪，是城市大竞争的世纪，是国际化大都市特别是世界城市之间大竞争的世纪，是世界城市作为全球经济社会中心并日益成为文化中心的大竞争的世纪。

国际化城市或世界城市是全球经济、社会、文化活动的制高点，建设国际化城市是当今世界共同关注的重大主题。城市，特别是国际化大都市，在全球的经济发展中扮演着日益重要的角色。全球化改变了世界原有的格局，以冷战为主的方式转变为新的金融、科技、文化创意为主的竞争方式。同时，国际化城市的发展方向又由单一的经济方式走向更加关注文化品格和社会和谐的方向。

对于中国来说，建设一批中国的国际化城市，是中华和平崛起的重要历史转折时期中国参与全球竞争的紧迫选择，是关乎中华民族伟大复兴的重大战略。2011年的大运会，在全球瞩目下之深圳在这里转身，华丽亮相，以国家战略的高度，以生态文明的前沿姿态，向世界展示了深圳这个中国最年轻的城市。作为国家青年代表队，深圳以其青春活力和全新的面貌走向全球城市的大竞争中。这是深圳走向国际化城市一次成功的试航，是新世纪深圳城市文明的初试身手，也是深圳城市品牌的一次华丽"走台"；是深圳走向创意之都、设计之都、文明之都的精彩实践，也是深圳实现历史性跨越，走向国际化城市的隆重奠基礼。

在我看来，更开放、更高端是深圳走向国际化先进城市的目标，更人文、更宜居是其内在的精髓。

那么，什么样的城市是国际化城市？国际城市研究大师弗里德曼采用"核心—边缘"的方法，给出了7项指标用来衡量世界城市：(1)主要的金融中心；(2)跨国公司总部所在地；(3)国际性机构所在地；(4)商业部门（第三产业）高速增长；(5)重要的制造中心；(6)世界交通的重要枢纽；(7)城市人口达到一定规模。这些衡量的指标主要关注在经济全球化过程中城市发展的市场外扩，功能延伸。一句话，在20世纪国际化都市的测度评价指标中，经济是占据主导地位的评价要素。此后，评价指标不断变化。彼弗斯道克（Beaverstoek）和泰勒（Taylor）提出了用现代服务业中的财务、广告、金融和法律等四大产业来区分城市的地位和作用，划分全球城

　　　　　　　　　　　　　　　青春深圳：快步走向国际化大都市

市，他们列出四大产业全球排名前几十位的跨国企业，考察它们子公司和分公司在世界城市的分布情况，根据公司个数的多少将世界城市划分为三个层次：10 个 Alpha 级城市，10 个 Beta 级城市，35 个 Gamma 级城市。

记者：除了光鲜的经济吸引力，国际化城市如何能迷人、吸引人、宜居？如何让国际化城市里的生活充满质感和人味？

金元浦：在全球化的推动下，世界形势发生了重要变化，国际上建设国际化城市的趋势发生了新的变化。人们对它的认识也有了新的提升。以人为本，生态平衡，宜居宜业，文明创新，成了国际化城市更高的目标。

传统的现代性理念和国际城市发展中，经济发展占有绝对主导的地位，城市代表着财富的集聚、富人的天堂，代表着企业的驻地、商贸的中心。城市如何在全球竞争中以自身主导的产业赢取成功，是城市发展的主要目标。所以，城市管理者们更关注 CBD、产业集聚区、机场、高新技术园区的发展。但未来的变化趋势是，城市功能由经济主导型或经济唯一型向综合平衡的更加社会化的功能转变；国际化城市的发展更注重城市社会功能的开发，更注意解决城市的公共服务问题，防止社会分化，促进经济和社会的全面协调发展。深圳在未来建设国际化城市中，要更加注重城市经济发展与社会发展的平衡。

在传统的现代化城市发展的模式中，城市的资源极大浪费，生态环境往往遭到不同程度的破坏。在新的国际化城市的发展中，各国更看重高科技创新，特别是数字信息产业的发展，将之作为具有基础支撑作用的城市核心产业之一来发展。如纽约建设数字纽约、硅港，英国建设数字伦敦，香港建设香港数码港，北京建设信息北京。

同时，各国高度重视节约资源，保护生态，关爱环境。生态平衡的宜居环境在城市发展中日益具有重要地位。追求低碳目标、循环经济与可持续发展成为建设世界城市的新的重要目标。深圳这些年来高度重视环保问题，在大运会期间集中塑造了深圳作为环保城市的品牌形象。

20世纪末以来，随着文化产业、创意经济的兴起，文化产业日益成为城市经济的支柱产业，成为城市发展的驱动力。而独特的富有魅力的文化品格、城市形象和市民人文素质，也成为全球关注的中心，因而也成为世界城市获得最佳品牌效应的重要途径；文化多样性和宽容和谐的城市氛围，使得像巴黎这样的世界城市得到了更多的青睐。而优异的创业环境，高阶舒适的生活，文明的城市环境，也使新加坡、悉尼、中国香港等国际城市成为吸引外来人才和国际人口的重要目的地。伦敦作为创意之都，对于创新创意的高度重视，且因此获得的高速发展，引起人们高度关注。

"创意城市"研究的代表人物查尔斯·兰德利在《创意城市》一书中提出创意城市的测量指标，其中相当值得介绍的是：都会的活力和生命力（Landry，2000）。活力是一座城市天然的力量和能源，需要加以集中以形成生命力。创意是活力的催化剂，活力是创意过程的重心。运用革新为城市带来长期效益，这样的做法是可持续发展与充满生命力的。

记者：当下的中国，大举进行着城市化，您如何看待评价城市化？如何在城市化进程中，避免畸形发展的出现？

金元浦：城市化是当今世界的大潮流。21世纪是全球城市发展的重要时期，在不远的未来，世界总人口将有三分之二居住于城市。因此，对当下人类的城市生活的了解和体认，对未来城市生活的展望与规划，是全球关注的重大课题。世界各国人民的生活息息相关，与不同发展水平的国家及其城市的未来紧密相关。

近年来研究进一步发现，当一个国家的城市化水平超过 30% 时，将进入加速城市化阶段。我国已有近一半的人口生活在城市里，我国已经进入城市化中期发展阶段，许多大中小城市快速崛起，如何在众多的城市中脱颖而出，成为城市管理者、经营者面临的新任务和新挑战。著名经济学家、2001 年诺贝尔经济学奖获得者斯蒂格利茨认为，中国的城市化和以美国为首的新技术革命是影响 21 世纪人类进程的两大关键性因素。加之经济全球化和信息化的影响与推动，城市经济发展也逐步融入全球性市场之中，城市之间的竞争也由所属国的范围，扩展至全球，与新的发展机遇相伴而生的是日益激烈的角逐和竞争。在这个大竞争时代，人们对城市的认识已经不再局限于历史、土地、人口、资源、经济总量等这些传统指标，而是基于城市竞争力基础上的多层面、多角度的认知与评价。城市的竞争力不再仅仅指向城市的硬实力，还包括城市形象、城市品牌在内的城市软实力，著名管理专家科勒说："像产品和人一样，地理位置或空间区域也可以成为品牌，城市品牌化的力量就是让人们了解和知晓某一城市并将某种形象和联想与这座城市的存在自然联系在一起，让其精神融入城市的每一座建筑之中，让竞争和生命与这座城市共存。""像经营品牌一样经营一座城市"已经引起人们的共识。

忽视环保和生态的发展，无视市民人文关怀和社会和谐的发展，不管未来的资源枯竭型发展，缺乏改革创新精神，故步自封的城市，千城一面毫无个性的城市，都是我们必须竭力避免的。

记者：您提到深圳要建设一个中国特色的国际化的大都市，能请您具体讲讲中国特色的国际化的大都市的内涵吗？

金元浦：世界上没有哪一座城市像深圳这样先天就带有国际化城市的基因。从特区诞生时起，中央就确立深圳要走外向型经济之路，这是深圳国际化建设的发端。在这种基因的开启之下，1987年召开的深圳市委工作会议明确提出，发展外向型经济是特区的中心任务。1990年，深圳第一次党代会正式提出建设"外向型多功能国际性城市"。1995年的第二次党代会，"国际性城市"写进了大会工作报告的标题。2004年，《广东省城镇化发展纲要》提出，深圳要建设成为具有中国特色、中国风格、中国气派的国际化城市。在广东省第十次党代会上，省委给出了深圳国际化城市的发展定位。在新一轮解放思想的大潮中，深圳又将自己的目光瞄准了"国际一流城市"的新目标。

党的十七届六中全会全面总结了我党历史上文化建设的历史经验，首次提出把我国建设成社会主义文化强国的宏伟目标，做出了坚定不移地走中国特色的社会主义文化发展道路的伟大战略部署。这在党和国家的发展史上必将留下浓墨重彩的一笔，成为当代中国文化发展史上的重要里程碑。中国特色的国际化城市就是要把文化发展放在国际化城市建设的重要位置上来思考，来规划，来实践。

文化是深圳国际化的世界品牌城市形象再建构的决定性要素之一。品牌城市的品牌魅力在于城市广泛的影响力、普遍的美誉度、巨大的辐射力、强烈的吸引力，以及高度的认同感和强大的竞争力。品牌是一个城市的象征，也是一个城市的名片，它体现着一个城市的实力。城市的品牌是城市风格的展示，是城市个性的表达，是城市文化的集中体现，是城市整体功能的抽象象征。

以文化软实力的提升助推深圳城市国际影响力的提升。深圳的开放包容的文化心态，移民城市海纳百川的城市品质，是其极为鲜明的特色，培育、学习和借鉴世界各国的优秀文明成果，强化城市的文化集聚功能，积极发展文化创意产业，提倡文化共享，在积极借鉴的同时积极创造，强化城市的文化创造功能。

深圳要进一步扩大其在国际组织、国际事务、国际活动中的影响，强化城市的文化放大功能。重视市民文明素养的训练，注重市民教育，积极引导公众自觉爱护家园、参与环保、珍惜资源，促进人与自然和谐发展，增强城市的凝聚力。

当代城市品牌形象的建立不再仅仅依靠过去时代的自然和历史遗产，而是在当代城市理念指导下，依靠文化产品的全面规划、设计、建构、经营。品牌城市带来巨大的向心力，对品牌形象的向往启动了每个人内在的文化需求。它吸引信息流、资金流、物资流、人才流，带来时尚消费、创意潮流，引领地区乃至于世界的文化风尚。这样，形象力才能转化为生产力。

当代城市经营，就是要通过城市自我形象魅力的展示，使公众对其产生良好的心理认同，并产生巨大的马太效应。有赖于这种传播的扩展效应，公众在面临与该城市有关的活动时，就会产生有利于该城市的情感性选择倾向，无形之中提高该城市的综合竞争力。

城市形象战略是城市理念、城市环境、城市经济、城市市民行为和城市视觉标志的综合构成体。策划、实施与树立城市形象是一项促进城市发展的注意力产业。这一产业将产生巨大的效益，产生难以估量的经济推动力，创造出城市的增值价值。城市形象设计的国际经验表明，城市品牌不是一蹴而就，也不是一劳永逸的。成功的城市形象不仅在于设计的过程，更为重要的是不断推广和创新，从而保证一个城市的品牌从创立到营销，都在一个健康的体系中运转。

无疑，当今的深圳已经在致力打造亚洲乃至世界的国际化大都市的品牌形象。但如何以更深厚的文化底蕴，激活深圳文化的核裂变，以产生更广泛的影响力，更普遍的美誉度，更大的辐射力，更强烈的吸附力，更高的认同感，这是一个亟待解决的问题。

记者：改革开放以来，深圳的确取得了举世瞩目的成绩。现在，要向国际化城市进军，深圳和纽约、东京之类的国际化城市相比，短板是什么，差距在哪里？有什么经验可以借鉴？

金元浦：改革开放以来，深圳的确取得了举世瞩目的成绩。但深圳与国际著名的世界城市之间还存在着很大差距。作为中国最年轻的城市，首先在城市品牌上存在着先天的和后天的不足。城市品牌定位是建立在对城市特色和核心竞争力识别的基础上的。比如伦敦政府，就曾为此组建了品牌建设专家组，采用定量分析的方法，比较伦敦与其他竞争城市的不同，找出伦敦的亮点进行品牌定位。然后，在巴黎、纽约、汉堡、东京四个国际都市对商界及政府领袖进行了广泛的意见调查，以测试品牌定位是否符合伦敦形象。最后经过多次反复论证和意见综合，伦敦品牌识别系统的价值金字塔模型建立起来。处于金字塔底座的伦敦著名品牌，即支柱性品牌所涉及的行业，包括旅游、商业、体育、文化以及教育业。品牌专家从这些行业中提炼出伦敦与众不同的迷人之处，作为品牌的格调。在"开放、迷人、自信和动力无限"的品牌格调的基础上，伦敦的"文化多元化、无限创造性、充满机会以及无穷积极的推动力"的品牌价值也突显了出来。

城市品牌化的核心是建立城市识别系统，而深圳的城市形象识别系统还远未达到国际化城市的水平。现代西方品牌管理理论认为，品牌识别是一项产品或服务形成品牌的精髓，或者说是建立品牌管理体系的核心，因为，它决定着品牌最初的定位、个性、视觉符号，一直到最后的传播和监管。所以，深圳品牌建立的第一步就需要建立品牌识别系统。伦敦城市品牌识别系统的建立，分为城市品牌定位、树立品牌核心价值、创建城市识别符号三个阶段。

城市品牌定位建立在对城市特色和核心竞争力识别的基础上，为此伦敦政府组建了品牌建设专家组，采用定量分析的方法，比较伦敦与其他竞争城市的不同，找出伦敦的亮点进行品牌定位。然后，在巴黎、纽约、汉堡、东京四个国际都市对商界及政府领袖进行了广泛的意见调查，以测试品牌定位是否符合伦敦形象。

再如亚洲快速崛起的城市韩国首尔。2002 年，首尔城市品牌塑造的一个里程碑就是首尔城市的宣传语征集活动。8 月 13 日，李明博市长代表市政府向首尔市民和外国友人发出倡议，发起首尔城市宣传标语征集活动。经过 20 多天的角逐，在 7283 个（其中有外国人 110 人）应征作品中确定 "Hi Seoul" 为首尔市城市宣传口号。至此，首尔城市营销确立了统御性（umbrella）的品牌形象。"Hi Seoul" 是一个非常亲切的宣传口号，"Hi" 这个问候语，无形之中拉近了一座城市与人之间的距离，赋予了首尔这座城市一种人格化的形象。他像是一位你久已熟悉的朋友，你与他可以互道问候。与此同时，"Hi" 也显示出很强的包容性，在首尔城市规划局所属的首尔在线（www.seoul.go.kr）Hi Seoul, Soul of Asia 网站上，有关未来首尔的建设构想中，第一条即为"国际都市首尔，身居首尔的人均为首尔市民"，它意味着首尔始终向世界敞开大门。访问国际都市首尔的人们，无论其目的是居住、旅游、还是商务，首尔市均会视其为本市市民。"Hi"与"High"同音，也意味着首尔面对世界大都市之间的激烈竞争所表现出的激情和自信。

世界上著名的国际城市经验还有很多。值得深圳不断学习探索。

记者：要建设国际化城市，深圳要如何做，如何去实现？

金元浦：要建设国际化城市，深圳要在经济国际化的基础上全力推动城市全方位的国际化。深圳市政府的《深圳推进国际化城市建设行动纲要》是一个高瞻远瞩又十分务实的文件，目标清晰，分期合理，路径明确，措施得力，必将在深圳走向国际化的道路上发挥重要作用。

首先，深圳要大力发挥比较优势，进一步做大做强现有的优势产业，走产业高端化道路，建立起以高端制造业、高端服务业"两轮驱动""两点支撑"的新产业体系，进一步提升开放型经济水平，提高利用外资水平，推动利用外资从外延的简单扩张向内涵式的深化拓展，进一步深化深港、深澳合作，充分抓住中国—东盟自由贸易区建成这一机遇，鼓励资金技术优势企业到东盟国家开展资源开放、产品营销、基础建设等方面的合作，支持劳动力密集型产业向东盟国家转移，扩大经济腹地。

其次，深圳在城市环境营造上，可以进一步加强对自然要素的保护和利用以及对环境污染的治理。在城市建设、历史传统、现代技术、资源消费、生态保护诸方面形成和谐关系，实现城市可持续发展。借鉴北京、上海、中国香港、新加坡中心区的标准，按照规划布局一体化、基础设施一体化、公共服务一体化的要求，进一步提高特区外城市化水平，在规划、建设、管理上真正实现"特区扩版"。深圳要进一步提升公共服务水平，提高基层公共事业的财政保障水平，加快建立统一的公共服务制度，健全以常住人口为目标人群的公共服务体系，基本实现公共服务均等化。深圳还要积极培育社会组织，将政府可转移的职能转由社会组织承担。深圳要积极推进社区自治，逐步优化城市公共治理结构，畅通市民表达渠道和政治参与途径。

最后，深化深港合作是提升深圳国际化的重要一环。深圳的发展，离不开香港的资金、管理与技术。同样，香港的发展也面临创新能力不足，空间狭小，营商成本居高不下等难题。深港两地地缘相近，人文相亲，优势各异，互补性强，加强资源整合，合理分工，差异化发展，在"一国两制"的框架下，进一步深化深港金融合作，深化"深港创新圈"建设、海空物流中心建设、跨境基础设施建设，在环保、卫生、文化教育、社会治安方面加强合作，建立两地政府、民间交流合作机制，建构多层次合作平台等。

成都创新：我国城市升级换代高质量发展的一个典范

成都怎么了，有这么多人来到这里，投奔成都；有这么多新的理念在这里诞生，分享成都；有这么多的实践在创造新的面貌：成都奇观。

一、先锋成都，它正在实施变道超车

2017 年 5 月 25 日，第一财经旗下的数据新闻项目"新一线城市研究所"在上海发布了《2017 中国城市商业魅力排行榜》。

如图 1 所示，15 个"新一线"城市依次是：成都、杭州、武汉、南京、重庆、天津、苏州、西安、长沙、沈阳、青岛、郑州、大连、东莞、宁波。

"新一线"城市的排名主要是根据商业资源集聚度、城市枢纽性、城市人活跃度、生活方式多样性、未来可塑性赋予相对比重，按照分数的高低进行排名的。

成都排到了"新一线"城市的第一名，这让很多人感到惊讶。成都凭什么是第一名？

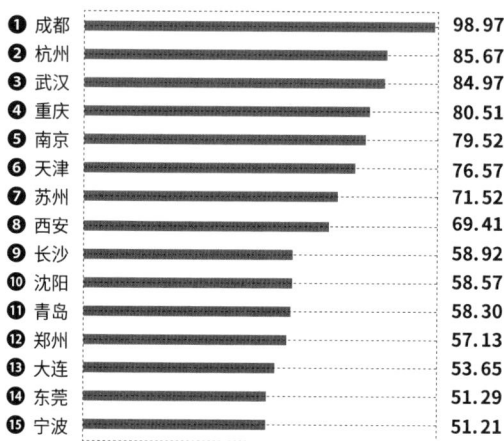

❶ 成都		98.97
❷ 杭州		85.67
❸ 武汉		84.97
❹ 重庆		80.51
❺ 南京		79.52
❻ 天津		76.57
❼ 苏州		71.52
❽ 西安		69.41
❾ 长沙		58.92
❿ 沈阳		58.57
⓫ 青岛		58.30
⓬ 郑州		57.13
⓭ 大连		53.65
⓮ 东莞		51.29
⓯ 宁波		51.21

图 1　新一线城市

7 月 17 日，腾讯研究院、标准排名城市研究院共同举办了"新文创·新动能"2018 新文创产业峰会。国务院发展研究中心、腾讯研究院及标准排名城市研究院等国内一流智库机构的专家在峰会上发表了中国新文创研究报告，慈文传媒、咪咕阅读、域上和美等全国文创领域知名企业、协会及产业园区的负责人畅谈各地文创土壤及成都文创产业发展现状和前景。最引人瞩目的是，本次峰会重磅推出了全国首个新文创领域城市排行——《中国城市新文创活力排行》，成都因其在产业活力、人才活力、政策活力、传播活力等指标上的优秀表现，在 100 个城市样本中脱颖而出，排名首位。

在本次峰会上，标准排名城市研究院发布了全国首个新文创领域城市排行——中国城市新文创活力排行榜（见表 1），对国内数字文创经济发展情况进行了梳理和展现，通过指数特征，反映了 2017—2018 年数字文创经济在国内 100 个重点城市的发展情况。在中国城市新文创活力排行榜中，成都凭借人才活力、传播活力、政策活力等方面的突出优势，赢得综合排名第一。

2018中国城市新文创活力排行的评价体系主要包含6个一级指标，即产业活力（30分）、政策活力（10分）、人才活力（15分）、资本活力（15分）、平台活力（15分）、传播活力（15分）。二级指标主要以2017年数据为支撑，以各项指标的增长率等数据为主，体现一个城市在新文创产业方面的发展活力和增长潜力。

这项报告对活力的定义不强调规模、绝对值，更看重增长率、发展潜力等。100个样本城市来自腾讯研究院《2018互联网＋指数报告》中数字文化的100强城市。各项数据主要来自腾讯研究院、百度大数据、国家统计局、各城市2017年国民经济和社会发展统计公报、Boss直聘、游戏产业网等。

当创新变成实实在在的产业成果时，以创新为灵魂的新经济也得以发展壮大，不断吸引着财富、人才与技术的转移。发展新经济，成为中国许多城市经济提挡加速的最大引擎。

哪些城市的新经济发展最具竞争力和潜力？日前，赛迪顾问发布了《2016—2017年中国城市新经济竞争力年度报告》（以下简称《城市新经济报告》），评价结果显示，北京、上海、深圳位列2016年中国城市新经济竞争力前三名，中西部城市中，成都新经济竞争力排名第一。

在新经济的发展中，赛迪顾问团队认为，"城市是区域经济发展的龙头，是推动新旧动能转换的核心载体，是发展新经济的主要力量"。

值得注意的是，在《城市新经济报告》中，位居西部的成都以

成都创新：我国城市升级换代高质量发展的一个典范

表 1 2018 中国城市新文创活力指数排行榜

序号	城市	新文创活力指数	产业活力	资本活力	平台活力	人才活力	政策活力	传播活力	所属省份
1	成都	90.6793	29.8345	7.9117	12.9331	15.0000	10.0000	15.0000	四川
2	北京	88.2037	24.8691	15.0000	14.0762	14.1187	8.2163	11.9234	北京
3	杭州	84.3521	30.0000	10.3865	15.0000	12.7346	8.9334	7.2976	浙江
4	上海	83.2968	24.4765	8.9301	13.2291	13.6223	9.0112	14.0276	上海
5	深圳	74.6841	22.8431	5.5011	10.0245	13.5078	9.5211	13.2865	广东
6	广州	59.5769	18.4017	5.4367	9.1023	11.3765	8.3312	6.9275	广东
7	西安	49.2256	10.0634	1.4449	8.0344	8.7521	8.0341	12.8967	陕西
8	天津	48.7609	12.7508	3.2541	8.3761	8.4467	9.2231	6.7001	天津
9	重庆	45.9521	14.3221	4.5891	8.0311	6.9956	6.0027	6.0135	重庆
10	武汉	38.7458	10.2745	1.3962	7.3761	5.7651	7.9283	6.0056	湖北
11	合肥	38.4474	9.3703	2.0588	6.7721	7.2865	8.0221	4.9376	安徽
12	南京	29.4468	5.0347	3.7763	5.3887	4.9786	4.2398	6.0287	江苏
13	长沙	28.9004	4.4609	2.0177	6.1891	6.2278	5.9762	4.0287	湖南
14	厦门	25.9378	8.1019	1.2743	5.1002	1.1182	4.2234	4.1198	福建
15	福州	25.2928	8.0563	1.0022	4.0012	4.2367	4.0286	3.9678	福建
16	无锡	21.4357	3.9704	0.4001	3.9976	4.2883	3.5481	5.2312	江苏
17	青岛	21.3568	1.6713	0.8356	4.2098	5.0221	3.8471	5.7709	山东
18	东莞	20.3503	1.9612	1.0845	4.9824	4.0223	4.2123	4.0876	广东
19	大连	20.3284	7.8432	0.2771	3.9866	2.0335	3.9994	2.1886	辽宁
20	沈阳	19.2433	0.8342	0.4315	4.2361	5.2986	3.6675	4.7754	辽宁
21	佛山	19.059	2.4633	0.4014	4.2032	4.8943	2.7741	4.3227	广东
22	昆明	15.813	4.3015	0.3887	4.2207	2.0332	4.0244	0.8365	云南
23	郑州	15.7827	3.4194	0.3966	2.9947	2.6721	1.2884	5.0115	河南
24	济南	15.1165	4.5873	0.2675	4.0223	1.5098	3.8857	0.8439	山东
25	宁波	12.7793	0.7434	0.9123	3.5572	2.3765	2.8456	2.3443	浙江
26	南宁	12.6367	2.7145	0.5788	3.2119	2.0112	3.3104	0.8099	广西
27	温州	11.442	2.2806	0.3111	2.9763	0.9234	2.9475	2.0031	浙江
28	金华	8.5599	2.4136	0.5312	1.8372	0.7796	2.3855	0.6128	浙江
29	泉州	7.1278	0.9801	0.7712	2.0112	0.6112	2.0307	0.7154	浙江
30		6.8852	1.4002	0.3277	1.6593	0.8773	1.8462	0.7745	福建

31.15 分位列全国第七、居中西部城市第一名。这与成都贯彻新发展理念探寻新路径不无关系。

"成都已经成为引领我国中西部和长江经济带新经济发展的重要引擎。"赛迪顾问有限公司创新创业事业部经理王高翔说。

还有其他众多的排名，都对成都的发展给予高度肯定。

为什么？

观念的解放带来实践的发展。目前，我国在中美贸易战的严峻背景下，新的经济如何发展、新的动能到哪里寻找，是当前我们最紧迫的历史难题。

如何解决，成都提出新经济发展战略目标：到 2022 年，基本形成具有全球竞争力和区域带动力的新经济产业体系，成为新经济的话语引领者、场景培育地、要素集聚地和生态创新区，建成最适宜新经济发育成长的新型城市。

这一计划十分宏伟，目标相当远大。思路新颖，路径清晰。

成都聚焦六大新经济形态，提出重点发展数字经济、智能经济、绿色经济、创意经济、流量经济、共享经济。这六大新经济形态，涵盖了新经济发展的主要业态，形成了成都新经济发展的空间格局。为此，成都成立了统管新经济的管理机构，并成立了新经济研究院，以此智库作为对新经济的理论支持。这对成都的快速发展具有重要意义。

首先，这表明成都在新时代新语境下发展观念的根本改变，即不再按照过去条块分割带来的封闭与区隔的观念来指导跨界运行、各业协同、创新频出的当下经济与社会，而是直面新潮流为成都带来的严峻问题，以改革迎接新潮流，以改革创造新形态，以改革推动新

　　　　　　　成都创新：我国城市升级换代高质量发展的一个典范

发展。

其次，观念的解放，带来了创新创意创造的新景观、新潮流、新思路，也带来了"内容为王"的回归。成都切实落实中央提出的"创新、协调、绿色、开放、共享"的五大理念，并将创新放在最核心的位置。

最后，这一观念的解放，创造了崭新的跨界运行的方式。成都认清了要想推动新潮流、新形态、新场景，就不能在原有的框架下修修补补，而是必须打破部门边界、行业边界、地域边界和所有制边界，实施边界作业。据国际研究，20世纪90%的新创造都是在交叉科目的边界作业中创造的。

二、为什么成都成为我国创新的高地？

成都为什么成为我国创新的高地？因为成都有文化。

成都有着悠久灿烂的"天府文化"，成都人思想开明、乐观包容、时尚优雅、醇厚火辣。4500多年的文明史，2300多年建城史，尤其是它始终城址不变、城名未改，创造了世界城市史上的奇观。金沙文化，名满天下，都江堰泽润百世，交子改写世界金融史。这里还是世界美食之都，是国际购物天堂，是中国最佳旅游城市。成都已经拥有宽窄巷子、锦里，拥有武侯祠，它们已经使成都焕发了美丽光彩。

但是，传统的文化如果仅止于此，在高速发展的当代世界无异于作茧自缚。在中国，几乎所有的城市领导都曾坠入"资源魔咒"：在中国，几乎所有的城市都有富集的传统历史资源。五千年的中国历史塑造了极其丰富灿烂的文明，也在几乎每一块土地上留下各种历史的遗迹。即使在深圳这个最年轻的城市，也并不是过去人们所说的文化沙漠，其数千年的历史文化遗迹丰富灿烂，令人惊叹不已。新时代城市的高速发展，要求我们将所有传统资源进行新的历史条件下的再创造。传统资源或原汁原味地进入博物馆，像四大发明，留下中国先民曾经的伟大创造，或适应时代要求，创造新时代的传统文化经典。面对传统文化的宝藏，中央提出的五大发展理念之首的创新——创意、创业、创造，依然是发展的首要动力。

举办成都创意设计节，进入世界创意城市网络，就是在新发展理念指导下，将成都建设为新的中国文化创意产业中心城市的必要举措。成都发布《西部文创中心建设行动计划》，以敢为人先、舍我其谁的宏大气魄，全面规划设计了未来发展的宏伟蓝图，展示了成都发展的创新精神，并以注重操作抓铁有痕的务实精神，成为中国西部当之无愧的创新高地。

文化创意设计，是创意城市发展、创意产业、创意经济发展的先导性引领性和引擎式的产业。文创产业是高知识性、高增值性和低能耗、低污染的产业。设计，是文化创意产业的核心，而创意创新则是设计的核心中的核心。作为供给侧改革的原发产业，文化创意与设计服务，将从源头上改进和滋养城市的原创力。

推动成都创意设计产业的快速发展，也是成都城市发展的紧迫需要，是四川乃至我国中西部文创升级换代的需要。国务院早在2014年10号文件中就全面论证了文化创意与设计服务的重大作用并进行了战略部署。随着我国中西部新型工业化、信息化、城镇化和农业现代化进程的加快推进，文化创意和设计服务已开始贯穿在我国中西部经济社会各领域各行业。发展的现实已经初步呈现出多向交互融合的新态势。成都创意设计周邀请了全球顶尖的设计机构和设计专家，吸引了全国乃至世界各国的创意家、设计家参与"金熊猫奖"的角逐。他们的参与充分展示了成都创意设计周的国际性和不断增长的全国全球影响力。创意设计将成为成都创意城市跨越式发展，创意产业融合推进的先导性产业。举办成都创意设计节，是进一步贯彻国务院最新文件，实现产业链全面运行的关键节点，是实现文化创意产业跨界融合的必由之路。

作为新发展的引擎，成都推进文化创意和设计服务等新型、高端服务业发展的重大意义在于，它将促进文化创意、科技创新、"互联网＋"与多种实体经济深度融合，成为培育成都城市经济新的增长点，提升国家文化软实力和产业竞争力的重大举措。此外，它也是发展创新型经济、促进经济结构调整和发展方式转变、加快实现由"中国制造"向"中国创造"转变的内在要求，是促进产品和服务创新、催生六大新兴业态、带动就业、满足多样化消费需求、提高人民生活质量的重要途径。未来的成都文创，将进一步将文化创意与高科技、互联网及双创融为一体。

成都主动跃入创意经济的世界大潮，正在迈入中国文创的第一方阵，成为中国中西部发展乃至全国的一面高扬的旗帜。成都正式加入"世界文化名城论坛"，已成为世界关注的文化高地。其世界性地位，不仅要在中国产生影响力和提高美誉度，更要将其文化产品和文化服务送到世界去，在"一带一路"的延展中，展示成都的风采，盖上天府的印章。

成都是中国的，更是世界的。

有趣的是，最近中国第一高楼有了新的竞争者。中国第一高楼的桂冠本来已经被上海中心大厦成功摘走，它的总高为632米，共有127层，在气势上虽然不及世界第一高的迪拜哈利法塔，但在国内雄踞榜首，已是绰绰有余。建成后的上海中心大厦，几乎突破了我们对于垂直城市的大胆想象，它是上海最高的现代摩天大楼，也是被誉为"定海神座"的城市新地标。但是，且慢上海，中国又一座超高层摩天大楼将要落户成都，并以677米的绝对优势稳夺榜首，成为中国第一，世界第二高楼。而先前还在建设中的"成都第一高楼"——蜀峰468项目，还来不及真正面世就被半路杀出的天府新区677夺走了光芒，被迫降格到"成都第二高楼"的命运。

不错，成都正在步步登高。

三、成都，你为什么要拼命寻找独角兽？

中国已成为全世界最大的市场，全世界最大的贸易大国。中国坚持全方位开放，我们愿意让别人搭我们的便车，拥有巨大的国内市场、充足的资本，中国将成为发达国家的运转平台，也成为发展中国家经济发展的平台。

我们观察到，发达国家都在搞创意经济，但最后发现创意经济只有在中国才能落地，中国是他们发展创意经济最好的平台。苹果在美国遇到很多问题，制造业产业链常常断裂，一到中国深圳，配套企业都起来了，零部件全解决了，在美国干不成，在中国可以，中国成为发达国家所谓"创意经济"的平台，成都正力图成为这样的平台。

那么，打造独角兽岛（见图2）意味着什么呢？成都为什么以这

成都创新：我国城市升级换代高质量发展的一个典范

种只争朝夕的精神推进独角兽企业培育和落户呢?

图2　全球首个独角兽岛落户天府新区

　　独角兽企业,不仅是衡量地区创新能力的一把标尺,更代表着未来新经济的发展方向。于成都而言,这是事关成都创意经济成败的关键。

　　2019年11月,成都市召开新经济大会,发展新经济、培育新动能,提出要进一步落实新经济的"六大形态"和"七大运用场景"。"要发展新经济,重塑城市新经济发展的空间规划格局,就必须要有城市新经济发展的主题聚集区。"

　　成都独角兽岛的建设规划旨在为成都企业提供良好的生态环境。独角兽岛能助力城市经济战略转型,提供重要的载体支撑。2000年杭州提出打造电商,由此崛起了阿里巴巴集团,该集团共孵化了9家独角兽企业。独角兽企业正是城市战略转型重要的中观主体,独角兽企业的诞生也会引领城市产业生态发生根本变化，而独角兽岛建设的背后也释放出政府愿意为企业服务的意愿，"独角兽岛"不仅仅是一个名词，一个载体，一个社区，更是一个重要的聚集区，重塑了城市新经济发展的空间格局。

为什么要大力培育独角兽？我们知道，当前中美之间的差距最主要的是在创新创意创造上。独角兽的发展是当前中美竞争的焦点，是 5G 时代在实现金融支撑的条件下我国在跨界协调融合、文化科技融合实践中培养的新经济的新"战队"。在创意经济这样一个新的变革中，文创企业如何成为中国的头部经济先导力量？如何与美国头部经济的企业进行竞争？

独角兽的竞争是把握未来的竞争，也是宏观经济把握产业行业的跨界重构的新型的融合型格局形成以后的全面竞争。独角兽的发展要求产业链的全面协调运行。其运行的模式集产业自身发展、市场环境建构、投融资系统、新业态创新驱动、中微观企业选择于一体，所以必须高度关注。我认为中美未来的发展胜负某种程度上就在独角兽之间的竞争。

什么是"独角兽"？独角兽是西方神话传说中的一种美丽动物，它稀有而且高贵，为儿童所喜爱。美国著名 Cowboy Venture 投资人 Aileen Lee 在 2013 年将私募和公开市场的估值超过 10 亿美元的创业公司称为"独角兽"。

然后这个词就迅速流行于硅谷，并且出现在《财富》封面上。所谓"独角兽公司"是指那些估值达到 10 亿美元以上的初创企业。Lee 发明独角兽概念的时候，她描绘的是一个具体历史条件下的情形。在 2003 年到 2013 年，就只有 39 家公司从 6 万多的竞争者中脱颖而出，实现了估值达到 10 亿美元的目标。独角兽企业，是衡量国家、城市、地区创新能力的一把标尺，更代表着未来新经济的发展方向。

按照科技部发布的定义，在中国境内注册具有法人资格，成立时间不超过十年，获得私募投资且尚未上市，估值已超过 10 亿美元的企业能被称为独角兽，其中超过 100 亿美元的企业称为超级独角兽。所以在中国我们把滴滴出行、小米、陆金所等称为独角兽。

文化创意企业独角兽，它的高质量发展有什么样的特点，怎么融会，中美到底在争什么？前面已经有一个更大的航母舰队群的竞争，而未来则是独角兽的竞争，因为独角兽都要升级，都要上市，都要成为未来的科创型航母。那么独角兽的发展特点是：

第一，高速成长性，未来是要上市的。

第二，互联网、移动网的企业在中间占据了非常重要的份额，超越了能源公司和其他的投资类公司，依靠先进生产力进行发展。

第三，风险融资的方式。它一定不是像百年老店一样经过几十年、一百年发展起来的，而是投资 1 年至 3 年已经成为估值很高的企业，比如说估值 100 亿美元这样的一些企业。

第四，高科技一定要与文化结合，因为文化是未来消费更广大的发展方向。

第五，它一定是国际化的。跨国发展全球运行、全球购销、全球传播，一开始就是全球化的，比如说大量的独角兽，后来都在纳斯达克上市。

第六，它是现代企业运行的方式，有我们知道的董事会、监事会，独立的会计制度，独立董事，还有其他的公开的季报、半年报、年报这些方式。

从中美独角兽的比较来看，中美两国是全球独角兽集聚的主体，两国独角兽企业的数量合计达到全球80%以上。美国独角兽的数量，从2013年占全球的75%下降到2018年的46%，从全球独角兽企业的估值情况看，中国9573亿美元，而美国5500多亿美元。大家再看中国和美国独角兽的数量之比，目前中国有205家，美国149家（另一个评估认为美国有203个），中国目前独角兽的数量已经开始超过了美国。这就是成都打造独角兽岛的原因。

成都要努力打造智能经济发展的城市样本。据介绍，成都独角兽岛项目将突出公园城市特质，按照全周期培育、全要素保障、高品质生活的产业生态圈建设思路，以智慧复合型绿色生态园区规划为基础，以新经济应用场景构建为目标，以独角兽企业引进培育为根本，高标准建设集"新经济、新梦想、新城市、新建筑、新生活"于一体的独角兽企业孵化培育平台，努力打造独角兽企业话语引领者、场景培育地、要素聚集地和生态创新区。

高位推进项目规划建设的同时，天府新区开展了一批瞪羚企业、准独角兽企业和独角兽企业招商，并取得成果。5月2日，独角兽岛迎来首家独角兽企业，作为全球人工智能领域估值最高的独角兽企业，商汤未来创新中心暨"一带一路"总部项目在成都签约落户。

成都大力引进、培育独角兽企业，在总体上是成都新经济发展的战略规划的一个"先头部队"，是成都更大手笔的一个组成部分。成都基于自身的资源禀赋、人才储备、产业基础和比较优势，提出重点发展数字经济、智能经济、绿色经济、创意经济、流量经济、共享经济，这六大经济涵盖了新经济发展的主要业态，形成了成都新经济发展的空间格局。这是推动成都经济升级换代、高质量发展的总部署。它增加了成都发展的新动能，是建设当前我国城市现代化经济体系的一次大胆尝试，将开创成都新经济发展的新征途。

成都提出新经济发展战略目标是到2022年，基本形成具有全球竞争力和区域带动力的新经济产业体系，成为新经济的话语引领者、场景培育地、要素集聚地和生态创新区，建成最适宜新经济发育成长的新型城市。这是对党的十九大报告"创新是引领发展的第一动力，是建设现代化经济体系的战略支撑"的积极践行。

四、实现跨越？要找出创造性转化的路径与通道

成都文化创意产业和城市如何实现升级换代高质量发展？

我国文化创意产业有了长足的发展，成果丰硕。据对全国规模以上文化及相关产业近5.6万家企业调查，2019年上半年，上述企业实现营业收入40552亿元，按可比口径计算比上年同期增长7.9%，总体继续保持平稳较快增长态势。在文化及相关产业的9个行业中，有8个行业的营业收入实现增长。其中，增速超过10%的行业有3个，分别是：新闻信息服务营业收入2997亿元，比上年同期增长25.1%；创意设计服务5424亿元，增长12.4%；文化投资运营198亿元，增长10.2%。文化产业增速均超过全国GDP的增速，为当前稳经济做出了重要贡献。

但是我国文化产业总体的发展仍然存在着一些问题甚至困境。部分区域部分类别的发展依然存在着在较低水平徘徊，思想观念不够解放，创新思维和创意实践不够大胆，科文融合和跨界协调往往停留

在口号上等问题；对文创高质量发展内涵的理解不够明晰，升级换代动力不足，整体发展存在着很大空间。

具体来看，我国文化产业和旅游产业依然实行粗放型的、铺摊子式的发展模式，在传统文化产业、特色小镇、景区建设、非物质文化遗产产品与园区等领域尤其突出。产业整体的市场化程度较低，文化市场的各类主体发展还不均衡，许多中小民营文化企业仍然难以做大做强，新型的更高形态的文化消费模式尚未建立，文化供给的产品和服务不够充分，资源依赖现象较为普遍，产业发展避难就易，陈陈因袭，一个袁家村成功引来近百个"袁家村"模仿，不顾自身条件的照搬，带来巨大的浪费。旅游产业的房地产依赖和特色小镇的盲目投资，带来了新形势下的新问题，而影视产业在行业整顿、税收监管中呈现出投资锐减、产业萧条的窘况。我国文化产业急需问诊把脉，发现问题，找出问题并解决问题，真正迈进文化产业向创意产业乃至创意经济发展的新阶段，真正实现高质量发展。

那么，什么是文化创意产业的高质量发展呢？

习近平总书记在全国宣传思想工作会议上提出，要推动文化产业高质量发展，健全现代文化产业体系和市场体系，推动各类文化市场主体发展壮大，培育新型文化业态和文化消费模式，以高质量文化供给增强人们的文化获得感、幸福感。要坚定不移地将文化体制改革引向深入，不断激发文化创新创造活力。

不同于较早就对经济生产等领域提出高质量发展的刚性要求，习近平总书记在宣传思想工作会议上的讲话中，首次对文化产业也提出了"高质量发展"的新要求。这一重要指示内涵丰富，切中时弊，站位高远，再次明确了我国文化产业升级换代，走向高质量发展新阶段的未来方向。

怎样实现文化创意产业的升级换代？按照习近平总书记关于推动文化产业高质量发展的要求，我们必须在八大方面下功夫，近乎实现一个目标。

一、必须建立健全现代文化产业体系。我国文化产业大多从传统体制中的事业单位转换而来，其领导干部也多从文化单位调派，对于现代企业制度、规则了解不多，认识较浅。特别是一些企业（包括大型文化上市公司）领导对于文化创意企业管理和运行的经验不足。从总体上看，我国文化创意产业尚未建立起现代文化产业体系。因此，建立现代文化企业制度，培育合格的文化企业家，完善董事会、监事会，发挥独立董事作用，重大事项召开股东大会议决，按时向股东报告企业生产、流通、销售的状况等，并逐步健全现代文化产业体系，就成为文化产业高质量发展必须首先实施的举措。

二、与前述相关，我国很多文化企业由于从事业单位转型而来，往往市场化的程度较低，处于前市场化或初级市场化的阶段。一些文化企业是政府建立的附属企业，在项目竞争和政府购买上具有非市场的优先地位。因此，在文化企业决策和运行中如何在保证社会效应的基础上让市场发挥决定性作用，成为文化产业必须迈过去的一道坎。我们要按习近平总书记的要求，进一步推动文化产业的市场化发展，逐步构建起文化产业的市场体系。

三、文化产业的市场化发展和市场体系的构建离不开市场主体。建立文化产业的市场体系，就要推动各类文化市场主体发展壮大。哪些是文化产业的市场主体？国有企业、外资企业、民营企业、中小微企业，都是文化产业的市场主体。但是，过去我们对一部分文化企业特别是民营企业和中小微企业的市场主体地位关注不够，支持不力。因此，坚定不移地支持民营企业和中小微企业，进一步确立它们的市场主体地位，是文化产业升级换代的必然举措。

四、随着高科技与文化和旅游的高度融合，5G背景下的"互联网＋"、"移动网＋"、大数据、云服务、人工智能等均创造出一批令人惊异的文化产业的新产品、新组合和新业态，构建起一个跨界的文化产业新业态。从超高清4K、8K电视新荧屏，到虚拟现实VR、增强现实AR、混合现实MR，从国际国内漫天快闪的"小视频"，到3.0、4.0版的沉浸式"清明上河图"或"3D立体圆明园"网络在线，科技创造了新文化新文明，文化赋能文化产业新时代。

五、新时代，我国社会的基本矛盾发生了根本变革。人民群众日益增长的美好生活的需要和不平衡不充分发展之间的矛盾成为文化产业发展的新基础。随着新时代的来临，人们更高的精神的、文化的、娱乐的、休闲的，以及艺术的、美学的需求迅速生长出来。"90后""00后"消费群体逐渐成为我国文化消费的主群体。如何加强调查和引导，关注文化消费模式的新变化，努力培育体验式、互动式、服务型的新型文化消费模式，成为高质量发展必须攻坚解决的问题。夏天火热的"夜间经济"就以新的消费模式展开了探索。

六、供给侧改革是习近平总书记一直关注必须坚决完成的核心任务。文化产业的供给侧改革应集中表现在千千万万的创意创造的文化设计和讲好新时代中国故事的内容创新上。目前文化产业的困境恰恰在于缺乏具有全球震撼力的、意义深远的中国精品、中国品牌。深化文化供给侧改革，就是在文化产品和文化服务上，全面创造新的产品系列和文化服务系列。

七、文化体制改革是文化产业发展的不竭动力。十多年前开始的文化体制改革取得了重大成就。今天的文化产业改革已经进入深水区，改革变得更加艰巨和复杂。当前文化部与旅游局的合并就是影响深远的深层改革。如何解决好文化和旅游的深度融合，就是我们当前面临的理论和实践方面的艰巨任务。我们要坚定不移地将文化体制改革进行下去，创造文化体制机制融合发展的新样本。

八、文化产业从一开始就是全球性世界性的。如何进入全球创意产业—创意经济发展的新格局，在人类命运共同体的宏大目标指引下，在"一带一路"倡议的实践中，我国文化产业要进一步推动国际化发展战略，逐步掌握全球文化的话语权，向世界传播中国精神、中国文化、中国艺术与中国美学；创造世界创意产业、创意经济的理论勾画、实践案例和中国模式。

一个目标：让人民群众切切实实拥有幸福感和获得感！

成都结合自身的基本要素禀赋、人文环境和新经济发展所需硬件，提出了升级换代的"五新路径"，即实施五种基本路径设计，有力支撑了城市升级换代的高质量发展战略目标。

有顶层设计，有文化底蕴，有创新思路，有路径安排，先锋成都在路上。

前路尚有险阻，尚有困厄，尚有困境。在实现中华民族伟大复兴中国梦的征途上，在全国城市大竞争的现实态势下，在弯道超车是否成功的决战中，狭路相逢，勇者胜，智者胜。

水色成都：当代艺术实验

人物：金元浦、许燎源等

地点：许燎源博物馆

时间：2019 年 7 月 22 日下午

许燎源：今天下午的主题是水色成都，因为我们经常说水润天府，我们说水色好是形态好，色彩好，是全面的关注方式，统称为水色。

金元浦：我们今天的主题是水色成都。水，上善若水；水，滋润万物；水，柔若无骨；水，惊涛万里。水之色，有千变；水之态，有万踪。水色成都，题目好。

许燎源：其实，成都既有明媚如照的光亮的形象，也有今天看到的这种烟雨朦胧之中的一面。我觉得这种形态更有魅力。你们都去过宽窄巷子，感觉街巷很美，也去过现代时尚太古里：新的时尚高地把更高的品质生活方式带给成都。

成都的艺术家遍布这个城市，在不同的角落生长生活，用他们的艺术创造给这个城市带来很多的惊喜。今天我们一起在这里交流这个话题，应该把你们对成都的感官和感知说出来。

边界作业：艺术浪涛破堤冲坝

金元浦：刚才我们参观了许燎源先生（还有其他艺术家）的作品

展。 我们的一个突出感受是，这是实物的沙发还是艺术品的沙发？燎源突破了边界，突破了材料应用的限制，突破过去我们认为的究竟是实物的椅子、沙发，还是艺术品的椅子和沙发的固定思维。 他的理论是"物感说"，物如何成为艺术创作的对象。 他不是学院派的，是自由派的，他自己想做什么就做什么，做出来的东西你说是什么就是什么。 这恰恰是艺术创新，他在这里突破了边界，是在边界进行作业。20 世纪后期后现代主义艺术家，他们说艺术是不可定义的。 我们找不到一个可以概括所有艺术门类或流派的艺术的统一的定义。 艺术品被放在一个大屋子里，我们认为达·芬奇、伦勃朗的作品是艺术品，但这个屋子里也有杜尚的马桶和自行车，这就让我们不得不思考，什么是艺术品？"家族相似的理论"认为，艺术的屋子里存有 A、B、C、D、E，它们是不同理念不同时期，不同背景下进入这个大屋子的。 是因为 A 和 B 有关系，就进入了艺术的大屋子（殿堂），B 又和 C 有关系，C 因为 B 而跨进艺术，C 又把它所在时代认可的东西拉进艺术。 结果你看一屋子的艺术品都是因为 ABC 和 DE，可能 DE 跟 A 毫无关系，D 还要生出小 D，XD，等等。

今天我们在这里是一次补课，在后现代条件下对过去形成的框架的再突破。 这是第一个我想说的问题。

这就是我们讲的，原来我们学艺术的人、做理论的人总是把边界看得很死，标明这个地方不可以逾越，那个地方必须按规矩这样做，不可逾越半步。 比如眼前我喝茶的这个三炮台，就是许老师的创意，木质的托盘，中间的杯座与圆圆的深孔嵌套。 我所见过的三件套都是烧瓷的，没有一个是这样做的。 许老师为什么想到盘子要做成这样，是因为考虑到实用的问题，现在实用的三件套，把功能延伸了。

兼顾了实用又有自身的艺术性，这是我们首先要解决的工艺美术边界的问题。所有的人初看都觉得你的东西不是被叫作艺术的东西，或者根本不是艺术。而我们今天看到的许燎源的水色，则完全打破了这一执念。

过去的研究者们总是要给艺术或艺术品下一个定义，然后你会发现按照定义这个东西不是艺术，那个东西也不是艺术。20 世纪以来人们突破了艺术的边界。许老师有很多雕塑作品，它们是艺术品又是实用品，还有衍生品。像许老师创作的椅子，是造型奇特的青铜作品，也还可以使用。按照过去对艺术品的规范定义，我们认为这把椅子不是艺术品，你怎么把椅子做成铜椅子就拿出来说这是艺术品呢。我觉得当代艺术中的精神的拓展、思维的拓展、边界的突破、框架的突破是我们这个时代特别重要的创新或创造精神的体现。

李楠：刚才金老师也说了，突破边界，这个非常重要，我不是艺术家，我是设计师，但是从艺术的理解上最重要的一点和设计最大的不同，就是你的思维一定要打开，要冲到盒子外面。在我们学校，我们大学的门口做了一个标志，就是一个纸盒子，打开了四面，我们就是想告诉学生你们来这里的第一件事就是把你们以前的"盒子"打开，如果你还在你的盒子里面，你们做出来的设计绝对不行。

所以今天我看到许先生的作品，第一个感受，他给我们的启发就是突破，具体表现就是材料，刚才我特别关注了砖和瓦，任何一个建筑设计师都是传统的青砖红瓦，有没有想过材料还有另外的体系。

我参观完有了这个思考，当你做设计的时候一定要突破你的思维做，这是第一个感觉。

许燎源：金教授知道我们在做这个事情，其实一开始的时候我们说艺术来自自我的感悟，是不能教的，我和学员们在一起讨论艺术，讨论物本身，物自体，物自性，我们学会了重新建立人与世界的关系，建立一种良善、美好的和谐关系。我们建设人和物之间的关系时，要尊重物，养育物，服务物。这个过程中我们对生命的尊重，对物的尊重都是一样的，都是一个本体，物本身也是有灵魂的，也是主体。

我们利用物的养育和尊重才能达成这个关系。

许燎源：今天的成都有一个宏大的愿景，就是要打造世界文化名城。要打造世界文化名城，就要实现人和自然的高度和谐，东方的哲学是人与自然的交融的美好的实践。天人合一，水天一色，成都的优势很好，今天我们把人文和艺术结合起来，变成一个城市战略，在整个城市未来的规划中具有重要意义。

但是有一点，我们各个行业的专家都要帮助成都诊断什么是好的艺术，什么是好的生活方式，我们要把成都的生活方式变成一种美的方式。现在的说法是有一种生活方式叫成都生活方式，人们对地震很淡定，他们懂得自然和人的和谐。成都是有大爱的城市，这个城市除了我们的市场规律，更重要的是人文精神的养育，文化遗产的传承。

李楠：是的。看了这个博物馆，感到这里面有一个非常重要的东西：这个世界不是为你服务的，中国几十年以来犯非常严重的错误和毛病，这个地球不是为你服务的，今天的雕塑里面可以看到人和物体是共生的，有各种形态，我们要遵从它。

现在我们国内的设计理念比如海绵城市最核心的理念就是尊重自然，原来我们都是把水排走，现在全国的水尽量不排，维持在没有开发之前的状态，你要知道大自然是存在着，我们不是改变它，去适应它这个地球就好了。

今天的雕塑馆里面我能感觉到，艺术家的理念就是你要遵从地球的属性，跟她一起生存。

中国的设计，我们规划上一大片树都要拔除，国外是绕着走，成都有很多的公园，国内做成了硬地面。从艺术家的角度体现了我们和物的共同生存，人与自然共同发展，共同生长，就是这一点。

我上升到对设计师的理念要求上，但是根源是艺术。

白承万（韩国教授）：我到成都已经是第三次了，在成都大学的建筑学院有过两周的课程，目前在韩国的岭南大学从事建筑设计专业，同时做韩国首尔市城市建筑设计美学方面的工作。

旁边的孙女士是我的夫人，她本人也是首尔艺术领域的主要成员，我们经常结伴同行去国外旅游，每次旅游的时候都非常关注美学方面的点点滴滴。一般人去旅行，往往是非常泛泛地看一个城市，看这个城市里面的建筑和这个城市里面的人。但是从现代美学的角度切入，可以从中领略到不同的人们的生活方式，前两次来成都在成都大学讲课，主要感受的是这个城市的韵味，我所知道的成都市现在也在打造智能化城市，在这个方面成都也是有很高的建树。我曾经有一个很有趣的经历，在中国骑自行车和友人在成都绿道转了一圈，当时感受到成都这个城市的魅力就是悠闲，没有压力，没有束缚感。但是在当时骑行的过程中并没有感知到更多对成都的感性方面的东西。

今天第三次来到成都，在许燎源老师的现代艺术博物馆感受到很多有趣、有味、有料的东西。今天在许燎源现代艺术博物馆感受到两点，第一点是感性的角度，本身我是做建筑艺术设计与相关工作的，所以我看一个作品，不管是雕塑也好还是平面作品，都从非常感性的角度看。因为艺术没有国界，从我的角度看到了很多感性的元素，所以今天非常高兴。

第二点，刚刚在二楼和一楼看到许燎源老师的作品，看到他的这些作品，从雕塑的角度看是一件艺术品，从功能性的角度来看又是平时日常生活中每天都可以看到的沙发、桌子、板凳等，兼具了功能性和美学性。

这两个特点在今天的会议室两边的墙上都可以感受得非常明显，我们身后的墙表现得更多的是抽象的艺术，色感也比较凝重。面前的这个墙更多的是留白，留白当中看到的更多的是生活中的小品，常见的物品。

就像面前的茶杯一样，所能看到的又是另外一种美学。

最后我想请教许老师一个问题，在刚刚看到的平面的作品或者是雕塑的立体作品，可以看到不同的美学元素在里面，比如说一些好像是经过计算机的设计，有一些是纯手工的，不借助任何高科技的技术，完全采取很传统的技法。那么您在创作的过程中，贯穿其中的理念是什么？创作的理念是什么？

许燎源：我有一个基本的观念，当代的很多艺术本身就没有分门类，或者说进不了古代的艺术体系。雕塑、绘画、设计在我的概念当中就是一回事，我整个的创作是为生活世界而创造的，把我的创作全部还原到生活世界中，包括纯艺术的也是。

所以我们有很多是生活艺术，我们都是在原创的艺术边界地带探索生活艺术，把原创与回归二者融合在一起。我的艺术里面包含创造力和媒介的问题，我的作品有钢、木、玻璃、纤维，包括材料革命带来的新材料，都是我关心关注的维度，这就是我的艺术没有边界的原因。最新的研究成果已经打破了功能性的世界，而进入纯感性的世界。比如说智能锁，手机，科技与艺术的结合，90%的人的手机都是摔烂的，我们怎么让手上触摸到的东西跟生命有关系呢？

现代工业设计有一个问题，都是冷冰冰的功能的呈现，没有精神性。技术本身要做成有灵魂的东西，有生命、有温度的东西。

白承万：我希望每年举行的国际艺术节都能够有机会来到成都举办，因为我觉得成都是有很浓厚的艺术氛围的城市，加之悠久的历史，它应该可以呈现出不同的艺术的元素和艺术的魅力，这个也是我非常乐意看到的。在未来成都国际艺术节，希望有这样的机会，谢谢。

许燎源：我也希望这种交流更多，热情地欢迎白教授来到成都进一步地交流，给成都的城市建设支招。

今天我们一开始就直接切入了主题，通过大家的发言可以得出一个共同的认知：所有的边界都应该被打破，像一个盒子被打开。每个人学习的时候都有雕塑系，设计系，很多系，现在的艺术院校将艺术社会生活化，融合发展。融是这个时代的主题，媒体都成了融媒体，社会生活艺术也应该融合发展。我们的文化都体现在我们的日常生活中，变成一个个生活场景，艺术家要做什么事情？艺术家就是要让这个城市变成处处有日常生活的美好景观，变成美的世界。我们要尊重自然。除了自然的，还有人为的存在。我们的目的是让这个城市变得更有魅力。

大潮汹涌，水色之澎湃奔腾

许燎源：成都要打造世界文化名城，我跟市委领导阐述过一个观点，它不是一个口号，也不是一个愿景。我认为成都的艺术家、诗人应该有良好的创作生态，他们的创作发布出来会影响中国，影响世界，他们成为文化知识的引领者。我跟成都的青年艺术家也说过，这个世界给成都开了一个窗口，这个地方的文化是移民文化，包容性特别强，原创力包括容纳度都特别强。清华美院一个教授说什么文化到了成都都可以沉淀下来，所有的文化进入成都都能消化吸收改造、创造。

金元浦：昨天下了飞机看到了一条标语"成都，一个来了就不想离开的城市"。这个口号我们很熟悉，十几年了，突然消失了，现在又回来了，而且变成了"成都，一个来了就不想离开的城市"。张艺谋当年说的是"成都，一个来了就不想走的城市"，这就有区别了，不想走的城市更有随性的意思，更体现了成都安逸的精神。

所以"成都，是一个来了就不想离开的城市"，"离开"这两个字让本来的艺术性或者本来的随性和民俗的口语性消失了。所以我说成都不是都成，不是什么成都都能做得最好。后来的口号"成都，都成"，玩了一个小小的语言游戏，文字的游戏尚可，但其实它没有抓住成都的文化的灵魂和核心观念。

成都观念的核心点在哪？我们如何寻找魂呢？过去的成都可以说是一个舒适的成都、安逸的成都、有美食的成都、爱打麻将的成都，舒适得大家都懒得去拼命赚钱，激发不起太大的冲动的城市，那是过去成都给我留下的记忆，也是人们公认的集体记忆。

过去说"少不入川"，满眼的都是川妹子，漂亮得不得了，她们很漂亮，很美，很有吸引力。所以，少不入川是说，你不要一到这安乐窝里就沉迷了，青年不要沉迷在这种舒适之中。

这是过去的成都，而且这个过去的成都也给了我们一个说法，这个说法就是改革开放初期影响全国的旅游标杆宽巷子和窄巷子，无数人来这里感受、视察、调研、学习。宽窄巷子、锦里、武侯祠，大家进去喝茶，吃点心或来一碗担担面、尝尝成都的小吃。很多人来了以后都不想走了，都被成都抓住了胃。

但是这些能不能代表成都呢？只能代表成都一部分。我想说的是过去的安逸是成都给全国人民的总体印象，过去的总的感觉和风格。

而今天的成都则代表了改革开放之后发生巨变的雄起的成都，有当年台儿庄那种历史关头充满血性、刚强勇毅的成都。这种情况下，成都又实现了跨越式的升级换代，成都已经步入了新的阶段，新时代背景下的更高阶段。在这个阶段，成都开始升级换代了，跨越了，走向高质量发展了。在这个阶段，他们提出了新经济的发展理念，提出了数字经济、创意经济、流量经济、共享经济、人工智能经济加上生态经济的发展方向和目标，它跨界了，升高了，完成了新时代高质量的突破。

这样的突破在我看来，带来的变革是什么，是在新的时期，原有的安逸的品格以升级的方式再一次出现在我们的生活中，我们叫作"再安逸"，这个再安逸是我们这个时代人民群众产生了更高的需求，更高的艺术的、文化的、精神的需求，这个需求就是艺术的、美学的、时尚的，尤其是今天看到的这些突破边缘的进入我们生活的东西。

李楠：现代艺术家还有一个问题没有解决，用通俗的话说，就是艺术家如何进入文创产业。可惜的是，现代艺术仍然处在高冷的状态，没有真正解决好与当代社会及其人群的关系。这种状态和我们城市发展过程中怎么样衔接起来，结合起来，这个问题没有解决。

所以导致了艺术的这些地方依然是高冷的，所以出现了严重的脱节。我从城市设计的角度看，是非常想看到艺术如何从高冷的状态进入老百姓的生活，进入一个城市里面，这个是文创产业应该做的。靠建筑和规划设计是永远做不到的，只有你们艺术家能做到，而我觉得这个在全球范围内依然是一个挑战。不像建筑艺术、音乐艺术、绘画艺术走进生活了，高冷的艺术非常重要，但是依然没有走向生活，跟城市的进程没有联系起来，就导致千城一面。

我也希望以后的艺术馆做一些教育方面的工作，艺术家除了做高冷的东西之外应该考虑怎么样和城市化的进程结合，可能是精神层面设计理念的结合，而不是简单地做一个雕塑，人家是看不懂的，看不懂就觉得高冷，觉得艺术离我很遥远，这就是一个很大的弊端，也可以说是很大的空间。

温润如水：艺术教育的使命

金元浦：说到教育，许燎源一直在这里做免费的艺术教育。他办班教学生，又说艺术是不能教的。我想起朱熹在书院里面讲学时，学生来自各地，学过很多其他的东西，到这里来带了很多自身的东西。朱熹面对这些前来学习的求道者，说：你到我这里来学习，之前的东西要清场，要来这里接受更对的学问。

许老师还办展览，教"无感说"，物自体，物本身，很有意思。我们要尊重物自身，物自身成为我们关注的对象，今天我们看到的这些都是物，物后面才是人，在这里，物感的关键在于物本身如何自己说话，物自己也在表达，看你能不能看得懂。

所以，学员们在这里，首先要做的是建立新的边界或者为突破边界做出新的努力，接受新的视野：你愿意不愿意走向文化创意产业、创意经济？你可能愿意，但是如何保证你的创意产品能够具有自身精神属性？如何做具有更高层次的、富于灵感火花的新创造，把富含深厚文化传统的非遗等文创的衍生品做下去呢？

程磊：今天来的大多数嘉宾和朋友都是艺术行业的，我讲一点我比较擅长的东西。本身我在加拿大大学的国际关系处工作，这是第一份工作，第二份就是这个联合国世界优秀旅游目的地这个组织，我也是第三次来成都了，第一次来成都是参加国际市长论坛，成都市邀请了全世界60多个国家的国际友城市长，我是作为蒙特利尔城市代表参加的。第二次是2017年联合国世界旅游组织全球会员大会在成都举行，因为我是这个优秀旅游目的地组织的副主席，就来了。

为什么要说这些呢，我想谈谈，艺术我可能不擅长，但是今天我们说的是文化，国际交流当中有两点，文化和国际交流之间的关系，大家可能更多的是从事文化艺术的工作，但是大家有没有想过成都市政府举办这么一个世界文化名城的论坛，文化名城论坛代表了什么，代表的是成都市希望能够通过这个论坛去和整个世界做一个交流，去寻找成都在国际上，在世界上的定位。

今天上午我和参会的几位外国嘉宾做了交流，很多人谈到中国的时候，他们会说知道北京、知道上海，但是成都在哪？恰好我在回来之前，在免税店购物的时候，有个人问我，你要去成都，成都在哪？恰恰他的疑问回答了今天成都市举办这个世界文化名城论坛的很重要的目的或者动机，就是如何通过文化的交流让成都和世界对接，这是我认为各位同学或者从事文化行业的人员应该思考的东西。

通过文化的交流，我们发现自身在对外的交流上有什么障碍？最主要的障碍就是语言障碍，但是现在语言障碍已经不是障碍了，语言障碍的背后就是文化的障碍，文化的冲突。

各位在做文化领域工作的时候可以想想，如果我们通过文化的交流更好地推广成都，去让世界了解成都，去接受成都，昨天我自己去了金沙博物馆，看到了公元前4000多年前这里就有人类活动，我想发展到今天，金教授刚才说了成都是一个来了就不想走的城市，为什么改成来了就不想离开的城市，还有一个现实的因素，因为很多人开玩笑说成都是来了就走不掉的城市，因为地震。我想这也是他们考虑的因素。

这些都是文化的范畴，我希望大家能够思考，如何通过文化的交流和对文化的发展来让成都更好地融入世界当中，让世界更好地了解成都，这是我讲的一个观点。

金元浦：今天英国创意产业之父霍金斯也来了，我和他是老朋友了。我们谈了很多年，他说中国很难让艺术进入人民的生活中。我说可能的，过去他在想我们的艺术品会有人买回家放到家里吗？这是一个疑问。因为他认为欧洲的发展，哪怕你在巴黎的街上多少的艺术家天天在那画，摆摊，摆摊的前提是有人把它买回家。在中国呢，会不会有人买回家，把原作买回家？这是他想问我的一个问题，我说在那个时代就是不可能的。今天我们进入小康社会，也进入这样一个新的群体的和个体的、艺术的、美学的、心理的、精神的需求不断高涨的时代，买原作这是有可能的。

而下一步会有三年五年，甚至十年八年甚至更长的时间，中国一代一代青年逐步地提高自身艺术素质或者诗人素质，这个素质会有很大的提高。

今天我们在这里看许燎源还有两位艺术家的雕塑和绘画，我觉得我看到了成都人新的追求，看到了一个时尚的成都，一个艺术和美学的成都，以及现在我们看到的艺术与物之间，艺术与实用之间的边界中新的艺术的突破。成都是宽容的，是鼓励创新创意创造的。这是值得我们关注的。

许燎源：成都、四川是生活家的摇篮，因为这里是道家的发源地，他们的生活观，他们的世界观，深深懂得人与自然的关系，懂得天人合一的道理，逍遥自在，淡定随意，并且有胸怀。

金教授还说成都除了安逸之外，也是一个随性的成都，所有的人来了成都就变成成都人，他们深深地融入这个城市，因为这个城市是开放的，包容的，这一点是成都的文化本底，锦绣天府，大山峻岭，世界的人文、文化遗产和自然遗产遍布四川省。四川省不仅是旅游大省，风景大省，文化也有几千年的历史。（程磊：成都还是联合国教科文组织的文化创意联盟城市的成员单位，但是每个城市是有不同的含义的。）

成都是世界的奇葩，钞票的发明，几千年没有改名字的城市就是成都，成都这个城市可以把文化的种子埋在土里，等待着春天开花。

成都曾经是中国诗人的首都，养活了很多当代的诗人，艺术家你把他放在这里就可以成长。上次我们说成都的很多文化是在闲适中慢慢地滋养出来的，北京和上海的生活压力那么大，成都是有一点钱就可以活下来了，成都的川菜创新力又很强，服务也是很好的。

到大海逐浪，让成都融入世界

金元浦：关于世界文化名城，我参与了整个中国的北上广深四个城市的世界城市讨论过程，第一是上海，第二是北京，第三是深圳，第四是广州，他们走向世界城市或者全球城市的过程中都做了相当多工作。

当年深圳为什么做这个事情，成都就是因为看到很多在深圳发生的重要的经历。深圳名气在中国国内这么响亮，但是世界上的很多人根本不了解深圳。怎么办，深圳通过各种展览、传播城市的形象，市委书记和市长还亲自带领人员从欧洲走到美国考察，现在深圳已经博得大名，世界知道了深圳。深圳很多成果超越了北上广，也超过了香港，在整体的 GDP 上超过了香港。

第五个城市是杭州，杭州比成都早了一个月，先提出来建设世界级城市。成都走向世界是水到渠成的，刚才几场的专家学者热情洋溢的发言，把艺术看成是一种信仰。当下的城市发展到今天的程度，要把城市当作一个富于魅力的艺术品来雕琢。

西方人讲了很多年，花园文化、花园城市，习近平总书记来到成都，从中国特色的角度出发，要求成都建成公园城市，建成人人都可以享有的公园城市。这个理念里面没有选用花园城市，选用了公园城市，强调了其中的公共性，这是我们建设成都作为世界文化名城所具有的内涵。

我们知道，成都有 2300 年的建城史，北京只有近 1000 年的建都史，成都是所有城市中没有移动的城市，古代文化的积淀非常深厚，道家文化的积淀也非常深厚。建设这么一个世界文化名城应该是非常契合实际的。

在此之前我说过我们有 188 所城市在 2008 年前后提出了要办国际化的大都市。补充程先生所说的，我作为文化部的顾问，参加一个"十三五"到"十四五"的专家组，实际上关于文化和旅游以前我们做过探讨，做文化是比较难的，但是如果我们做旅游加文化就很容易了。魏小安谈了一个理念，他说文化与旅游隔着千重山，一个是更高精神的，一个是较低实践的。我提出与他不同的想法，文化和旅游在某种程度上，你想让文化自己做成一个产业形态是非常难的，如果旅游做好了，有人流、有路线，把文化加上去就变成了"文化＋旅游"，这是水到渠成的。

文化和旅游的关系，原文化部的部长特别提到"能融就融"，文化和旅游的关系，文化和科技的关系，文化和其他领域的关系都是能融即融，我们把它完全地融合在一起。

这个理念还是有一定的思考度的，最近他们又起草了两个文件，第一个文件是《文化产业促进法》，我也做了补充并提出了一些看法：《文化产业促进法》作为法律建设还有什么不足，跨界的问题就没有办法进行，如果把广电什么的都加进去这就更好了，但是我们有条块分割的历史传统，这样做是非常难的。

另外一个文件，虽然过去强调了文化和旅游，文化自身，包括非遗，包括公共建设等，但是忽略了数字化的发展的问题、数字产业的发展和文化结合的问题，所以发了文件，让大家修订以前的内容，同时提出来文化和科技，尤其是跟数字化科技有密切的关系，希望大家看看科技部发的文件。

我说的这些大家看看也是有益的，总体来说能融即融，跨界的发展方向是我们需要的。这些是国家顶层设计的关键，了解了就会找到我们更合适的位置。

许燎源：成都不仅仅有美食，包括生活方式，上次王健林批评成都企业家打麻将，其实往往在这个过程中艺术会显现，麻将该打就打，火锅该吃就吃，不要界定人怎么样生活，他们是自然的，生命是流动的状态，是活性的，我们不能教条化这个东西，生命是流动的，我们不能规定它。

各位学者给成都带来了很多很好的想法，希望你们多来成都做客，现在很多会议都放在成都开，包括国家的会议，包括世界的会议。我说设计也好，艺术也好，最大的哲学来自整个生命状态，内在的爱是所有创造力的哲学，没有这个都是冷冰冰的，好的设计是有生命感的设计，让人和物之间形成彼此融入、彼此照耀、彼此拥抱的状态。

今后的工业设计也好，艺术创作设计也好，没有边界创造力的涌现，其他的所有创造都应该还原给生活，让人与自然更加和谐，这是我们最新的主张。

吴应鸿：我跟许老师是邻居，我们对艺术的理解，对文化的理解趋同。我是天府国际机场的文化艺术总顾问，许老师作为这个城市的文化地标，毋庸置疑地为这个城市注入了新的活力和艺术的想象。一个城市如果没有艺术就失去了形态，但是城市光有艺术是不够的，当我们把艺术做成信仰时，所有的物质的基础的东西是可以不关心了，要关心的是我们的精神世界、信仰和创作，和美好的、有力量的基因。

基于此，我和许老师有一个共同的目标，为这个伟大的城市创造不愧于历史给我们的机会的作品，每个作品出去一定是我们的精华，代表了我们对世界、对时间、对生命的尊敬，因为生命值得尊敬，我们的信仰值得尊敬。

许燎源：再次感谢几位教授，大家都是为这个城市创新出谋划策，再次感谢各位专家的到来。这是一个感性的时代，感性智慧到来的时代。今天的沙龙到此结束，谢谢大家！

钱塘今古：一湾天予　三势共潮

　　钱塘江文化是中国民族文化重要的组成部分，是中国最为灿烂辉煌的地域文化代表之一，也是中国地域文化里最具活力的文明形态。钱塘自古繁华，文脉绵长。三吴都会，广聚英杰；东南形胜，地享沃野；天予一湾，望海启蒙。延续千年的钱塘江文化，在"江""河""海"三大势能持续的激荡里，孕育出勇立潮头、大气开放的弄潮文化。一个"潮"字，代表钱塘江自古以来生生不息的文明之魂与文化基因，"弄潮"就代表浙派人文敢为人先的激扬品性。这一人文灵魂和地域品格过去时代曾引领钱塘江流域的社会发展与文明进步，今天将在中华民族伟大复兴的新时代中"手把红旗"，踏潮奋进，创造钱塘江文化更为辉煌的未来形态。

钱江涌潮，凝聚势能

　　钱塘江孕育两岸平原，水源充足，土壤肥沃，使两岸平原成为富庶的江南鱼米之乡、丝绸之府和文化之邦。最早发明陶器轮制法的钱塘江的越窑自东汉首先烧制出青瓷，完成了世界陶瓷业由陶转瓷的历史性变革，此后越窑青瓷一枝独秀，一直延续到五代，保持了千年的辉煌，越窑青瓷也由此成为我国早期海上陶瓷路上的主要商品。自三国时期，钱塘江流域的纺织产业就有了很大发展，安史之乱后，江南道越州（今绍兴）逐渐成为我国丝绸的主要产地。且在此期间，钱塘江流域就育种成功早熟稻，开启了钱塘双季稻的耕作方式，促使江南成为我国的重要粮仓。除此之外，钱塘江流域以黄山、富春江为代表的无比雄奇秀丽的山水，激发了历代文人骚客的创意灵感，由此而诞生了黄山与新安画派诸多画作与唐诗宋词中无数名传千古的佳作，为我国古代文化艺术的发展书写了辉煌的篇章。其中最为辉煌的是位于钱塘江下游江畔的杭州，荣享"人间天堂"的美誉，延续千年未消。

在有史可载的历史中，钱塘江文明与黄河流域的中原文明一样，是中华文明的发祥地之一。尤其在隋唐五代十国之后，中国经济中心逐渐南移，钱塘江流域经济文化发展赶超中原，此后一直是中国经济文化发展最活跃地区之一。在黄帝时代业已存在的越族部落，后在夏商周时期建立了以绍兴为中心的越族国家，到春秋战国时期，该流域始以吴、越争霸和越伐齐攻楚等众多重大历史事件载入中国正史。正是在此时期，钱塘江流域开始了我国具有重大意义的汉越民族融合。在隋唐五代十国时期后，钱塘江流域经济文化发展赶超中原。两宋时期，钱塘江流域的文明已达顶峰，为我国历史上社会经济文化最发达的朝代奠定了坚实的基础。明清时期，尽管我国政治中心北移，但钱塘江流域的经济地位始终居于高位。中华人民共和国成立之后，该地区社会经济发展也一直位列前茅。2016 年全球瞩目的杭州 G 20 峰会又向世界展现了杭州创新之都的新貌。浙江省是全国经济大省，城乡居民人均可支配收入分别连续 17 年和 33 年位居全国各省（区）第一，全面推进高水平小康社会建设。

自古以来，钱塘江就是中国南方重要的内河航运道，水运发达，成为浙江省与中国内陆城市商贸往来和文化交流的通道，这极大地促进了钱塘江流域社会经济的发展，并带动周边地区的经济文化发展。

徽州地区巧妙地利用钱塘江、大运河和江南水网四通八达的水上高速公路，依托杭州和明州港大力开展境内与跨海商贸，造就了富甲一方的徽商与培育了独特的徽商文化。

运河贯通南北，河聚势能

京杭大运河贯穿南北，促进南北物资流动，强化经济联系，发挥着南北动脉的作用，被称为"黄金水道"，具有巨大的运输效益，开创了我国的漕运历史。京杭大运河，南起余杭（今杭州），北到涿郡（今北京），途经今浙江、江苏、山东、河北四省及天津、北京两市，贯通海河、黄河、淮河、长江、钱塘江五大水系。杭州作为水路交通枢纽由此跃升为我国江南的经济贸易中心。唐末，杭州每年上交商税已占当时全国总收入的 4%。到五代十国，杭州成为吴越的国都。

京杭大运河联通北方政治军事中心和南方经济中心，将中国江南地区纳入以"中原"继而以"华北"为重心的中国地缘政治视野，并成为中国北方政治不可或缺的战略支撑地带，使南北方成为统一的整体。这强化了钱塘江流域与国家的政治联系，培育钱塘江流域民众的家国情怀。隋朝建造运河，连接了长江、黄河、淮河、海河和钱塘江五大水系，完成了纵贯南北的大运河网络，构成了沟通全国水上交通的完整体系。它使原来只有东西水路联系的中国，有了南北联系的水路交通。与陆路相比，水路是最难设障也是最难改变的交通航线。从此，中国统一及"大一统"观念有了更有力的现实基础。京杭大运河开通后，中央政府可以更加便利地大规模获得南方的财源支持，极大改善了中国地缘政治结构，促使中国在隋之后连续出现唐、宋、元、明和清高度繁荣的经济政治和文化盛宴。这种长久以来的沟通交流，使得"家国情怀"植根于钱塘江流域民众血液之中，天然具备树高不忘根的回报祖国和家乡的赤子情怀。在改革开放进程中，钱塘江流域动员全世界华人华侨支援国家建设，调动各方资源推动国家发展，培育和造就了一批如阿里巴巴的马云、万向集团的鲁冠球等具有家国情怀的企业家，他们勇于担当、主动作为、敢为人先，以创新务实、心系国家、兼济天下的责任心主动谋事创业，积极投身于产业变革的洪流中，为民族振兴和国民经济发展做出了巨大贡献。

作为沟通枢纽，大运河延伸至浙东运河，连接亚洲内陆"丝绸之路"和海上"丝绸之路"，将宁波港（海上丝绸之路重要港口）的辐射力扩展到内陆。浙东运河是京杭运河南端的延伸，承担了沟通内河运输与海运的重要职能。浙东运河由人工河段和自然河流组成的连续水道，沟通浙东平原几乎所有河湖水系，全面整合形成以运河为东西骨干水道的浙东水网。更为重要的是，浙东运河不仅沟通杭州湾南岸浙东地区的内河交通，更为京杭大运河提供连接对外贸易的优良海港，为宁波港提供了广阔的腹地。浙东运河成了沟通海运和河运的黄金水道，也使宁波港集海港、河口港、内河港为一体，成为中国古代海上丝绸之路的主要始发港之一。中国内陆的大量货物通过京杭大运河、长江等主要内河航道，并最终通过浙东运河汇集到宁波港。到达宁波的内河航船，一般从宁波东渡门外的三江口换乘海船经甬江出海。而岭南、福建等地以及日本群岛、朝鲜半岛来的海船在宁波驻泊后，在三江口将货物转运到内河航船，沿浙东运河进入京杭大运河。货物抵达长江后，向西可沿长江溯流而上直达川蜀，向北可沿着京杭大运河直抵京城。

天予一湾　海聚势能

杭州湾，上天的赐予。目前，从全国来看，粤港澳大湾区建设对长三角发展形成了新的压力。为更好地对外开放与全球化，发挥浙江沿海的港口贸易在"一带一路"倡议中的作用，规划钱塘江流域经济空间格局与加强对外开放，推动长三角区域一体化深化发展，浙江省提出了大湾区战略，这也引起了上海的重视。长三角，抱团建设世界级大湾区，成为未来发展的重要战略目标。

从地图上看，上海南翼，由上海—杭州—宁波组成的杭州湾是典型的优良海湾。2019年，浙江省党政代表团访问上海，提出共同谋划推进环杭州湾大湾区建设，得到上海方面的响应。眼下，大湾区建设的内涵和外延还没有明确。但浙江省提出的杭州湾大湾区建设，必将在全球经济价值链中发挥作用，将形成像粤港澳大湾区那样有影响力的全球意义上的湾区。

钱塘江流域内的杭州、宁波和绍兴等地在海上丝绸之路中占据着重要的历史地位。北宋时期，杭州已经成为国内首屈一指的商业大都市，南宋时更成为都城。杭州港成为南宋对外交流的重要通道，中国的丝绸、瓷器和茶叶等物资经杭州港和宁波港，到达南亚、东南亚地区，流行于阿拉伯国家，并到达西欧各国。与此同时，象牙、丁香、琉璃等其他国家的特产也经海运到达杭州，杭州成为外商贸易重要场地和海上丝绸之路的重要节点。随着时代的更迭，虽然浙江省不再依托于海运进行贸易往来，但浙江省仍是中国对外开放的重要阵地，在国际贸易中占据重要位置。在钱塘江流域，经济贸易连接世界，钱塘江文化也传播拓展到了世界各地。

自古以来，钱塘江文化就具有"海纳百川、兼容并蓄"的特征，国际化程度高，历经千秋，依然持之。唐宋时期，杭州曾是全国的大港口之一，从钱塘江出海，近可至温州、福州、泉州和广州等地，远可达日本、朝鲜及东南亚、西亚等国家和地区。在元代，杭州是钱塘江通往世界各地的渠道和窗口，马可·波罗把杭州描绘成"世界上最美丽华贵之天城"，是海上丝绸与陶瓷之路的起点。

在其后的时代，钱塘江流域成为一些西方传教士的第二故乡，杭州也是美国驻华大使司徒雷登的出生地。在改革开放以后，杭州先后与20多个国外城市结成友好城市，每年接待大量的外国游客，在杭州工作、创业的外国人也逐年增加，杭州的国际化程度明显提高。近年来，浙江与世界上230多个国家和地区建立了直接的经济贸易关系，市场通达天下，浙商大军遍布全球。浙江海外投资在全国位居第一，外贸出口在沿海外贸大省中名列前茅，是全国经济"走出去"的样板，成为全国第三大货物出口省份。浙江省境外机构数和投资规模均居前列。

作为千年帝都，南宋时期的杭州就已发展成我国当时最大的都城，并成为此后长三角最重要的中心城市之一。在以漕运为主的朝代里，钱塘江流域一直发挥着举足轻重的作用。

潮起潮落

位于杭州湾的"钱塘潮"是钱塘江文化的物理具象表征,"八月十八钱江潮,气势壮观天下无",世界三大涌潮之一的"钱塘潮"位于钱塘江入海口的杭州湾,潮头由远而近,潮峰耸起一面 3 米至 5 米高的水墙直立于江面,一浪拍一浪,一层叠一层,势如万马奔腾。钱塘潮是天体引力和地球自转的离心作用,与钱塘江入海口杭州湾独特的喇叭口的特殊地形所造成的特大涌潮,加上浙江沿海一带夏秋季节常刮东南风,风向与潮水方向大体一致,助长了潮水的声势。

对于钱塘江流域民众而言,"弄潮"和"观潮"历史源远流长。观赏钱塘秋潮的习俗,始于西汉,盛于南宋,在元、明、清蔚然成风,它广泛流传于钱塘江出海口的杭州、海宁一带。相传农历八月十八日,是潮神的生日,故潮峰最高。基于此传说,南宋朝廷明文规定,农历八月十八日在钱塘江校阅水师,此后沿习成节,八月十八逐渐成为观潮节。北宋诗人潘阆曾写道:"长忆观潮,满郭人争江上望。"由此可见,观潮早已成为民众的一大盛事,成为生活里不可或缺的一部分。

钱塘潮"观潮习俗"

钱江观潮(杭州市、海宁市)已被列入第三批浙江省非物质文化遗产名录。

钱江观潮习俗主要包括潮神信仰习俗、弄潮习俗、观潮度曲习俗、有关钱江潮的民间文学、传统手工技艺和商贸习俗等多项民俗事项,其中尤以潮神祭祀、铁牛镇海、造塔镇海、抢潮头鱼、塘工号子、观潮集市、观潮节昆曲集会等内容最为引人注目。

（1）潮神信仰习俗：官方祭潮、立庙镇潮、镇海习俗和民间拜潮。

（2）弄潮习俗："弄潮儿"的传统竞技习俗在现代已衍变为"抢潮头鱼"。每逢小潮汛，熟悉潮水规律的人就下到江中抢潮头鱼。

（3）观潮度曲习俗：由喜好昆曲的票友组成，在潮神生日前后集中演唱戏曲，称为"观潮度曲"。

（4）有关钱江潮的民间文学：在靠天吃饭的年月里，海宁百姓对钱江涌潮充满敬畏，于是各种有关钱江潮的民间故事、传说、民谣和谚语应运而生，流传至今。

（5）传统手工技艺：与钱江观潮最为密切的传统手工技艺为海塘修筑技艺。面对自然灾害，海宁先民历来有修建海塘以抵御海潮侵袭的传统。此外，当地百姓还掌握着"捕鳗苗""沙滩捕鱼""海水晒盐烧盐"等传统技术。

（6）商贸习俗及其他：钱江观潮带动了盐官地区商贸的繁荣，观潮集市繁荣昌盛。

从历史上看，钱塘江流域是中国重要的文明发祥地之一，以钱塘文明为主体的江南文明（长江流域文明里重要组成部分）与中原文明（黄河流域文明）共同组成了世界上唯一自古延续至今的中华文明。由史前及其史书记载的诸多文明组成的钱塘江文明是世界上少有的具有数千年历史、几无间断且延续下来的流域文明。

在距今数万年前，即旧石器时代，新安江支流寿昌江畔便有原始人类"建德人"活动的踪迹。新石器时代文化遗存丰富，跨湖桥文化、河姆渡文化和良渚文化熠熠生辉。

秦汉时期，历时440年，钱塘江流域城镇发展在总体上比较缓慢。但是到了东汉时期，钱塘江流域出现了大转折，城镇发展迅速，广阔的中上游地区也新建了许多县级城市，开始逐渐缩小与黄河流域的差距。从东汉中后期起，开发相对较早、发展相对较快的钱塘江下游城市逐渐崭露头角，呈现出不断加快的发展势头。

六朝时期是钱塘江流域城市崛起的时期。首先表现为郡县城市数量的大幅度增加和地域分布格局的初步形成，这与此期历代政权为稳固统治，积极进行政治地理的开拓和大量增设郡县有着直接的关系。这一时期，"草市"开始出现，传统市场制度开始发生变化，城市网络联系也开始萌芽。到东晋南朝时期，钱塘江流域的政治地理开拓进一步走向深化。就钱塘江流域经济发展的全貌而言，它不仅远远超过了秦汉时期，而且与同时期的十六国、北朝相比，也已经赶上北方。

隋唐五代十国时期，是中国封建社会继汉代以后的又一个兴盛期，也是中国古代城市发展的第二个全国范围的高潮期。随着经济重心的持续南移，广大南方地区尤其是江南地区的社会发展水平开始赶上中原地区，其城市发展也呈现出与中原平分秋色之势。这在钱塘江流域表现得特别明显。五代，钱塘江流域一直被钱氏所统治，杭州成为钱镠建立的吴越国的都城，一跃而成为地占两浙十三州的吴越国的政治、经济和文化中心，使杭州甚至钱塘江流域有了突飞猛进的发展。唐代以后，南方与北方的生态条件有了相对变化。整个的经济活动重心也转移到了南方地区。

两宋时期，钱塘江流域的发展相对达到了鼎盛时期。其市镇，无论就其经济状况还是社会状况而言，都越来越多地呈现出城市化的特征。特别是那些规模较大、工商业发达的镇市，实际上已初步发展成为与传统州县城市不同的新兴经济都市。市镇的发展和兴盛，对钱塘江流域农村的社会经济产生了广泛的影响。

元明清时期，钱塘江流域城市在总体上处于缓慢发展和相对停滞的状态，但就当时全国范围来看，流域城市在发展水平上仍保持着一定的领先优势。

中华人民共和国第一个居民委员会诞生在杭州市的上羊市街社区，中国首家中日合资饭店——杭州友好饭店落户杭州，贫穷的杨汛桥涌现出了近十家上市公司，万向集团从铁匠铺发展到资本大鳄，阿里巴巴创造出中国最大规模的"富翁团队"，杭州湾跨海大桥向民营资本开放，西湖、博物馆、图书馆免费开放，农民享受最低生活保障……进入新时期，"三改一拆""五水共治"等项目知难而上、扎实推进，"四张清单一张网"率先推出、高效运行，"最多跑一次"行政审批改革全面推广，"两山理论""两鸟理论"为全国转变发展方式提供参照。随着改革进入深水区，钱江两岸的广大人民，以"踏石留印、抓铁有痕"的精神，推动各项改革举措落地生根，以点上突破之功收全局推进之效。

近年来，以高校系、阿里系、海归系和浙商系为代表的"创业新四军"群体性崛起，世界互联网大会已成功举办三届，中国（浙江）自由贸易试验区获批，中国（杭州、宁波）跨境电子商务综合试验区建设，阿里巴巴在美国成功上市等现象说明钱塘江流域将成为面向环太平洋经济圈的海上开放门户、"网上丝绸之路"战略枢纽、国际商贸中心和国际金融中心。

"在杭州点击鼠标，联通的是整个世界。"电子商务的蓬勃发展，让钱塘江与世界"零距离"互通。G20峰会在杭州成功举办，亚运会有序筹备，"义新欧"班列架起联通世界的新桥梁，浙江跨境电商以平均年增一倍的井喷之势撼动着全球国际贸易格局，以杭州为龙头的"网上丝绸之路"战略枢纽崭露头角，"海上丝绸之路航运指数"向世界发布，钱塘江积极主动拥抱世界，与全球的联系水乳交融。浙商在全球格局中纵横捭阖，无比自信地参与全球市场资源配置。

站在新的发展起点上，钱塘江文化内涵随着改革开放的深入更加丰富而厚重，其精神驱动力推动杭州乃至浙江继续奋力书写无愧于历史、无愧于时代、无愧于人民的卓越篇章。2014 年，浙江创新性提出"特色小镇"概念，2015 年习近平总书记强调，"抓特色小镇、小城镇建设大有可为，对经济转型升级、新型城镇化建设，都大有重要意义。浙江着眼供给侧培育小镇经济的思路，对做好新常态下的经济工作也有启发"。此后，中国其他省份纷纷响应，特色小镇建设蓬勃发展。浙江省创造潮流，引领全新机遇，带动和促进整个中国经济的发展进程和改革创新。

钱塘文化　其魂在潮

钱塘江文化的灵魂在于"潮"。"勇立潮头、大气开放"的钱塘江文化精神内涵源于"潮"，这个"潮"指的是钱塘江流域沿岸人们，在千百年来的历史活动中累积形成的世代"引领潮头"。

基于钱塘江流域地理环境的特殊性，钱塘江形成了世界三大涌潮之一的"钱塘潮"。钱塘江流域世代生存的人们，在观潮、抗潮和弄潮等与"钱塘潮"互动的过程中，培育出"勇立潮头，敢为人先"的"弄潮儿"精神；在观察了解钱塘潮形成原因和钱塘江奔流激荡里，知晓了"纳百川以成巨流"的深刻内涵，孕育出钱塘江文化"大气开放"的博大胸怀和"兼收并蓄"的包容精神；在观潮中明白排山倒海的钱塘潮源起于江海互动，钱塘江与大海的沟通和博弈，造就了钱塘潮的壮丽宏伟，从而形成连通世界、沟通往来的千年共识，使钱塘江文化拥有了"互通共荣"的精神内涵。

"钱塘潮"是钱塘江文化"潮"的具象表征。在历史长河里，钱塘江流域的经济发展和文化繁盛一直引领潮头，对于中国历史的整体进程一直保持着很高的贡献度。钱塘江流域地处东南，河运畅通，海运发达，风景优美，自然物产丰硕，自古以来就是中国经济发展迅猛的地区。人才荟萃，财货集聚，创意先行，钱塘江流域地区集聚多方优势：得天独厚的自然资源、独一无二的水运枢纽的位置、兴旺发达的商贸文化和敢为人先的创业精神等，使该地区在经济和文化发展里独领潮头。

改革开放以来，钱塘江流域更是中国改革创新、勇于实践的最前沿。改革创新的滚滚浪潮，为钱江两岸的全面发展提供了无穷动力。在改革开放和走向全球的过程中，这里总是先行一步，处处体现着"敢为人先"的精神，为全国市场经济改革树立了样板。深植于浙江人体内"创新创业"的基因灿然勃发，钱江两岸蝶变为创业创富的芬芳沃土、财富涌流的膏腴之地，浙江省也成为中国最具经济活力的大省之一。"潮"文化深耕于每个钱塘江流域人体内，在未来的发展中会推动该地区的人持续引领潮头，推动经济社会发展，为中国和世界

的发展贡献力量。(见图 1)

钱江文化的未来形态在于创新。党的十九大报告指出，"要坚持中国特色社会主义文化发展道路，激发全民族文化创新创造活力，建设社会主义强国"。所谓文化活力，指的是让文化经久不衰地在每一个阶段都活跃，不忘本来，吸收外来，面向未来，在每一个阶段都有着全新的表现形式和文化张力。文化最好的传承应该是持续激活和保持文化的活力，通过唤起文化生命力，让过去的美好经典流行于当下，唤起文化生长力，让古代先贤的文化成果在新时代语境里焕发新的光彩，扎根、发芽、开花和结果。

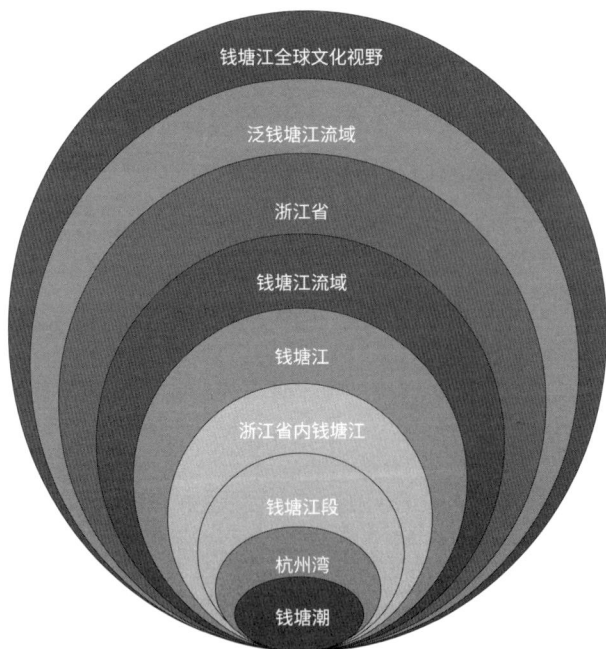

图 1　钱塘江文化 9 层空间示意图

泛钱塘江流域除浙江省以外，还包括皖南、苏南太湖流域、岭北和江西东北等地区。这些与钱塘江流域的浙江省商贸交易频繁的地区称为泛钱塘江流域。

钱塘江全球文化视野指的是随着"江""河""海"三大势能影响的扩张，钱塘江文化传递拓展到全球各地，共同形成了钱塘江的全球文化视野。

钱塘江源远流长，从远古奔流到现在，不仅养育了两岸人民，更孕育了灿烂的文化和深厚的文明，引领着时代发展的前进方向。钱塘江文化也在时代发展中不断变化。钱江人在不断地实现创造性转化，创新型发展。在历史的每一个阶段，钱塘江文化都有着全新的表现形式和文化张力，持续融合、包容，把历史、现代及未来融为更加开放的文化。

钱塘今古：一湾天予，三势共潮。

街巷的温度——生活在更美好的生活中

——在西安城市温度论坛上的讲演

时间：2019 年 9 月 21 日

地点：秦汉新城星河湾酒店

很荣幸有机会和大家一起探讨城市温度问题，我是第一次参加关于温度的论坛，这是一个非常有创意有人文情怀的论坛。从人文奥运开始，我参加了几百场的论坛，今天参加的是第一个有关城市温度的论坛。

一座城市的温度，一条街道的温度

在中国的文化中温度是什么？温度通常是沿用科学技术上的含义或用途。今天的论坛颠覆了我们理解的温度的含义。今天的论坛告诉我们，除了科技上的意义，温度还有更让我们热心、伤心、揪心和感动的人文含义。当然它是在语言的象征意义上表达的。

在人文的语境中，温度是温暖、温馨、温情、温婉、温顺、温和，是温良恭俭让。从人的角度看，温度中的温暖具有社会学环境氛围的意义。在一个整体温暖的社会—社区—网络社区环境中，周围具有什么氛围，对于每一个居住者都有十分重要的意义。它影响人的生存宜居度，生活适宜度。温度表述中的温馨和温情具有心理情感和审美观照的意义。爱是其集中的表现：它或是个人爱恋的表达，或是胸怀宽广的大爱和博爱，都是情和意的表达。温度中的温婉、温顺，既有个人性格特征的表述，也具有艺术风格学的意义。而中国古代儒家文化的温、良、恭、俭、让，温字打头，良、恭、俭、让也无不符合温和、和合的大道。它是中国传统文化中社会礼仪和伦理的标准。细究起来，它与中华民族的民族性格相关。这样仔细看来，温度还真有点"人类学／人学"的意义。

关于温度的人文论坛还特别让我感到贴心、暖心，因为我听到了李望观先生关于20个城市／街道的温暖个案项目的介绍。这20个项目令我振奋，令我感动，令我思绪万千。譬如说，我在北京的住处现在想找一个修鞋的地方已经找不到了，我想找修拉链的地方已经找不到了，因为他们都离开北京了。但我在这个项目里看到了温情，看到了温馨，看到了一种人与人之间关系的一种温暖的人文情怀。

温度是不是只有中国文化的意义呢？关于人文的温度是什么？在西方文化中温度是什么？我找到了两个心理学案例，我看到人文的温度具有关系到人性、情绪、信任与判断的深层文化内涵，"温度"成了心理学、社会学的一个非常重要的关键词。这两个关于温度心理学研究的案例对我们深有启示。

2009年，荷兰的心理学家做了一项实验：研究人员设置了冷热两种咖啡，在实验过程中分别让不同的参与者帮忙拿几分钟咖啡杯，之后实验者从参与者的手中取回咖啡，然后让他们再想出生活中一个真实存在的人，判断自己和这个人有多么亲近。大多数的人都会认为人与人之间的亲密关系都是日积月累的结果，但是这个实验的结果告诉我们，接过冰咖啡的人在与想出的那个亲密的人的关系时，觉得更冷淡一些。而那些接过热咖啡的人与接过冰咖啡的人相比，认为自己在感情上与所想的那个人更加亲近。

温度居然有这样的作用！

还有一个案例，是耶鲁大学的研究员们设计的一个心理实验。这个实验是模拟商业投资场景中的一个心理情境。实验者让实验对象分别手握两种热贴，一部分人手握比较冷的 15 摄氏度的热贴，另外一部分人手握 41 摄氏度的热贴。然后投资者可以决定自己在受托人身上投入多少钱款。投资者，可以投给下面的"商务人"，设定投完之后获得资金者立刻获得 3 倍的收入。投资人期待获投者的回报，希望获得更高回馈。按照规定，获投者必须回馈投资人，但回馈多少，由他们自己决定。实验的结果是，凡是握冷贴的受投人，虽然有了 3 倍的收入，但是却很少返还给投资人。而温度在 41 摄氏度以上的人，更多地返还了投资，也就是说投资人投资下去以后，热和冷的温度影响了商业行为。这只是一个实验，但结果却令人惊异：温度甚至在商业领域都发挥着作用。这让我非常感兴趣："我"因为相信对方的诚信，才把这笔资金投给了你，而且你已获得了 3 倍的利益。手握热贴的受投人欣然把更多的利润返还投资人。而手握冷贴的人则不愿回馈投资人，认为这些钱已经是我的了，不愿意再拿出来。这两个心理学实验让我们感到温度的意义在人类社会文化上居然这么重要。

让我们回到今天的主题：街道的温度。从 2017 年到 2019 年，贞观文化机构联合西咸新区完成了两组名为"西安温度"的创意设计活动，每年组织 10 个青年设计师团队无偿为城市街道的小摊小贩进行改造，设计家李望观先生主持了这 20 个免费的工艺项目。

最令我感动的是他们为聋哑人设计改造的那个卖麻辣烫的小窗口。小摊的主人白天不出摊，晚上出摊，一家人都是聋哑人，老公的耳朵还凑合能听一点，妻子和孩子就听不到了。青年设计师根据这种情况对他们的小摊进行了改造。小摊的客人是学生和年轻人，所以设计师们站在聋哑人的角度用卡通漫画作为形象设计。青年设计师们将小摊命名为"无声时光"，这是他们怀着深深的情怀去用心体会一个无声的世界，并给其光明、音乐和爱。

当然还有那个叫"有范"的项目。那是一群在村子里进行婚丧嫁娶仪式的吹拉弹唱的老人。他们热爱自己的乡土音乐，热爱曾经伴随他们一生的民宿风情。一旦他们拿起各自擅长的乐器，就进入角色，非常有范。他们有童子功，十几岁就学会这种乐器。领头的老人姓范，青年设计团队给它取了名字叫"有范"，并用剪纸的形式表现他们演出的各种场景，这个命名恰到好处。当我听到这位"范爷"已经去世的消息时，也感到深深的悲哀。

……

一个城市的温度在哪里？就在这平凡大众的生活中，在城市日常的衣食住行中。

城市是人类文明中最持久的美和艺术的积淀物

我是一个美学和文艺学的教授。在我的研究中我们知道城市是人类发展到较高阶段产生的文明成果，刚才有专家谈到了工业文明兴起的时候，城市才真正发展起来。从人们的角度来讲，城市是人类全部精神、观念、思想、材质、能力经过客观化或者对象化的产物。

这一句话不是我说的，马克思在 1844 年经济学哲学手稿中说人类所有精神上这些东西，如果把它外化或者对象化，或者叫现实化，就变成了实实在在的我们城市的格局和景观。所以马克思说工业的历史和工业已经生成的对象性的存在，是一本打开了的关于人的本质力量的书。这恰恰告诉我们今天关于温度的论坛，是一个关于人类的感性这样一种与心密切相关的论坛。

马克思也说过，最蹩脚的建筑师从一开始也比最灵巧的蜜蜂高明的地方，就是他用蜂蜡建筑蜂房以前，已经在自己的头脑中把它建成了。这就是建城市的人，他的劳动过程结束之前，他已经知道要达到什么样的成果。当我们谈论城市是美和艺术的承载物的时候，建筑便是人类美学和艺术中的第一艺术，它是凝固的历史，是凝固的音乐。

无论是雅典娜的神庙还是圆明园的大水法，都是错落变化的凝固的音乐，无论城市的天际线还是大地绵延的水体，都诉说着城市的故事。建筑、绘画雕塑、戏剧、舞蹈、文学等同样是城市文明的标志，而最早的人类艺术是建筑——那是凝固的音乐，是我们城市文明的灵魂。我今天在这里谈温度，才可以比较轻松地谈城市是美和艺术的承载物、积淀物和展览馆。在多年的建设中，今天才发现我们的城市不仅需要水泥的森林，更需要美，更需要艺术，而不是天天在这些钢筋水泥的丛林中穿行。我们需要寻找中国之美，中国城市的生命与美。今天我们看到的 20 个项目，用一句话来解说，是城市终究要按照美的规律去建造，马克思这样说。

今天见到的这 20 个项目，我为之深深感动。大约十几年前，我和一些学者推动了一个美学和艺术学的运动，叫"审美的日常生活化和日常生活的审美化"，作为最早在中国推出的生活美学运动，我们推动生活美学，推动生活的审美化、艺术化。我提出，我们要将城市作为一件富有魅力的艺术品来建造。一位人文历史上的重要学者海德格尔提出"人，诗意地栖居"，这是他引用诗人荷尔德林的一句话。这首诗说：如果我们人生纯属劳累，人就会仰天而问，难道我们如此艰辛，也要甘于生存吗？只要善良和纯真与人心相伴，它就会欣喜地用神性来度量自己。我们还是要像天空那样清澈明净一望而知吗？我宁愿相信后者，神是人的尺度，我们充满劳绩，人，诗意地栖居在这片大地上。

谈到这个诗，我就想到了 20 个项目中那个修鞋匠，那个拉二胡的逝去的老人，那个烤红薯的小伙子和他的爱情，还有那一家聋哑人的辛苦与快乐。是的，我们拼命地为生活奔忙，我们一直在寻找自己活着的意义。这活着的意义是人类替自己设定和寻找的。所以我们如此辛苦，我们还是要去寻找我们活着的意义，我们还要诗与远方。

城市是美的象征，充满自然美、社会美和艺术美。这种诗，这种远方是我们的意识，它也是一种纯粹的言说，一种人内心深处永远涌动的对活着的意义的追寻。如果没有活着的意义，我们就成了酒囊饭袋，行尸走肉。生活之美，审美的日常生活化和日常生活的审美化，这是我们在进入新时代之后，每一个公民都可以去追求的更美好更适宜的生活。这种生活的状态是精神的、文化的、审美的、艺术的、诗词的生活，也是健康的、养生的、习练广场舞的生活。这是一种精神与身体相融会的、更美好的生存状态。

这就是城市的温度，是城市的温暖、温馨、温情和对爱与生命质量的不懈追求。它是城市的命脉所在。

创意南京："天下文枢"的时代新版

在一个纯文学日渐衰落，流行文学、网络文学日渐汹涌／猖獗的时刻，南京获得了文学之都称号。这是一个在历史转型的节点上发生的标志性事件。南京是联合国创意城市网络在中国的第一个以文学之名命名的城市，是世界对创作了《诗经》《楚辞》的文学大国的再次体认，也是对当代中国文学及其代表之一南京的褒扬。

1. 探索可持续性发展：世界发展创意城市的整体目标

2004 年，教科文组织正式成立"全球创意城市网络"（UCCN），随着这一组织对创意城市的认定，创意城市作为一种城市发展战略开始受到人们的关注。联合国教科文组织认为："鉴于当代经济、环境、人口或社会问题，必须定期重新评估和重新设计城市发展战略。"随着城市的可持续性发展不断推进，城市新的驱动力和发展模式的不断升级，文化创意的重要性逐渐得以凸显。2016 年生效的《改变我们的世界：2030 年可持续发展议程》，第一次在全球层面承认了文化、创意和文化多样性在应对可持续发展挑战中的关键角色。"今天，创意正在成为我们所看到的改变城市最有希望的途径之一。无论是通过振兴当地经济，重新考虑交通或住房政策，开辟城市空间，还是为年轻人开辟新的视野，创意都是城市出台政策和举措的背后驱动力之一……（城市政策的制定者）将创意视为解决当代城市问题的创新战略杠杆，无论是在经济、社会还是环境方面。"

第二版《联合国教科文组织创意城市网络指南》序言指出："自

2004 年成立以来，联合国教科文组织创意城市网络已经成为促进和分享城市可持续发展新方法的战略平台……《改变我们的世界：2030 年可持续发展议程》和《新城市议程》正式呼吁我们以此方式对城市进行深度重组。创意城市通过脚踏实地的行动及其所构建的合作关系，坚定不移地将创意置于其区域发展的核心位置。作为合作与实验平台，创意城市网络汇聚了各类城市——从大都会到小城镇——旨在帮助人们创建明日之城。"

因此，在这个意义上，联合国教科文组织创意城市网络的提出及实施实际上是对城市可持续发展的探索。城市的可持续发展历来是联合国教科文组织文化的战略目标和计划，通过建立创意城市网络，教科文组织承认文化和创意产业在城市可持续发展中的重要性，并通过相关文化公约的实施和创意城市的评审得到确认和巩固。

2. 构建创新型城市：我国发展创意城市的整体目标

当前，我国已经进入了新旧动能转换的重要历史阶段。2017 年 1 月 13 日，国务院办公厅发布《关于创新管理优化服务、培育壮大经济发展新动能、加快新旧动能接续转换的意见》，在设定的目标任务中明确指出："通过一段时间努力，以分享经济、信息经济、生物经济、绿色经济、创意经济、智能制造经济为阶段性重点的新兴经济业态逐步成为新的增长引擎。"在这里创意经济明确成为新动能的重要内容。这就意味着发展创意经济，推动创意与其他领域的融合，加快新旧动能转换，助推城市转型升级，全面推进国家创新型城市建设，是未来城市发展建设的重要目标。

3. 国家创意战略的背书效应突出

随着经济全球化进程的不断推进，我国经济社会文化发展已深度融入世界体系中。在全球竞争中，创意已成为一个国家和地区经济实力和社会文化发展水平的重要标志。近年来我国尤为注重创意对社会经济的驱动作用，大力发展文化产业和创意经济，创意已然成为这一历史时期城市文化与经济新一轮启航的强大引擎。从总体上说，我国创意城市群的崛起，得益于创意在国家战略中整体地位的跃升。

从我国创意城市的发展来看，创意城市群体的崛起，与国家创意战略和国家整体地位的提升存在莫大的关系。2018 年 7 月，世界知识产权组织以及美国康奈尔大学等组织发布了"2018 年全球创新指数排行榜"，在全球 126 个经济体中，中国位列第十七，是前 20 位中唯一一个中等收入经济体。其中，在创新产出方面，中国具备相对优势，原创工业设计以及创意产品出口等方面排名第一，充分彰显出我国文化创意在国家整体战略的推动下已具有世界领先优势。可以说，正是有了国家创意战略的背书，我国创意城市建设才赢得世界的关注。

4. 文学创造的是情感的真实

文学是人类历史上最为悠久、最为复杂、历经变化的文化艺术类别。它从人类第一次"杭育杭育"抬木头或"嗨呀嗨呀"打夯肇始，直到今天中国几十亿网络文学作品喷薄而出。文学的历史那么老，又那么年轻。

我曾经从这样一个角度来考察文学，无论文学怎样讨论其真实性，它都是在虚构基础上进行的精神创造（报告类作品除外，而且即使是报告类文学作品也充满了想象与虚构）。因为人类永远需要想象的幻想的他样的（他乡的、他域的、他时的、他者的）生活，特别是精神的情感的生活。为什么？人们总是希望通过文学去过一种自己永远不可能亲身去度过的生活。那是一种上天入地、飞身寰宇、历经磨难、痛不欲生的境况。但这一切都在虚拟的条件下，在生命／生活／生存并不受到改变或威胁的条件下实现。一旦威胁到人自身，美的、艺术的、情感的享受瞬间消亡。就如同你在剧院／影院观看影剧时无论多么痛苦流泪，出了门你会瞬间"抚平"伤痛。

人是历史的动物——人对过去有永恒追问的欲望，人是爱听故事的动物——回家看看你家小孩是不是缠着你讲故事，人是爱玩游戏的动物——从小孩到银发族今天有多少人在玩游戏，人又是具有性爱／爱情本能的动物，你看看今日粉丝如何疯狂追逐帅哥靓女，还有贪官富豪们一旦权、利到手，如何实施丛林法则，三妻四妾……

过去我们对文学的了解太多又太少，有人说我们对文学进行了强制阐释，有人说我们对文学的理解和解释还仅仅是皮毛。

5. 寻找南京发展的新文脉

为什么是南京？南京文学的深厚底蕴是文学之都发展的文脉基础。根据联合国教科文组织官方信息，"文学之都"一般具有以下特点：第一，城市里有大量高质量、多元化的编辑出版项目以及出版机构。第二，从初等教育到中等、高等院校，需要有多数的、高质量的国内或国外文学教育项目。第三，有允许文学、诗歌、戏剧等艺术发挥其整合作用的城市环境。第四，具有主办各种文学活动和文学节的丰富经验，促进国内外文学的发展与交流。第五，有图书馆、书店、公共的或个人的文化机构推动国内外文学的保护、发展与传播。第六，在翻译和出版多种语言或外国文学方面有一定的成果。第七，有效运用媒体、新媒体来推动文学发展，并扩大文学作品的市场。

这些内容都是联合国教科文组织希望"文学之都"做到的，也表明文学作为现代生活与经济发展中的创意源泉，从文学审美的个体维度进入社会生活、公共文化、城市环境等公共维度，对现代城市的可持续发展起到了无可替代的重要作用。

南京是中国四大古都之一，文化资源丰富。中国历史上第一个"文学馆"即设立于此；南京还是中国近代教育的起点，中国第一部诗歌理论和批评专著《诗品》、第一部文学理论和批评专著《文心雕龙》、第一部儿童启蒙读物《千字文》以及现存最早的诗文总集《昭明文选》等均诞生在南京。

据查考，全世界有 60 多种外国文学作品在南京翻译成中文，全中国有一万多部文学作品与南京相关。《红楼梦》《本草纲目》《永乐大典》《儒林外史》等中华传世之作都与南京密不可分。近现代以来，鲁迅、巴金、朱自清、俞平伯、张恨水、张爱玲等文坛巨匠也都与南京有着千丝万缕的联系，美国作家赛珍珠获得诺贝尔文学奖的代表作《大地》就是在南京创作完成的。

南京是一座创作之城、传播之城。南京涌现了一批又一批在海内外具有影响力的名家名作，如高晓声、陆文夫、方之以及苏童、叶兆言、毕飞宇等。还拥有《钟山》《青春》《雨花》等一系列在全国具有广泛影响的文学期刊。同时，南京也是中国传统文学名著走向世界舞台的桥头堡。20 世纪 60 年代初，"南京出品"的全本翻译

《红楼梦》《儒林外史》在国内外受到广泛好评，其中，《红楼梦》译本被认为是该书最好的英译本。

南京还是一座阅读之城，这里活跃着数以千计的文学社团和协会组织，仅读书会就有450多家。被誉为"南京文学客厅"的先锋书店，数次被CNN、BBC等评为世界"最美书店"，最新网红书店"晓书馆"、24小时书店成为市民热捧的文化消费新去处。

文学作为更高的精神文化需求，在新的时代新的5G互联网移动网技术条件下，遇到了再度兴起的新的机遇。全民文学、全民创作、全民阅读的新时代到来了。网络文学的基本格局，改变了过往的文学形态、方式，从某种程度上讲，部分实现了人人都是艺术家文学家的文学梦。

文学发展的多样性，文学的新现实赋予了文学以新的内容、新的形式，也推动文学的新研究。作为文化创意产业的原初基底和重要组成部分，网络文学IP的火爆彰显出文学在整个文化创意产业中的地位。未来产业发展将围绕网络文学IP进行衍生和拓展，电影、电视（网剧网大网综）、动漫、游戏、主题公园、话剧、戏曲、音乐、声音等都会有网络文学IP的身影。在纯文学日渐衰落，流行文学、网络文学日渐汹涌的时刻，南京文学之都的命名，无疑使"天下文枢"的称谓具有更为深远的意味。

青岛：国际时尚创意中心

　　时尚创意产业是建设国家区域文化中心的一个重要组成部分，时尚创意则是全球一流世界城市共同具备的核心要素。酷韩国、酷日本、酷巴黎、酷伦敦、酷纽约，即引领了当代世界和城市发展的时尚潮流。在一个全球化的世界格局中，要想建成全国乃至世界的文化中心，必须关注人民群众特别是青年一代在新时代对美好生活的更高的时尚消费需求。

　　作为文化产业和创意经济其中一种的时尚产业，是近几十年来才形成的新兴的、综合性的重要产业门类。它并没有一个十分清晰的产业边界，而具有跨界的产业形态。从产业经济角度来看，可以将其简单定义为"以时尚为关联点的产业集合，主要由追求时尚生活的消费者和提供时尚商品的经营者组成"。它最早发端于法国和意大利的时装制造业，意为"时尚服装的制造者和销售者"，在此基础上，时尚创意产业被定义为"包括所有生产服装和饰品的公司以及与制造这类产品相关的贸易部门的产业"。也有人将时尚产业扩展为：包括所有与设计、生产制造、分销纺织服装品和饰品相关的公司和个体的产业，如时尚产品生产企业、时尚产品零售贸易企业、设计师、艺术家、传播媒体、白领等。

　　随着产业范围的不断拓宽和产业体系的日益完善，现代时尚产业已经成为以工业和商业方式对包含时尚元素的产品和服务进行设计、采购、制造、推广、销售、消费、收藏等一系列经营性活动的总称。随着国际经济环境的变化以及文化产业在全球的兴起，由于时尚产业具有十分丰富的文化艺术内涵、十分鲜明的时代特征，以及普遍融合的产业关联性，已经成为当代文化产业异军突起的力量，已经在多国作为国家文化产业战略的核心被确立和扶持。

一、中外时尚创意产业发展的现状和趋势

时尚创意产业不仅致力于产品的生产，更体现了领先的观念和价值观。这一产业并不存在于工业时代的产业分类名录，在 20 世纪后半叶才逐渐兴起，包括服装服饰、美容美发、家居纺织、城市规划、建筑设计、工业设计、环境艺术、视觉艺术、数码娱乐、极限运动等在内与社会生活方方面面相关的产业门类，主要集中在各个部类的创意环节。金融危机以来，全球文化创意经济迅速崛起，时尚化成为国际文化产业发展的最新趋势。联合国贸发会议 2008 年在加纳举办的"非洲创意周"就将非洲时装产业作为主题。

国际时尚创意产业整体起步比我们早，也相对更为成熟。很多国家自古以来就有上行下效的时尚联动基础，由王公贵族创建时尚，而普罗大众集体模仿，并且经过久远的文化沉淀出现了巴黎、米兰、伦敦、东京、纽约等五大时尚之都。这些城市无一例外都是该国的国际时尚创意中心，并且其时尚创意产业也被纳入国家层面的发展推动策略中。调研发现，国际时尚产业已经出现了创意化与集聚化的趋势，时尚产品运用了更多的创意元素，并且越来越集中到创意资源与市场资源更加丰富的城市，五大时尚中心的发展就是如此。

在中国改革开放以后，随着收入的提高，时尚消费逐渐普及，大量国际时尚品牌涌入中国市场，时尚开始影响中国人的生活，成为一

种具有极大影响力的社会文化现象。但至今我国对时尚创意产业尚无明确定义，更无明确的评估体系与标准。现代文化产业更重要的功能是满足越来越多相关产业部门的生产性服务需要，对于中国这种面临重大产业升级的制造业大国来说就更是如此。我国文化产业生产性服务功能正在快速发展，"十三五"规划对经济结构调整的高度强调，特别是对生产性服务业的高度关注，构成了今后5年中国文化产业的主攻方向。中国的时尚产业具备了快速崛起的条件。

随着我国文化创意产业的发展、我国时尚文化的高速发展，流行音乐艺术迅速崛起，人们对中高档饰品、奢侈品有着巨大需求，消费市场日益成熟。我国时尚创意产业已经在北京、上海、深圳、武汉等地产生了高端集聚化的趋势，这些城市均获得了联合国创意城市联盟"设计之都"的称号，而青岛则获得了"影视之都"的称号，这些都标志着中国时尚创意产业在逐步形成新的世界中心。自2011年起，由时尚传媒集团实施的"中国城市时尚力"的大型研究项目，融合了"时尚"与"城市"两大主题。项目覆盖中国20个大中城市，代表全国15.1%的人口和48.6%的社会消费力；汇聚了品牌、设计、广告、媒体、学术等众多领域内顶级专家的智慧；从微观的城市"居民时尚"到宏观的"经济发展"、时尚产业上游"设计发展"到产业下游的"商业环境"与时尚消费，勾画出中国城市时尚发展全貌及特点。

二、建设"国际时尚创意中心"的意义重大

1. 全球创意经济发展需要中国建设"国际时尚创意中心"

时尚创意产业界的一个现实是，国际上五大时尚创意产业中心

对于全球的时尚创意产业都有巨大影响力，其时尚产品输出到其他国家，并且引导了这些国家时尚产品的生产趋势。随着中国国际经济地位的提升，这些时尚中心的产品也越来越多地采用中国的视觉符号元素，但这些产品说到底是西方化的，中国的文化时尚元素还没有深入时尚观念和时尚价值观的层面。我们认为，这一现象与中国缺乏国际时尚创意中心有关。中国时尚创意产业的发展，思路不应该是如何在以西方时尚为基础的产业链中加入中国元素，而应是打造中国自己的时尚产业，将基于中国文化观念与价值观，并且具有全球化品质的时尚产品推向世界。

由于特殊的历史和社会原因，中国几十年来的时尚产业发展不是基于文化生活积淀，而是在对外来文化的模仿中发展起来的。中国的时尚创意产业的发展不能也不应比照西方发展模式去套，而应实事求是按照中国的实际情况，研究中国时尚创意产业发展模式，并且输出"中国模式"，改变时尚创意产业西方垄断的现实。

2. 我国文化创意产业发展需要建设面向世界的"国际时尚创意中心"

虽然我国时尚创意产业已经自发生长起来，但在中国市场，整个时尚产业还处于一个割裂的状态，各个分支产业之间各自为政，尚未形成完整有序的产业链，同一主题下各种时尚产品之间也没有形成相互配合和风格的统一。这些问题是不可能单独依靠时尚产业本身自然发展可以解决的。党的十九大提出，在"十三五"时期"推动文化产业成为国民经济支柱性产业"。这将文化产业提升到了一个新的高度，也要求文化产业以创新创意为核心走向新的高质量发展的新阶段。我们认为，如果建设"国际时尚创意中心"，将有效推广国家文化品牌，以最低成本的双赢的方式实现了国家文化形象的对外宣传；"国际时尚创意中心"既可以满足消费者，尤其是高端消费人群的需要；又将提升国家时尚产业水平，创新中国文化产业发展模式。

3. 青岛城市定位和发展需要建设"国际时尚创意中心"

时尚是吸收传统融入创新后创造的一种新的流行。青岛历史上就是中国时尚文化的东部沿海的一个中心。与现有五大时尚创意中心相比，青岛具有丰富的时尚文化积淀，是东方影视之都，是音乐之都，是海上体育帆船之都，亦在大力发展文化创意产业、创意经济。在各种文化产业行业里，时尚创意产业的重要特点是跨界融合，整合各种文化创意产业门类，挖掘传统文化积淀，不断提高城市的国际品质。目前青岛政府提出建设时尚城市，正处于生产结构的最佳调整期。通过资源整合，将各种形式的时尚产业行业进行整体规划定位，构建风格明确的发展思路，建立国际时尚创意中心，可以将青岛打造成为世界级的时尚创意中心。

青岛已经开始推进国际时尚文化中心的建设，而国际时尚创意中心的建设，可以推动青岛国际时尚之都和国家时尚文化中心建设，引领山东沿海乃至全国文化创意产业升级换代，并且进一步优化和创新文化创意时尚产业园区的建设模式。

三、建设"国际时尚创意中心"的理念和目标

十九大以后，改革进入深水区，未来的5年至10年将是中国文化创意产业发展的黄金时期，也是我国时尚创意产业发展的重大机遇

期。就目前发展现状来看，国家时尚创意产业发展已经具备了自然发展的文化资源优势、完成了消费者的基础熏陶、完成了文化创意产业发展的起始阶段；然而，进一步的发展还需要克服诸多阻碍发展的体制和机制障碍。

第一，整个时尚创意产业各自为政，各个行业缺乏统一的部署和配合，这样既难创立有影响力的品牌，也因无法互相支持而很难发展壮大；第二，时尚创意产业的分化程度不够，大量从事时尚产业的企业和个人还处在"兼职""兼业"状态；第三，由于缺乏统一和整合，单个企业专业化程度有限，每个企业精力分散，无法集中创意，模仿痕迹明显，创意能力比较低；第四，由于时尚创意产业集聚化程度不高，产业政策难以实施；第五，现有的产业园区开发模式模糊，生命力差，生命周期短。

建设"国际时尚创意中心"的理念是：以文化产业化和产业文化化相结合为指导，以时尚产业高端化为突破，以互联网移动网科技创意开发为核心，以体制创新为保障。

建设"国际时尚创意中心"的总体目标是：成为产业政策实施平台、产业创新孵化平台、民族地域城市品牌推广中心和创意设计集聚示范基地。根据这四个目标，分成四个阶段进行"国际时尚创意中心"建设，推动青岛实现文化创意的升级换代，走向新时代的高质量发展。

四、建设面向世界的"国际时尚创意中心"的策略

1. 规划——制定发展战略和实施步骤

"国际时尚创意中心"的建设是一个完整、全面的建设工程，不仅

包括可见的物质建设，还有重要的精神文化层面的营造工程，不可能一蹴而就，需要事先制定好发展战略和实施步骤，按照计划一步步实现。

2. 研究——组建产学研一体化的联合研发基地

时尚创意是一个持续的过程，尤其是基于中国传统文化进行的时尚创意，对于创意者和执行者都有很高的要求。单个的创意明星不可能支撑整个产业的合理发展，需要一个具有生命力的研究团队。这就需要组建产学研一体化的联合研发基地，引进国际国内顶尖的研究团队，持续培养自己的创意人才。这是建立"国际时尚创意中心"的必要基础。

3. 合作——打造创新性的文化创意产业共建基地

国际时尚创意中心既然是对时尚产业各种产业门类的整合，必然要与中心之外的各种时尚创意产业实体产生密切联系。在这里，要打造创新性的文化创意产业共建基地，构建以国际时尚创意中心为核心的、辐射状的全球合作网络。

4. 助推——设立产业基金，建设产业孵化器

要打造世界第六个时尚创意中心，需要维持时尚创意产业的生命力。这既需要创意人才的培养，更需要产业的孵化。所以要设立产业基金，建设产业孵化器。

5. 示范——引进全球著名品牌设计机构

要成为全球性的时尚创意中心，不仅要有代表国家形象的国际性

影响力，还要有能吸纳全球顶级设计机构入驻的总部影响力。国际时尚创意中心的建设，就要起到这样的示范作用，引进全球著名的品牌设计机构。

6. 保障——整合创新文化创意产业政策体系

建设全新的国际时尚创意中心，并没有现成的经验可循，需要克服原有的体制限制，并且建立符合中国实际的产业环境。这需要整合创新文化创意产业政策体系，使其成为国际时尚创意中心建设的政策保障。

贵州模式与弯道超车

党的十八大以来，中央着力实施打造中国经济"升级版"的总体战略。这一战略获得了巨大成功。从应对国际金融危机的实践看，保持经济持续健康发展，通过创新驱动，提升产业层次，补足服务业等短板，提高了发展的质量和效益，成功打造了中国经济升级版。而贵州则在这一改革中走在了西部的前列：以改革和制度创新来释放红利，靠开放促改革，进而推动了贵州经济、政治、文化的全面发展。

如何推进文化产业转型升级

记者：中国经济正处在升级换代攻坚克难的关键时期，你提出文化产业也存在着内外两个方面的升级换代，你是如何提出并推动这一变革的？

金元浦：打造中国经济升级版，要立足于扩大内需实现升级，作为未来中国经济支柱产业的文化产业理所当然是升级版的重要的组成部分。从未来发展来看，中国文化产业自身也存在着升级换代的迫切需求。国家"十二五"规划中明确提出：推进文化产业转型升级，推进文化科技创新，改造提升传统产业，培育发展新兴文化产业，是"十二五"期间文化产业发展的总体方向。

为什么？

文化产业包括众多的次产业类别，它们是在产业发展的不同时期或不同阶段历史地形成的。这些产业可以分为三个层次或部类：第一部类是传统意义上的文化产业，如传统的文化旅游业、文艺演出业、民族传统节庆和传统工艺品纪念品等产业形态；第二部类是广播、电视、电影、新闻出版等常态文化产业形态；第三部类是在数字化、互联网、移动化、虚拟技术等高新技术支撑下，以"创意""创新"为核心的创意产业新业态。

如何转换当前文化产业的发展方式，从传统文化产业为主升级到高端新业态，改变传统的非经济非市场非产业的管理方式，提升文化产业的发展层次，从"前产业"形态进入产业经济发展阶段，并进而达到现代产业管理与高端产业的发展层次，提高文化产业规模化、集约化、专业化水平，实现文化产业自身的升级换代，是我国文化产业目前必须关注的问题。

利用互联网数字化移动化高新技术，以创意创新为核心，培育新兴业态，是我国实现文化产业升级换代的重要途径。当代世界正在不断地开发创造一系列过去时代从未有过的新"资源"，像移动网络技术、大数据、3D技术、虚拟技术等高新科技，给世界创造了财富增长的新机会和巨大的资源。它所创造的创意新业态正越来越成为当代社会财富增值的源泉。它启示我们对过去时代发展传统文化产业的方式必须再度予以审视。当下的现实是，当代文化需求越来越集中于高科技引导的新潮流，集中于"80后""90后"新生代，集中于文化消费的新方式、新形态，也集中于中国传统文化内容在新形势下的创意出新。文化产业要根据新发掘、新涵养出来的需求，敏锐地捕捉新的增长点，转变发展方式。

十年回顾：谈贵州文化产业竞合战略

记者：你是贵州文化产业"十二五"规划的主持人，你怎么看待贵州过去的文化产业？

金元浦：大约10年前我曾带领中国人民大学与贵州大学联合组建的贵州文化产业"十二五"规划课题组，驱车7000公里，走遍了9个地州市。我们在省委领导下，集中国内官产学研各方专家意见，十易其稿，完成了规划大纲和55万字的研究著作。当年的贵州，是高峰环绕下的洼地，地无三尺平的交通困省。

当时课题组环顾贵州省周边，发现北有西三角——川渝经济圈，东有长三角和海西经济圈，南有泛珠三角和中国—东盟自由贸易区（北部湾）（见图1）。贵州处于几大经济圈的包围之中，处于经济发展的"洼地"。贵州的发展必须联通这几大经济圈，享受到经济辐射效力，才能在基础薄弱的条件下实施快速、有效的发展。

我们提出了贵州发展的空间竞合战略：西和（合）云南，北拥（引）川渝，南达广西，东联湖南（武陵文化），总体是"后发借势，六省通衢（交通改善后的新格局）"，融入珠三角，服务珠三角。贵州要成为珠三角后花园，寻找珠三角之所缺、所失，积极拾其所缺，补其所失，成为泛珠三角的一员；并积极进入中国—东盟自由贸易区，确立产品形态，寻找发展机遇，建立贸易通道。

而今天的贵州是洼地崛起的"新贵"，真正实现了县县通高速的六省通衢。

图1 文化产业发展现状比较示意图

今日贵州：高端起步，数字融合，弯道超车，跨界融合

记者：那你怎么看贵州文化创意产业今天的发展？

金元浦：贵州文化创意产业发展迅速，其特点就是高端起步，数字融合，实现了弯道超车，跨界融合。我搜了一下，看到在2016年全省文化产业项目观摩会上，贵州全省文化产业"四大工程"（文化旅游融合、传统媒体与新兴媒体融合、文化科技融合、文化园区及综合体）项目建设，取得了不同程度的进展，46个项目规划总面积13.95万亩，计划投资1187.9亿元，截至目前，已落实土地1.86万亩，完成投资222.8亿元，建成投用或部分投用的17个，正在建设的17个，未开工的12个。据介绍，46个省级重点文化产业项目是贯彻落实省"十三五"规划纲要的具体举措，是省文化体制改革和发展工作领导小组专题研究审定的重大事项，对多彩贵州民族特色文化强省建设，推动全省文化产业加快发展，具有强大的推动作用和引领作用。目前，已有多彩贵州文化创意产业孵化园、贵州关岭化石群国家地质公园保护与旅游综合开发、正安县文化产业园等 17 个项目建成投用或部分投用。贵山秀水忆乡愁、赤水市文化旅游创新区、中国文化（出版广电）大数据产业、党刊大数据中心及党建出版云平台、贵州省北京路大剧院改造等项目正在建设。

同时，我们了解到，近期苹果公司将在贵州建立中国首个数据中心，这一新闻成为人们关注的焦点。那么，苹果为什么不选北上广深而选择贵州？贵州过去是地处西南边陲的小省，特别是科技和文创的小省。但近年来，贵州已一跃成为大数据时代的明星："大数据"已成为贵州最闪亮的一张名片。仅神州数码控股有限公司（神州控股）就投资了 100 亿，深度布局贵州，进一步创新了大数据应用模式。它与贵阳市政府联手打造的大数据民生服务产品"筑民生"，成为贵州大数据惠民惠创的经典案例之一。

创意创新是文化创意产业高速发展的根本动力

记者：我国各级领导在从事文化产业之初，都首先考虑文化产业的资源问题。他们对本地区的存量资源十分熟悉，但你强调资源不能简单看成是生产力，传统的资源必须经过当代创意的再度激活。你还提出创意产业必须向未来看、向高科技看。你能更详细地解释你的思考和理念吗？

金元浦：贵州文化创意产业高速发展的根本动力之一，就是数字化、网络化、移动化支撑的新兴产业形态的引领和推动，三大领域领军总体发展，得益于"创意"的"引爆"作用，也得益于过去从来没有实现的金融服务业的良好的助力。

贵州文化创意产业发展告诉我们，要想文化产业加速发展，首先要解放思想，解决观念滞后的问题，解决眼光短浅的问题，解决顶层设计缺失的问题。这种新的发展形态必须根据当下市场的需求，进行产业结构的调整；与高科技支撑的新兴产业融合发展；运用现代金融手段；推动创意创新的新业态、新企业、新模式的成长发展；不断提升产业运营的国际化、高端化水平；同时还要不断改造提升传统文化产业形态，使之数字化、高科技化，实现企业的现代企业制度的改造。

创意产业是文化产业发展的高端形态，其根本理念是通过创新和创意创造出新的产业形态和内容产品。它在不断创造一种新的需求，也将文化产业发展从传统的模式中解放出来。从北京的经验来看，北京文化创意产业之所以成为名副其实的支柱产业，盖因高科技支撑、大规模资本运营和以创意产业新业态为主形态的产业发展路径。

创意与创新是文化产业发展的核心与灵魂。它已日益成为现代财富的源泉，比尔·盖茨创造的电脑软件创造了世界财富增长的奇迹，而谷歌、百度、苹果手机、三星手机则继之而起，创造了移动网服务平台的新模式。我们看到，正是现代高新科技直接催生了当前在社会生活中产生越来越重要影响的新兴文化创意产业，除了手机、3D、大数据、微博、微信等新样式外，还有大量的创意设计（工业设计、工艺美术品设计、网络软件设计、服装设计、产品设计、包装设计、电脑动画设计、广告设计、建筑设计、工程勘察设计、建筑装饰、室内设计、城市绿化设计、时尚设计、服饰与奢侈品设计）、动漫、网游、互联网经济、现代会展业、现代广告业、电子（数字）商务、网络电视台，以及移动新媒体产业、手机增值业务（手机电影、手机动漫、手机网游、手机音乐、手机报刊、手机阅读、手机休闲娱乐）等，以数字化高新科技为代表的创意产业新业态，正推动传统的常态的文化产业向创意高端变革。在三大部类中，数字电影、数字电视、数字出版等升级形态和不断创新的高新科技支撑的新业态，成为文化创意产业增加值的主要贡献者，也是未来产业发展的主力阵容。与传统文化产业相比，新业态创造了巨大的产业规模、经济效应和发展潜力，代表着产业发展的方向。国际上，美国抓住版权和高科技不放，欧洲大力推动原创，日本成为动漫大国，韩国抢先发展网游产业的举措，都是在抢占文化创意的制高点，都是在推动产业走向高端形态。

从全球来看，苹果公司成为"人类有史以来全球最值钱的公司"。最近，苹果的市值达到 8000 亿美元，股价急剧增长，超越埃克森美孚公司等能源类工业形态公司，成为全球市值最高的公司。苹果市值超过西班牙、希腊和葡萄牙总计近 500 家上市公司的总和，而这些公司创造的利润也低于这家 iPhone 手机生产商。以某种角度来比较，苹果公司的总市值已经超过了沙特这个蕴藏有丰富石油资源的中东国家以及排行在沙特阿拉伯之后的比利时、波兰、挪威、澳大利亚等西方发达国家的 GDP。

创意产业是当代服务经济中的高端形式

记者：毫无疑问，文化创意产业属于当代服务业。从服务业的角度来看，贵州文化创意产业将会怎样发展？

金元浦：创意产业是当代服务经济中的高端形式。当前，我国产业结构要调整，要从低端制造业走向高端制造业，从制造业为主，逐渐调整走向高端服务业，特别是向生产型服务业和生活型高端服务业转型，实现中国经济的升级版。作为先进的生产力，文化创意产业是产业发展的高端形态，具有高附加值和高文化价值、经济价值，具有低碳环保、生态发展的基本特征，并具有创造就业岗位的优势。它将推动我国整体产业结构的升级、越界、调整和重组。苹果、三星、Facebook以及阿里、腾讯等例子告诉我们，与其花最大精力去打扫老牛圈，不如花大力气去建新奶站，二者效益差距很大，未来前景不同。新形态更具双向互动性、参与性、青年性和服务性。新一代青年，既是文化创意产业的从业主力，也是创意产品的消费主力。这些青年具有高素质、高文化水平、高专业技能的特点。

所以，在文化产业发展中，要以数字技术等高新科技手段改造、提升传统旅游、演出、节庆、会议、展览乃至体育、休闲、娱乐等行业；要大力推动广播、电影、电视、出版、设计、广告等目前影响最大的常态行业的数字化移动化产业化升级；要大力发现、扶持和培育新业态，推动新业态不断创新，实现高端融合。国际上苹果、三星等成为世界上成长最快的新业态企业，而阿里巴巴、腾讯、百度、京东、360、新浪、搜狐等企业，也都以极高的成长性、产业规模和高速的增量发展，成为文化创意产业的领头羊。增量为先，激活存量，大力发展增量，以增量带动存量发展，这是创意产业升级换代的新战略。

包头：一个有着绿色天堂的地方

——包头文化旅游的设计与探索

2014 年，文化部、财政部发布了《关于推动特色文化产业发展的指导意见》，这是一个十分重要的文件。文件旨在推动我国民族地区特色文化产业的发展，要求依托少数民族地区独特的文化资源，通过创意转化、科技提升和市场运作，形成能够提供具有鲜明区域特点和民族特色的文化产品和服务的产业形态。发展特色文化产业对深入挖掘和阐发民族地区优秀传统文化的时代价值，优化文化产业布局，推动区域经济社会发展，加快经济转型升级和新型城镇化建设，发挥文化育民、乐民、富民作用，具有重要意义。

如何把文化资源优势转变为产业优势，构建具有鲜明区域和民族特色的文化产业体系，促进多样化、差异化发展，对于这一问题，包头正从理论与实践两个方面进行深入探讨。

包头是中国华北地区重要的工业城市和内蒙古自治区最大的工业城市，是国家重要的基础工业基地和全球轻稀土产业的中心，工业经济相对发达，经济总量和人均指标居自治区前列，属西部领先。随着包钢的早期开发，包头已积累丰富的舆论共识。梳理城市资源，寻找最恰当的富有前瞻意识的包头城市定位，是我们编制规划的首要任务。

包头是一个具有悠久历史和灿烂文化的现代文明城市，有着深厚的文化底蕴。黄河文化、草原文化、阴山文化兼容并包，魅力独特，拥有大量的历史文化遗存和丰富的民族、民间文化艺术资源。包头是国务院首批确定的十三个较大城市之一，是内蒙古自治区最大的工业城市，是国家重要的基础工业基地，又有"北方兵器城""稀土之都""旱水码头"之美誉。包头市有十分丰富的草原旅游资源、召庙旅游资源、水域旅游资源、古长城遗址旅游资源、红色旅游资源、山体旅游资源、矿区旅游资源及多项非物质文化遗产等文化旅游资源。就文化产业发展情况看，包头市拥有土右旗的敕勒川文化、固阳县的秦长城（旅游）文化、石拐区的召庙文化、达茂旗的草原文化、九原区的古镇文化、东河区的西口文化、昆都仑区和青山区的现代工业文明的多元文化新格局。

近年来，包头市经济发展水平始终处于自治区发展前列，雄厚的经济基础为包头市文化产业快速优质发展提供了强大的物质支撑。

然而，包头市文化产业的发展并未充分利用其资源、经济、生态优势，包头文化产业产值仅占 GDP 的 1.8%，不仅远低于发达省市 5% 的水平，也远远低于全国 4% 的平均水平。因此，以创意为王的原创激情，深度挖掘包头市文化资源，去设计、探索和规划，就有了重要意义。

设计一：绿色天堂：赛罕塔拉城中草原

赛罕塔拉城中草原位于包头市内，是全国唯一的都市草原，有着包头其他景观所没有的独一性，是极具特色的自然资源宝库。赛罕塔拉蒙语的意思是美丽的草原。这里独具特色的民族风情和良好的生态环境为其提供了开发的巨大背景优势，具有很大的发展潜力。

城中草原拥有草原民族的浓浓风情，绿色的湖泊、高大的敖包、神圣的玛尼宏、跑马场、射箭场、摔跤场、篝火台、勒勒车、牛马骆驼羊放牧场，一切皆备，发展潜力很大。

作为传统民族文化积累深厚，又有现代草原钢城开发的城中草原文化旅游时尚街区，意在推动旅游业发展，将传统的草原文化与时尚化、商品化、休闲旅游结合起来，形成城中草原经济新的增长极，并进一步吸引投资、带动新型业态发展，增加就业机会，树立文化创意的标杆，获取巨大的带动作用和溢出效应。

作为全国唯一的都市草原，包头城中草原可以打造成包头文化旅游产业的人文核心及国家级文化产业示范区，突出城中草原的娱乐、时尚、休闲、体验功能。项目建成后，城中草原应成为包头市的一大时尚中心，提升草原文化的知名度，同时带动婚庆、民俗工艺、餐饮等特色产业的发展。

赛罕塔拉文化旅游针对的受众分为三个群体：包头本土人、国内游客、国际游客。在这里游客既可以领略草原的风采，又不需要花费过多的时间或经受长途的疲累，同时还能够亲身感受到草原民族的习俗风情。

构筑草原城堡：在城中草原中开辟出专门的草原城堡专区，草原城堡一切都按照蒙古族特色来设计建设，开发专门的蒙古族活动场所，如跑马场、射箭场、摔跤场、篝火台、勒勒车等。游客在此可以感受蒙古人的粗犷与豪情，骑马漫步草原、亲身体验一把箭在弦上的感觉或者与友人来一场激烈的"摔跤"，或乘坐勒勒车欣赏草原风光，等等。总之，漫步草原城堡，感受真正蒙古人的生活。

体验蒙古包：城中草原上散布着各式各样的蒙古包，游客在此可以亲身感受到蒙古族的民族风情。畅游过后，可以在蒙古包休息一下，听着悠悠的马头琴声，体验着蒙古族的特色饮食文化，品尝热气腾腾混合着奶酪、黄油和炒米的奶茶、手把羊肉、马奶酒还有拔丝奶皮，不觉让人心中升腾起万丈豪情，感叹大草原的美食与创意。

参与特色节庆：定期举办城中草原文化节日，打造出特色文化品牌。比如，每年在城中草原举办那达慕大会。那达慕是蒙古民族的传统盛会，距今已经有700多年的历史，"那达慕"蒙古语意为"娱乐游艺"。举办时，千里草原上，彩旗飘飘，人头攒动，射箭、赛马、摔跤以及民族歌舞等，为前来游览的客人呈现一道道视觉和听觉的盛宴。将那达慕大会做大，成为城中草原的一项特色节目，从而可以以品牌效应吸引游客前来。

建设草原文化展览馆：城中草原混合了现代文明与自然风光、草原风情与民族特色，多种元素的叠加既突出了特色，也扩大了视野。在此基础上，建设草原文化展览馆，展出蒙古族的特色文化产品，如蒙古族史书、历史遗迹、画卷等，同时也可在此呈现蒙古族的礼仪风俗、音乐舞蹈、名人传说等，比如举办蒙古音乐节、文化节，不仅可以宣传和推广蒙古文化，也能够丰富景区，吸引游客。

推出草原纪念品时尚旗舰店：开设草原纪念品时尚旗舰店，以蒙古包的风格进行设计和装饰，与城中草原融为一体。旗舰店专门销售草原和民族特色产品，如蒙古族的民族服饰、乐器、饰品、吉祥物等时尚纪念品。由于鹿是包头的名字由来，也可以设计一些包含鹿元素的 Logo 或者吉祥物，以供游客购买。

升级时尚娱乐区：城中草原拥有其他草原所没有的特色优势，由于其处于包头市区，外围都是城市建筑，故有着较强的时尚气息，因此开发城中草原应该突出其专有的时尚娱乐功能。结合草原与蒙古族元素，在城中草原的外围开发出专门的时尚娱乐区，一方面可供游客休闲娱乐，另一方面可为游客提供配套的基础设施服务。

其他如风情酒吧区：在城中草原周边开发风情酒吧区，以贴合其时尚功能。风情酒吧区入驻各种类型的酒吧，并在酒吧中展示不同的民族文化，如蒙古族等其他少数民族风情，或者在酒吧中彰显时尚元素，如专门的调酒艺术展示等，为游客提供高端服务。

休闲走廊：为了满足游客的多元需求，城中草原外围开辟专门的休闲走廊。休闲街主要入驻咖啡馆、酒吧以及连锁酒店等商家，营造出休闲安静的氛围。游客观光游览之余，可以在此散步休闲、休憩放松。同时，休闲街的店铺装修中可以适当添加鹿文化的元素，以体现包头的城市内涵。

婚庆服务：城中草原自然风景优美，尤其在夏季，绿草茵茵、湖水潺潺、野花点点，尽显大自然的秀美清新，因此可以在此为游客提供婚庆服务。以风景吸引新人，在城中草原的自然风光中拍摄婚纱照，见证新人的甜蜜爱情，或者在此举办集体婚礼，以婚礼打造品牌，不仅提高景区知名度，同时也增添城中草原的时尚元素。

设计二：梦幻九原鹿文化娱乐综合体

中国鹿文化有着悠久的历史和丰富的内涵。其发展大体经历了三个演变过程，即由自然物到人格化的演变、由人格化向神化的演变、由神化到产业化的演变。

数字娱乐狂潮正席卷着整个世界，并已成为当今信息产业中最具商业价值的新兴产业。随着西部大开发政策和可持续发展战略的推进，数字娱乐产业也成为西部地区经济发展中一个新的增长点，西部地区如何缩小与我国发达地区的"数字鸿沟"已成为政府部门所关注的热点。

包头市自古便有"鹿城"之称，以文化产业发展为契机，将传统的鹿文化与现代的数字娱乐方式相结合，运用中国本土的方特主题公园建设模式，必然能够吸引当代消费者的眼球，促进鹿文化在产业化开发的过程中产生巨大的经济带动效应。

包头市文化产业在当地特色文化资源的支撑下，已经在宗教文化、草原文化、秦长城文化、西口文化、现代工业文化等诸多方面取得了一定发展。但是，此类发展均是以原始的文化形态为基本开发素材，数字娱乐也主要停留在观影消费阶段，明显缺乏现代产业形态的注入，文化产业开发尚停留在初级阶段。

"鹿城"品牌认知度低。包头，源于蒙古语"包克图"，蒙古语意为"有鹿的地方"，所以包头又叫鹿城。当前，包头市鹿文化及鹿产业虽然也在不断扩张，但是城市作为"鹿城"的品牌形象对外却鲜为人知，品牌效应尚未形成，在"鹿"与"包头"之间很难产生连带想象。因此，包头市"鹿城"城市品牌的建设策略急需提升。

文化产品供需矛盾凸显。包头市作为内蒙古地区经济发展的中心城市之一，经济发展水平较高，居民消费潜力大。在这种情况下，社会文化产品消费市场不断扩大，但是城市文化产业发展的低层次现状却未曾得到真正的改变，由此所引发的"人民日益增长的文化需求同落后的文化生产之间的矛盾"便逐渐凸显出来，成为制约包头市文化产业发展的重要瓶颈。

"鹿城"城市品牌建设急需推进。包头市以鹿为名，但是"鹿城"的总体知名度不高，品牌影响力尚未形成。以方特鹿文化娱乐综合体建设为突破口，打响包头"鹿城"品牌，发挥品牌溢出效应，带动包头鹿产业全方位发展。

　　包头要打造欢乐、时尚都市的城市形象定位。项目结合国内外先进的方特主题公园开发模式，运用高新文化科技，将包头打造成自治区乃至全国的高科技数字娱乐产业示范项目。这有利于包头欢乐、时尚都市形象的整体推广，带动全市其他文化资源的高端产业化开发，迎合新型市场需求。

　　项目以鹿为主题，可设置九色迷城、斑比历险、圣诞之旅、魔幻鹿城、保卫敖鲁古雅、鹿王等项目，同时可开展具有方特原始风味的生命之光、宇宙博览会、维苏威火山、嘟噜嘟比农庄、西部餐厅等项目，丰富综合体娱乐内容。

　　打造九色迷城游戏。所谓九色迷城，是通过九色鹿身上所具有的九种颜色将游戏小镇划分为不同的区域，不同颜色的区域分别代表不同的关卡，同时也意味着将面临与其他颜色区域不同的危险。如蓝色表示海洋历险，绿色表示将穿过丛林。

　　九色迷城游戏为团队探险通关游戏，在不同关卡将会面临不同的危险，同时团体成员内部身份不明，将军如果不能明确地辨别，群体成员随时都存在被暗杀的危险。在这样内忧外患的情况下，将军的任务是带领团队顺利通关，并且还要保证铲除叛徒保护良善。在各个角色中，只有巫师具有召唤九色鹿获得度过危难的魔力，但是召唤九色鹿的能力只有在杀掉一个良善之士（包括忠臣、平民）之后才能获得。游戏方式是 5 至 9 人团队作战，适合熟悉的群体一起参加，也可以由几组游客临时组团参加。游戏成员角色分配上可借鉴"三国杀"，在开始之初便通过分配身份纸牌的方式获取每个成员在此次游戏中所扮演的身份，包括将军、巫师、忠良、叛徒、平民等。九色迷城游戏由九色鹿在其中扮演魔法神兽，只有巫师能够召唤，帮助游戏成员度过紧急关头。

还可设计儿童游乐项目如：小鹿斑比历险、圣诞小鹿、美猴王、驯鹿鄂温克及敖鲁古雅等各种不同类型不同年龄段的游戏项目。

设计三：塞上西溪：小白河湿地休闲综合体

我国已进入全面建设社会主义现代化国家向第二个百年奋斗目标进军的新发展阶段，人民群众的物质性需要不断得到满足，开始更多追求社会性需要和心理性需要。考古和学术研究呈现多层次、多样化的特点，由于语言和文字等原因，大众知之甚少，制作成文化产品的更是少得可怜。休闲产业实际已成为中国经济新的增长点。但目前我国的休闲观念和休闲生活还处于"初级阶段"，不少地区的休闲产业还刚刚起步，有待进一步发展。与此相关的机构、设施、休闲商品等，也还有待于进一步开发。

当前，包头市文化产业开发仍停留在以文化形态为素材的低层次阶段，难以顺应消费市场的发展潮流。通过塞上西溪湿地项目建设，以园区为载体开展休闲娱乐服务、湿地观光服务等体验经济项目，开展以会议中心、会展服务为代表的会展经济项目，以文化产业规划为契机促进包头市城市发展从北方重工业基地向现代化全方位发展方向转型。

保护湿地资源。包头市小白河湿地与附近村镇紧密相邻，因此受人类社会活动影响较大。近些年来，湿地资源不断被鱼塘、农田侵占，导致湿地出现植被破坏、规模缩小、板结化等状况。小白河湿地休闲项目的开展，可以进一步加强湿地资源保护。

项目开展的首要原因在于自然资源丰富。一方面，小白河湿地具有良好的湿地景观资源基础，各类生态资源丰富。另一方面，小白河湿地与黄河水域相邻，距离南海子湿地保护公园、昭君岛景区较近。总体而言，小白河湿地休闲综合体建设不仅自身具有良好的景观基础，同时也可通过与周边景区的联动发展达到吸引消费者的目的。

其次，人文底蕴雄厚。综合体周边地区具有雄厚的人文资源基础，例如昆都仑河古河道段落、麻池古镇遗址、阿善遗址、赵长城遗址等，为小白河湿地休闲综合体建设提供了浓厚的人文风情和氛围，有利于休闲度假产业发展。

再次，市场需求强大。随着包头市及其周边地区人民收入水平的提高，越来越多的人开始关注提升闲暇休闲时光的质量，但是囿于自治区内部休闲产业发展落后的局面，大多数休闲消费均呈现向其他省份外流的趋势，西溪湿地便是众多目标之一。因此，"塞上西溪——小白河湿地休闲综合体"的建立，符合自治区休闲产业发展需求，市场消费前景十分广大。

最后，区位优势明显。包头市位于内蒙古自治区中心位置，是呼包鄂城市圈重要组成部分，境内铁路、公路、航线齐全。显著的区位优势为包头市未来休闲旅游产业发展提供了广阔的潜在消费市场。

该项目的建设所针对的目标群体分为三个方面：包头本市居民，呼包鄂城市圈消费者及自治区广大消费者、国内国外消费者以及湿地保护与研究方面的专家学者。由于综合体建设包括诸多方面的功能，因此小白河湿地休闲综合体的目标群体不仅包括休闲旅游者，同时也包括来此举办各类会展活动的各类大型单位组织等。

该项目以杭州西溪湿地为参照，争取通过小白河湿地休闲综合体的建设，让人们领略塞上西溪的美丽湿地风情，同时亦以湿地生态景观资源为载体，发展休闲度假、会展商贸、观光娱乐等时尚娱乐项目，将小白河湿地建设成为西北地区的塞上西溪。通过小白河湿地休闲综合体建设，增强休闲旅游产业在包头市经济发展中的支撑作用，改变包头市长期以来作为北方重工业基地的刻板印象，将包头打造成全方位、立体化发展的时尚新城。

历史文化体验区：结合包头市及自治区内丰富的人文历史资源，在综合体内建设历史文化体验区。体验区以西北地区古民居建筑为载体，以历史发展阶段为脉络，对各个阶段的区域文化内容进行展示，让人们在领略湿地风情的同时，欣赏建筑艺术之美，品味地区文化之盛，提升综合体休闲文化品位。

湿地风情观光区：以小白河湿地生态资源为基础，在综合体内建设湿地风情观光区，开展观光休闲项目。净化湿地水系，保持湿地规模，保证湿地区动植物多样性，并以此为基础，开展湿地资源保护与开发、生态多样性研讨会、湿地风光摄影节等各类活动，丰富综合体项目内容，提升小白河湿地的社会知名度。

高端休闲会展区：当前，包头市会展经济发展仍停留在初级阶段，塞北会展中心规模小，会展活动级别低。以塞上西溪会议中心建设为契机，以承办国际稀土高级论坛等重量级会议项目为转折点，开启包头市会展经济快速发展的新时代。

民族风情展示区：结合包头市及自治区特色，在休闲综合体内设置各类民俗文化项目，如二人台、蒙古长调、马头琴表演，黄河文化、敕勒川文化、阴山文化、西口文化、蒙藏佛学文化展示园，将小白河湿地休闲综合体打造成为民族文化展示的窗口，发挥文化品牌的带动作用。

休闲度假庄园：利用小白河湿地临水优势及良好的生态资源基础，在综合体内建设高端休闲度假庄园，满足区内及区外高层次休闲消费需求。度假庄园建设不仅要凸显滨水优势，同时还要结合蒙古族建筑风格，体现民族特色。

设计四：欢乐南海水世界

从古至今，许多重要的城市也由于河湖的孕育而繁荣发展，形成了特殊的都市环境风格。同时，很多时候，一条河湖变迁有可能直接影响到一个城市的兴衰。正是如此，我们必须从多角度、多方面来重视城市河湖的治理问题。

休闲治理，就是从休闲的角度来梳理、分析、研究、解决我们面对的问题。城市河湖滨水空间的休闲治理，不仅有利于提升滨水地区开发建设的投入产出，而且创造了绿地与休闲、购物的有机结合，赋予了城市河湖新用途和形象，有助于城市河湖地的产业结构调整，促进多层次、替代性的产业发展。

由此，在满足城市居民的日常休闲前提下，在城市河湖水治理中积极推动产业治理，尤其是从休闲经济开发的角度来考察，不失为一个明智之举。

以供给激发需求，促进经济增长。欢乐南海项目建设属于供给推动类别的项目谋划模式，此模式的目标在于通过产品供给激发人们潜在的消费需求，在供给与需求的双重刺激下，振兴包头市数字娱乐市场。

以高端创造品牌，助力都市定位。通过数字化高端文化产业项目的开展，创造包头市文化产业的时尚、新颖、高端、现代的定位，促进包头市城市整体发展与现代国际性都市相接轨，促成区域发展的转折性变迁。

潜在市场广阔，消费潜力巨大。近年来，我国休闲娱乐产业消费需求不断扩展，隐藏在社会大众间的潜在娱乐产业消费市场广阔，尤其是以数字娱乐为代表的现代体验式娱乐经济更是引人注目，成为人们与现代社会接轨、了解现代科技进步的最佳手段。因此，摩锐水世界项目的开展，必将成为自治区休闲娱乐界关注的焦点，吸引消费者的眼球。

资源体系支撑，连带效应明显。以南海子及黄河水域为基础开展水世界建设，不仅具有滨水娱乐项目的基础发展条件，并且以此项目带动，与周边湿地公园、昭君岛景区、小白河湿地休闲综合体项目形成联动效应，推动区域经济整体发展。

江南水世界项目以丰富包头市休闲娱乐消费方式为主要目标，以打造包头市"欢乐""时尚"品牌形象为宗旨，引领包头市文化产业发展，引领内蒙古娱乐产业前沿，推动产业结构升级的同时，引导区域消费，丰富区域生活。

从项目内容来看，南海水世界项目分激情戏水区、精品休闲区和动感健身区等，开展水上娱乐项目。同时，结合南海观音形象，在综合区内建设观音大士雕像，以观音大士庇佑消费者身体康健，欢乐无限。

另外其激情戏水区也有亲子游乐区：通过南海卡通智能儿童戏水池及戏水城堡、室内水滑梯、水世界水幕电影等项目，给予儿童全新的戏水快乐，填补自治区内由于水资源缺乏所造成的滨水娱乐空白，让孩子从小开始体验与水亲近的快乐。

同时，激情戏水区在水世界内开展身临其境的海水仿真冲浪、惊险刺激摩锐水世界漩涡池、探险漂流河等项目，满足年轻一代对惊险刺激的追求，体验数字娱乐技术给人们带来的全新快感，令包头市"欢乐""时尚"的都市定位在现实中找到产业支撑点。

结语

每一座城市都是一座富有魅力的艺术品

在变动转型的历史时期，城市正成为人们关注的重心。过去，我们对城市的认识很不够，仅仅认为城市是一个居住的地方、是一个满足人生活需要的地方。对于城市更高的意义比如文化的、审美的、艺术的乃至历史的价值没有更多的考虑。在我看来，城市是一件富有魅力的艺术品，我们要像雕琢一件艺术品一样来精心地雕琢一座城市。

1. 中国城市将影响世界城市格局的转移

中国的城市化（或者说城镇化）有着极其深远的意义。诺贝尔经济奖获得者斯蒂格利茨把中国的城市化与美国的信息化革命，看作 21 世纪初影响世界的两件大事，这足以看出中国的城市化对于世界的意义。

从历史的考证我们可以看到城市化的意义：明代建立了皇城即北京，千年来城市的发展尤其是城市的总体格局，中轴线模式，没有很大改变。当然北京是都城，其他的城市怎么样呢？

我们经常能看到二三百年前建设的古镇、小城市也没有大的改变，比如丽江古城等遗迹，有着二三百年或更长时间的历史。所以，今天伟大的城市革命将确定未来——短则二三百年、长则三五百年——中国的城市格局，是关乎子孙万代的大事，城市的设计者、决策者要为历史负责。

全球范围内世界城市、国际化都市或世界中心城市的发展趋势怎样呢？答案是：东方城市逐渐兴起，西方城市相对式微，中国城市将对世界城市格局转移产生重大影响。而中国各个城市将不得不面临新型城市化的再思考。

如前所述，2012年8月20日出版的美国《外交政策》杂志封面文章以"未来城市"为题，发布了《2025年全球最具活力城市排行榜》，对未来15年世界城市的发展趋势做出了预测。这个榜单由美国麦肯锡咨询公司推出。文章认为，在历史的任何时候，城市从没如此重要过。如今，全世界有600个城市正在创造全球约60%的GDP。到2025年，这种情况依然不会有太大的变化，只是构成这600个城市的精英成员会有很大的变化。在接下来的15年里，世界的重心城市将从欧美向南（即发展中国家）转移，而在其中起着更具决定性作用的将会是"东方"，尤其是中国。文章说："这就是为什么我们制作出这张如此特殊的榜单，为2025年选出最具活力的城市。"

2010年，全球GDP的一半出自发达国家的362个城市。预测认为，到2025年，除了纽约、东京、伦敦、芝加哥等超级大都市，四分之一的发达国家城市将跌出全球600强城市榜单，被96个新兴城市取代，其中72个来自中国。在全球75座活力城市名单中，中国有 29 个城市入选，约占四成。上海摘得该榜单桂冠，京津紧随其后，广州名列第五。

这是非常令人震惊的，意味着 2025 年之后世界城市的历史将会重写，世界城市的格局、地图将会重新来过。

中国的城市化正以前所未有的步伐推进，其规模是世界首批城市化国家如英国的 100 倍，速度则是其 10 倍。仅在过去的 10 年，中国居住在城市的人口就从 36% 增加到超过 51%。2010 年中国的大都市地区制造了中国 GDP 的 78%。如果这种趋势保持下去的话，中国的城市人口将从 2005 年的近 5.7 亿增长到 2025 年的 9.25 亿——这个增长数量比美国全部人口都要多。和中国城市竞相崭露头角不同，只有 13 个美国城市和 3 个欧洲城市入榜。分析称，由于欧美增长乏力，世界经济平衡将以前所未有的速度和规模通过城市化的进程由西方向东方倾斜。

今天中国的城市革命有其自身的条件，比如城市建筑建设的能力、国家推动的城市再造运动，包括生态在内的重建过程。毕竟很多地方千年来基本格局没有变，只是在过去格局之上进行小修小补，而变化最大的像北京、上海等虽然有了突破性的进展，但格局很难改变。像北京围绕皇城建设扩展到六环、七环，格局建成很难改变。上海如果以黄浦江为界发展浦西，城市格局也是很难改变，而浦东的发展包括崇明岛的开发会带来城市面貌的很大改善。从这个意义上说，这一轮城市的变化将是极其巨大的。现在我国的城市化率已约 60%，尽管统计数据有水分，但人们基本的生活状况已经改变了。虽然这一代的农民在城市化进程中有阵痛，他们进城后或上楼后有很多的困惑，心理不能适应，会怀念过去的生活状态，但进城后，他们不会再像以前那样生活，比如随地吐痰等，这是一个缓慢的改造过程。

我们很难保证我们今天的城市化会创造一个更加合理和美好的未来，现实需要我们思考，未来更需要我们负责。

2. 城市，人诗意地栖居

审视《外交政策》的文章与排名，我们清醒地看到我国城市发展中的一系列重大问题与困境：大量的人口向城市特别是中心城市聚集，人口饱和，环境承载力危机，已经出现一系列的重症"城市病"，如交通拥堵、生活成本日益提升、城市功能高度集中、地价飞升、环境恶化、文化消弭、公民社会权益弱化等问题。这使得城市居民的生活质量日益下降，宜居度下降，幸福感缺失。

在快速的城市化进程中，城市中的对立和冲突越来越大，主要表现为原住民与外来人口在精神文化与理念方面的冲突、当下利益与长远利益的冲突、城市无限制发展与环境资源承载力的冲突等。

以北京为例，作为一个移民城市，北京历来是全国最宽容的城市。北京被联合国人居署评为世界上最平等的城市，缘于长久以来北京形成的宽容博大的城市品格。然而，在观念上，北京面临着全国人的首都和北京人的首都之间的冲突。城市是有一定承载力的，随着城市的扩容，传统居民被赶到很远的郊区，他们会觉得过去的生活条件和状态很好，外地人都来了，占据了他们的资源，故土的概念、人道主义和文化观念的冲突非常强烈。而外来人口除了少数有钱人，大量打工者的生活很艰辛，虽然有发展机会但很辛苦，面临房价飙升、物价飞涨、孩子入学难等多重问题。从理论上讲，城市建设者应该享有公民的同等权利，但由于户口制度的限制，外来人口与原住民在城市福利方面还是有很大的差距。

连北京都觉得不能认可，很多城市更难认可了。在变动转型的历史时期，城市确实是我们关注的重心。而文化是我国城市建设世界城市最重要的资源，社会和谐是建设世界城市的最重要的保证，以人为本、关注民生是建设世界城市的出发点。因此，在建设世界城市的探索中，我国城市除了必须借鉴各个世界城市如纽约、伦敦、巴黎、东京的基本构成和各自的独特成就外，还要选择撷取最合宜的"点"来重新"合成"，如纽约的百老汇、伦敦的创意产业、巴黎的文化底蕴，创造一个具有独特品格的东方文化型的世界城市。

从历史上看，西方人将城市的建筑当成凝固的史书，建筑物就是凝固的音乐，比如城市的天际线、江岸、河滩建筑、灯光、色彩等，都是以艺术品的方式呈现出来。

从整体上看，城市是美的象征物，充满自然美、社会美和艺术美，是人类本质力量对象化的产物。要让城市变成真正适合人居住的城市，使人能舒适地、艺术地、有意味地生活，让人的精神和灵魂能安置的栖居地。因为，从美学上讲，人不仅是一件艺术品，而且是自然界最完美的艺术品。在过去的概念中，人只是活着，处在浑浑噩噩、懵懵懂懂的状态之中，而我们应该认识到审美的、艺术的、文化的栖居是人类本真的存在，是人区别于动物的根本标志。

"人，诗意地栖居在大地上"——海德格尔之所以格外喜欢荷尔德林的这句诗，是因其道出了生命的深邃与优雅。人生活在这片大地上，必须要吃、穿、建造房子，在这个过程中产生语言，不断给自己的生活创造美。人为了使自己生活得更好而寻找到生活的意义。

而对于今天世界上的人们，城市是他们最主要的栖居地。芒福德在《城市文化》中说：

> 城市在其完整的意义上便是一个地理网状物，一个经济组织体，一个制度的过程物，一个社会战斗的舞台，以及一个集合统一体的美学象征物。一方面，它是一个为日常民用和经济活动服务的物质结构。另一方面，它是一个有意为了有着更重大意义的行动以及人类文化更崇高目的而服务的戏剧性场景。城市促进艺术，并且本身就是艺术；城市创造剧场，并且本身就是剧场。在城市，作为剧场的城市中，经由人性、事件、团体的冲突与合作，人有目的性的活动被设计和构思成为更重要的高潮部分。[1]

芒福德接着说：

1　芒福德：《城市文化》，中国建筑工业出版社，2009年版，第507页。

人们居住的城市是美丽还是丑陋通常并不是无关紧要的，人们社会活动受到这些品质的限定。[2]

芒福德认为，"这将城镇规划的工具性艺术变为相当稳定的常规惯例，同时大量的力量和经济支持被释放给了表现艺术：绘画和雕塑，戏剧和音乐，将再一次比卫生、排污，以及进行严格消毒防腐的习惯更为重要。"[3]

从这个意义上看，城市的审美化与审美的城市化，是我们必须关注的一个发展方向，或者说城市的艺术化与艺术的城市化是我们未来发展要特别关注的。

3. 创造一个个艺术的城市

在经济全球化的今天，每个城市都以它不同的文化特色、艺术形式，形成自身的亮点和影响力。文化特色越强，影响力就越强。在当前中国新型城镇化进程中，大量的旧城改造（尤其是县级城市改造），一定要以"艺术城市"的理念进行规划，寻找每一座城市独有的灵魂。创造"艺术城市"要与生态旅游、文化旅游相结合，挖掘当地未挖掘的历史和传统文化，形成地域性特色城市；要站在全球旅游、特色旅游角度进行城市规划；要从"影响力、标志性、艺术性、公共性"四个方面评价城市雕塑

---

2 芒福德：《城市文化》，中国建筑工业出版社，2009年版，第507页。
3 芒福德：《城市文化》，中国建筑工业出版社，2009年版，第510页。

与公共艺术建设；要将构建"艺术城市"与区域经济、文化产业发展相结合。

以"艺术城市"概念为指导，充分利用我国丰富的历史文化、人文文化遗存，进行城市规划建设，将会让城市形象更加鲜明、更加美好，将会产生一大批经得起历史考验的，又极具个性风格的艺术城市、文化城镇，必将使我们的民族文化升华，同时，也会给我们各个城市带来规模化的文化产业经济效益。

以"艺术城市"概念指导城市规划建设，是对我国城镇化由速度扩张向质量提升转型新模式的有益探讨。如何打造"艺术城市"特色县（市、镇）？首先，必须明确使命、价值和愿景；其次，制定出特色县（市、镇）主题文化发展战略；再次，将其分解为系统、可执行的目标和方略；最后实现打造"艺术城市"特色县（市、镇）的宏伟目标。

主题文化是形成"艺术城市"唯一性的文化形象和品牌概念。构建"艺术城市"主题文化的目的和战略意义，就是塑造"艺术城市"主题文化内核、铸造主题精神气质、张扬主题经济态势、彰显主题建筑风格，以此形成"艺术城市"历史文化、民族精神、社会经济、城市形象的高度统一和完美结合，形成"艺术城市"独一无二的形象和品牌，并拥有核心竞争力。以广西灌阳县为例，创建"艺术城市"特色县，必须首先构建灌阳县的主题文化。这样才能使灌阳的形象和品牌鲜明地突显出来，才能影响世界，形成热点，形成注意力，形成品牌形象和标志性符号。以灌阳县主题文化彰显灌阳县的特质，从而形成灌阳的特质资源，以此，在全球一体化的竞争中进行角色的全新定位，在差异化的竞争中获得独有的主题文化优势，在竞争中立于不败之地。

灌阳创建"艺术城市"特色县，就是要一切以人为本，引领发展潮流，从根本上超越城市的局限性，创建未来的城市。未来的特色灌阳，概括起来就是"山水画、田园诗、生活曲、梦幻情"，是集"山水城市、园林城市、生态城市、森林城市、文化城市、创意城市、数字城市、度假城市、情感城市、友好城市、立体城市、幸福城市"于一体的特色城市。

4. 用艺术的方式解决城市的社会公共问题

在一个艺术化的城市中，公共艺术占据着越来越重要的位置。在城市中呈现出审美的生活化、生活的艺术化的趋势，除了公共艺术作品，建筑艺术作品越来越人性化。人们的公共空间也在发生着变化：购物中心就是一座花园，街心公园、步行街、酒吧街等都蕴含着丰富的文化。

在 2018 年中东地区最重要的艺术大展上，一位美国艺术家建造了一个大盒子，这个盒子没有顶，观众步入其中，抬头望天，天就是一幅画。其实，人们平时抬头都能望到天，但如此的角度，如此的方位和心情，却独一无二。艺术家在帮助观众欣赏自然，换个视角看待与思考自己与自然的关系。这就是公共艺术的特质。

有专家认为，城市公共艺术既是城市的组成元素，也是艺术品，正如陈列在博物馆里的艺术品一样。公共艺术可以看作艺术品从博物馆的传统风格中解放出来，在一个开放的空间中，不仅可观，而且可触、可感，可以为公民提供更多的机会来接近与感知。

在许多开展公共艺术历史较久的国家，公共艺术还被赋予了更多的功能，如通过公共艺术来提升经济活力，用公共艺术推动政治和谐，关注弱势群体，促进文化繁荣等。因此，在一些发达国家，政府会通过强制性规定，在城市建设中拿出相当比例的经费用于城市公共艺术设计与建筑，力求用艺术的手段来提升城市公共建设的文化与艺术品格。

公共艺术集中体现社会整体文化价值，又浸透着自然生态环境以及特定的文化经验属性。城市公共艺术运用城市标志，通过整合或分散的延展图形，针对不同的环境空间及使用功能进行再创造，从而达到城市理念与艺术表现的高度协调。在此过程中始终伴随着人类社会活动的参与性与互动性。

公共艺术的概念融入城市公共空间的建设，用艺术的语言和方式解决社会公共问题，表达对社会发展的特定思考，更多关注艺术与公众、艺术与政治和社会机制等一系列社会问题，这无疑是一次当代艺术的革命性嬗变。

后记

美丽中国，那是一种美学

记得那年春节赴昆明度假，游大观楼，看清朝孙髯500字著名长联，心旌摇动：

> 五百里滇池，奔来眼底，披襟岸帻，喜茫茫空阔无边。看东骧神骏，西翥灵仪，北走蜿蜒，南翔缟素。高人韵士，何妨选胜登临。趁蟹屿螺洲，梳里就风鬟雾鬓，更苹天苇地，点缀些翠羽丹霞。莫孤负四围香稻，万顷晴沙，九夏芙蓉，三春杨柳。
>
> 数千年往事，注到心头，把酒凌虚，叹滚滚英雄谁在？想汉习楼船，唐标铁柱，宋挥玉斧，元跨革囊。伟烈丰功，费尽移山心力。尽珠帘画栋，卷不及暮雨朝云，便断碣残碑，都付与苍烟落照。只赢得几杵疏钟，半江渔火，两行秋雁，一枕清霜。

长联读过，惊诧于"莫孤负"，那四围香稻，万顷晴沙，九夏芙蓉，三春杨柳，感觉美不胜收，却又觉得总少了些什么。有清一季，到后来，气脉消弭，空叹滚滚英雄谁在？今我远来，披盛世之光泽，蕴浩然之大气，忍不住长吟一联，学仿之：

五百里滇池，静如处子。环山如黛，波粼粼天海一色。看长埂十里，游人如织，沙鸥翔集，长空飞戏。万千宾客，何故迢遥远来？听鸟鸣涛吟，怎会意啾啾情绪。更佳节近临，唯见得小儿雀跃。怎忍睹梦里白帆，遍堤净沙，摇曳苇丛，梅红竹绿。

数千年往事，叠影心头。国运起伏，志拳拳中华脊骨。今西南古城，巨厦似林，昆岗巍峨，明湖流银。卅年变法，恰迎大国雄起。念先驱勇猛，舍得下身家性命。借高天一蓝，收拾好英雄豪情。敢问道江天大略，宏图舒展，百年基业，永世开新。

后来四川社科院李明泉兄喜欢这副对联，又将之刊登于他主编的《中华传统文化》上。颇让我感到意外。

2013年夏天，携家人赴太湖旅游，眼见得太湖雾中小雨，朦朦胧胧，美得不可方物。遂口占满江红长短句一首：

迭代风华，秋来也，朗晴却稀。海澜急，见苇丛阵列，雁起苍碧。浩荡吐纳万千流，七十二峰峰峰立。东坡语，吞灭三州界，涛天际。

西子去，河汉清，陶朱走，泛舟蠡。汇汤汤九派，四海清一。今命太液变秋酿，明朝吟醉千家诗。指前路，敢吩咐湖水，与天齐？

发给张宇兄，即刻告曰身在西湖，再赋词一首，满江红：

抱拥西子，动情处，天和雨恭。美人归，千古妙会，顿有辞喷。烟雨迷濛无晴鹤，却见诗丝入苍穹。有道是，高辞达韵，独宇兄。

太湖畔，天小漏，细丝缕，饶蠡风。观仙山琼岛，得其环中。今日共祷日与月，两湖相通心亦通。风云间，唯天眼常开，有大成？

不久张宇兄便回复满江红词一首：和元浦兄。

晴雨西子，凝眸处，水软山温。不须归，与湖约会，兴雾腾云。烟迷柳浪莺含翠，诗思泉涌风入松。保淑塔，高矗不移，望汴京。

花港鱼，锦鳞出，动涟漪，乐无穷。观三潭星岛，映月其中。朝夕共祷民丰亨，沧桑正道心意通。风云际，唯天下为公，能大成。

2017年春节，与家人赴海南三亚旅居。临海，每日赴海边听涛，看潮，观日出日落。宁静少念，心无挂碍。放下了。有念奴娇一阕，曰三亚海嬉：

依岸纵目，观天迥海阔，臻蓝无际。荡胸广纳万千里，涛声气吞大地。岛山耸峙，飞舟破浪，劈开青波如犁。放眼逡巡，望中蜃楼涌起。

清空萦怀执念，寻美达处，今时取佛系？赤身狂癫向洋吼，竟无回声一息。我欲濯足，踏波归去，悄然入深碧。或有龙宫，修得金瓯再世？

又《沁园春 三亚》：

南国登高，长天一碧，涛洗万顷。望天涯渺远，海礁璘珣，波舞水韵，光摇浪涌。万千宾来，熙攘匆匆。但见人间总喜春。长啸罢，海涛矜不语，竟无回声。

昔时中原逐鹿，看炎黄当年俱豪雄。催铁马金戈，征伐向南，代代英主，勋业如虹。今我远来，纵目远望，赤子病中亦神通。鬓已秋，纵花前月下，不舍大风。

是的，这就是我触摸到的美丽中国。

美丽中国，那是一种信念，是华夏子孙万世不移的共同信念；

美丽中国，那是一个目标，一个宏伟的，惠及子孙万代的目标；

美丽中国，那更是一种责任，一种使命，一种崇高而又务实的行动；

而文化创意则是实现美丽中国的现实路径之一。

美丽是中国的魂魄。

美丽中国，一本打开的美学之书。